영알못 엄마도 쉽게 따라하는 애플쌤의
엄마표 영어독서

영알못 엄마도 쉽게 따라하는

애플쌤의 엄마표
영어독서

노유림(애플쌤) 지음

2%의 엄마만 성공하는
엄마표 영어독서

"어떻게 하면 그 집 아이들처럼 영어를 잘할 수 있어?"
"어떻게 하면 그렇게 아이가 책을 좋아하게 되는 거야?"

주변 엄마들로부터 이런 질문을 받을 때마다 나는 나와 내 아이들이 경험했던 영어독서의 놀라운 효과와 지도방법에 대해 공유한다. 그러면 대부분의 엄마들은 이제부터 본인도 아이와 함께 열심히 해 보겠노라 다짐하곤 한다. 얼마의 시간이 지난 뒤 그 엄마들을 다시 만나 영어독서가 잘 진행되고 있는지 물어보면, 돌아오는 대답은 언제나 이런 식이다.
"아이가 도통 책을 읽으려고 하지 않아."

"그 집 아이는 언어에 재능이 있어서 그렇겠지만 우리 아이는 다른 것 같아."

"우리 집 애는 너무 활동적이라 가만히 앉아서 하는 걸 안 좋아해. 그래서 이 방법은 맞지 않는 것 같아. 애들마다 다 스타일이 다르잖아. 책이 싫다는 걸 어떡해?"

"딸을 키우니까 잘 모르나 본데 남자애들은 여자애들하고 다르게 산만해서 책 읽히기가 엄청 어려워."

"엄마가 영어를 잘하고 좋아하니까 가능한 거지. 난 영어를 못해서 아이를 끌어줄 자신이 없어."

"내가 책을 아무리 읽어줘도 아이가 관심 없어 해."

"아무래도 내 생각엔 그 집 아이가 언어 영재인 것 같아."

"우리 애는 그냥 학원 보내는 게 낫겠어."

신기할 정도로 한결같은 엄마들의 피드백…. 모두 할 수 없다는 대답뿐이다. 만약 엄마들의 이런 대답들이 영어독서를 일 년 이상 꾸준히 지속해 보고 내린 결론이라면 어느 정도 이해하지만 고작 며칠, 몇 달 해 보고 이런 결론을 내린다는 건 이해되지 않는다.

엄마라면 누구나 자식에게 좋은 것을 주고 싶은 마음이 있다. 가장 좋은 것을 먹이고 싶고, 가장 좋은 옷을 입히고 싶고, 가장 좋은 곳에서 살게 하고 싶은 것은 물론, 아이의 성공적인 학습을 위해 가장 좋은 학원에 보내고, 가장 좋은 선생님을 만나게 해 주고 싶을 것이다. 내 아이의 행복을 위해 그리고 내 아이의 미래를 보다 빛나게 하기 위해 부모들은 온갖 노력을 마다하지 않는다. 그런데 많은 엄마들은 아이에게 선물할 수 있는 가장 좋은 영어 학습방법인 엄마표 영어독서를 시작 단계에서 포기한다.

엄마표 영어독서는 엄마이기 때문에 해 줄 수 있는 세상에 단 하나뿐인 값진 경험이며, 아이가 스트레스 없이 영어를 배울 수 있도록 하는 가장 이상적인 방법이다. 엄마표 영어독서가 특별한 이유는 영어 실력 이외에도 많은 것을 얻을 수 있게 된다는 것이다. 누구나 쉽게 경험하지 못하는 다양한 영미권 문화를 간접적으로 경험해 볼 수 있고, 수준 높은 영어 글쓰기 실력도 갖출 수 있게 된다. 뿐만 아니라 남들이 쉽게 따라 하지 못하는 창의력도 발휘할 수 있게 되고, 학년이 높아질수록 자기주도적 학습능력도 점점 쌓이게 된다.

이 좋은 것을 부모들은 왜 그렇게 일찍, 그리고 쉽게 포기해 버리는 걸까? 왜 제대로 해 보지도 않고 피하려고만 하는 걸까? 지인들의 부정적인 피드백을 반복적으로 들으면서 나는 언제부터인가 더 이상 주변의 엄마들에게 엄마표 영어독서의 방법과 그로 인한 놀라운 효과에 대해 이야기하지 않게 되었다. 말을 해도 내 입만 아프고, 공을 들일수록 내 시간만 아까울 뿐이었다.

가끔 아이의 영어교육 문제로 나에게 이런저런 고민들을 털어놓는 엄마들이 있었다. 안타까운 마음에 도움을 주고 싶다는 생각을 했지만, 이미 부정적인 생각으로 가득한 그들을 설득시킬 만한 에너지와 시간이 나에게는 없었다. 그런데 아이와 영어독서를 지속하면서 확실한 아웃풋이 계속 보이기 시작했다. 아이에게 나타나는 신기한 아웃풋을 보면서 이걸 혼자만 알고 있기에는 너무 아깝다는 생각이 들었다. 영어독서의 놀라운 효과를 모른 채 학원만이 답이라고 생각하는 부모님들에게 학원 외에도 길이 있다는 것을 알려주고 싶었다. 영어를 어려워하는 아이들에게, 학원 공부에 지쳐가는 아이들에게 더 재미있게 공부할 수 있는 방법이 있다는 걸 알려주고 싶었다. 엄마표 영어독서를 시도해 보고 싶지만 방법을 몰라 망설이는 엄마들과 엄마표 영어독서를 통해 아이와 함께 성장하고 싶어 하는 엄마들을 위해 나의 노하우를 공유해야겠다는 생각을 하게 되었다. 그리고 계속 성장해 나갈 우리 아이들의 영어 성장 기록을 어디엔가 남겨 두고 싶었다.

　그런 생각이 든 뒤 나는 무작정 유튜브 채널을 개설하고 엄마표 영어독서와 관련된 콘텐츠를 만들었다. 아이와 직접 경험했던 것들을 카메라 앞에서 가감 없이 쏟아내고 유튜브 채널에 올렸다. 원고도 없이 동네 친구 엄마에게 이야기하는 듯한 콘텐츠에 아이들의 교육에 대해 나와 같은 생각을 갖고 있는 부모님들이 반응을 보이기 시작했고, 그분들의 관심 속에 콘텐츠가 하나둘씩 쌓여 갔다.

엄마표 영어독서는 엄마라면 누구나 할 수 있지만 솔직히 그 여정이 쉽기만 한 것은 아니다. 방법적인 부분은 어려울 게 없지만, 그 긴 여정 속에서 만나게 될 수많은 의심과 외로움과의 싸움이 엄마를 지치고 힘들게 할 수 있다. 내가 경험한 엄마표 영어독서도 결코 쉬운 길이었다고 말할 수 없다. 매일 끝이 보이지 않는 터널을 지나는 것처럼 인내하며 달려야 했다. 때로는 아이의 실력이 성장하는 듯 보이기도 했고, 때로는 멈춰버린 것 같기도 했다. 내가 한 선택이 과연 잘한 것인가에 대한 의심이 생기기도 했고, 혼자 모든 걸 고민하고 결정해야 하는 엄마표 길에 대한 외로움도 느꼈다.

하지만 이런 부정적인 감정에 사로잡힐 때마다 독서를 통해 아이를 훌륭하게 키운 육아 선배들의 책을 읽으며 확신을 얻었고, 멈추지 않고 지속할 수 있는 힘을 얻었다. 이 모든 과정이 나와 나의 아이만 겪는 어려움이 아니라는 것을 알게 되자 조금은 힘이 났다.

나는 여러 가지 시행착오를 거치면서 아이와의 영어독서를 꾸준히 이어 나갔다. 6개월, 1년…. 아이들과 영어독서를 계속하다 보니 깜깜한 터널에 조그마한 빛이 보이기 시작했다. 아이에게 서서히 변화가 나타났고, 그 변화는 시간이 갈수록 더욱 뚜렷해졌다. 막연했던 것들이 점점 확신으로 바뀌어 갔다. 우리 집 아이들의 기적 같은 성장을 보고 어떤 엄마들은 나에게 이런 말을 해 주었다.

"그때 나한테 해 줬던 말을 들을 걸 그랬어."

"우리 아이도 그때 시작했어야 했는데….."

"이렇게까지 잘하게 될 줄은 몰랐네."

엄마들의 부러운 마음이 가득한 말을 들으며 나는 지금이라도 늦지 않았다고, 오늘부터라도 아이와 함께 영어독서를 시작하면 된다고 말해 주고 싶었다. 조금 먼저 성장한 친구와 비교하는 대신 아이의 속도에 맞게 지금부터 성장하면 된다고…. 하지만 나의 말에 돌아올 대답은 뻔(!)하기 때문에 결국 나는 아무런 조언도 해 주지 못했다.

나는 아이의 영어교육에 참으로 관심이 많은 평범한 엄마이다. 늘 수많은 결정 속에서 후회도 하고, 만족도 하는 만년 초보 엄마이다. 아이들이 한 살, 한 살 나이를 먹을 때마다 엄마는 언제나 그 나이의 아이를 키우는 초보 엄마가 된다. 만년 초보인 엄마들은 늘 가 보지 않은 길을 가야 하기 때문에 실수도 하고 실패도 한다. 운이 좋아 좋은 결과를 얻는 경우도 있지만, 계속 시행착오를 겪으면서 한 뼘씩 성장하는 게 우리 엄마들의 삶이라고 생각한다.

이 책의 초반부에서는 내가 엄마라는 이름으로 아이의 영어학습에 개입하게 된 순간부터 엄마표 영어독서를 시작하기 전까지 아이와 함께 경험했던 순간들을 담고 있다.

첫째 아이 6살 때부터 시작된 영어교육과 관련된 수많은 선택 속에서 겪게 된 기쁨, 후회, 실망, 좌절 등에 대한 솔직한 이야기들을 가감 없이 적으려고 노력하였다. 지금 와서 돌아보면 그때의 감정이나 생각이 어리석어 보이기도 하고 민망하기도 하다. 하지만 지금의 우리 아이들이 있을 수 있었던 건 그때 했던 나의 선택 때문이기도 하다. 그리고 이 순간에도 과거의 나와 같은 고민을 하며 아이들의 영어교육에 대한 길을 찾고자 방황하는 많은 엄마들이 있을 것이다. 길이 잘 보이지 않아 답답해하는 엄마들이 내가 부딪혔던 크고 작은 문제 속에서 조금이나마 해답을 찾길 바란다.

오늘도 나는 여전히 여러 가지 시행착오를 반복하며 아이들과 함께 성장 중이다. 나는 완벽한 엄마도 아니고, 완벽한 영어 선생님도 아니다. 하지만 언제나 아이들의 관심사에 집중하고 어떻게 하면 아이가 책과 함께 더욱 성장할 수 있을지에 대해 진지하게 고민한다. 나에게 있어서 다른 집 아이들의 결과물은 아무런 자극이 되지 않는다. 아이들은 나와의 독서를 통해 그동안 많이 성장해 왔고, 앞으로도 더 크게 성장할 것이기 때문이다. 남과 비교하며 조급함을 갖는 순간 내 아이와의 긴긴 여정에 큰 걸림돌이 생긴다.

내 아이의 비교 대상은 언제나 아이 자신이 되어야 한다. 그러면 아이는 어제보다 조금 더 성장하기 위한 오늘을 살게 될 것이다. 늘 내 아이에게 포커스를 맞추고 아이의 속도와 눈높이를 존중하며 꾸준히 해 나간다면 누구에게나 엄마표 영어독서의 기적이 찾아오게 될 것이다. 오늘 아이에게 잘 심어 놓은 독서 씨앗은 절대 아이를 배신하지 않는다. 지금은 그 씨앗이 자라 어떤 나무가 될지 알 수 없고, 그 나무에서 어떤 열매가 열리게 될지 알 수 없다. 하지만 그 씨앗은 때가 되면 싹을 틔울 것이고 한 그루의 특별한 나무로 성장할 것이다.

아직 아무것도 보이지 않는다고 실망하거나 조급해할 필요는 없다. 독서 씨앗을 심는 것 자체에 더 많은 시간과 정성을 쏟아야 한다. 아이마다 싹을 틔우는 시기는 모두 다르다. 때로는 다른 집 아이가 내 아이보다 더 빨리 싹을 틔우는 경우도 있다. 싹이 트는 시기에 너무 큰 의미를 두지 말자. 씨앗을 제대로 심는다면, 그 씨앗을 통해 반드시 상상도 못한 커다란 결실을 맺게 될 것이다.

노유림(애플쌤)

차 례

Chapter 02

── 엄마표 영어독서 따라만 해도 반은 성공 ──

Chapter 03

── 말레이시아 한달살기와 국제학교 이야기 ──

영알못 엄마도
쉽게 따라하는
애 플 쌤 의
엄 마 표
영 어 독 서

엄마표 영어독서 나도 할 수 있을까?

'잠깐만... 내가 아이에게 영어책을 몇 권이나 읽어줬지?'

A
영어교육에 무지했던
엄마의 크고 작은 깨달음

 막연한 기대감으로 보내게 된 영어유치원

첫째 아이가 여섯 살이었을 때의 일이다. 그 당시 아이는 동네에 있는 한 대형 유치원에 다니고 있었다. 그 유치원에서는 방과 후 프로그램으로 원어민 영어수업을 진행하였다. 평소 아이의 영어교육에 관심이 많았던 나는 원어민 선생님과의 영어수업이 아이에게 좋은 경험이될 수도 있겠다는 생각에 방과 후 영어수업을 신청했다.

하루는 아이를 픽업하러 유치원에 갔는데, 담임 선생님께서 영어수업 시간에 있었던 일을 이야기해 주시겠다며 따라 나오셨다. 아이의 코끝이 빨간 것이 좀 운 것 같았다. 선생님의 말씀을 들어 보니, 영어수업 시간에 아이의 수업 태도가 좋지 않아서 원어민 선생님이 아이의 태도를 지적했고, 수업에 참여하지 못하게 했다는 것이다. 원어민 선생님의 엄한 모습에 아이가 놀라서 울음이 터진 것 같다는 말씀도 하셨다.

나는 집으로 돌아와 일단 딸아이의 기분을 달래준 뒤 대화를 나눠 보았다. 무슨 일이 있었는지 자세히 이야기해 보라는 나의 말에 아이는 이야기를 시작했다. 선생님의 말씀을 알아듣지 못해서 해야 하는 활동을 하지 못하고 가만히 있었다고 한다. 선생님이 자기를 보며 뭐라고 계속 말씀하셨지만 무슨 말을 하는 건지 이해할 수 없었다고 한다. 그런데 그것 때문인지 선생님이 자기에게 갑자기 화를 내셨다는 것이다.

당시 아이는 영어를 배우는 것도, 원어민과의 만남도 처음이었다. 영어를 하나도 몰랐기 때문에 당연히 원어민 선생님의 말씀을 잘 알아듣지 못했을 것이고, 그 때문에 수업시간에 집중하지 못했었던 것 같다. 원어민 선생님의 입장에서는 아이가 알아듣지 못한다는 생각보다는 자신의 말을 듣지 않고 불성실한 태도를 보인다고만 생각하신 것 같다.

원어민 선생님의 엄한 표현에 아이는 적잖은 상처를 입은 듯 보였다. 괜히 내 욕심으로 어린아이를 영어수업에 참여시켜 못 알아듣는 영어 때문에 스트레스를 준 건 아닌지 아이에게 미안한 마음이 들었다. 나는 아이가 수업시간에 계속 불편한 마음이 들 것 같아 이 일을 이렇게 넘기기보다는 선생님과의 관계를 조금 풀었으면 좋겠다고 생각했다. 그래서 아이를 잘 달랜 뒤 아무래도 선생님이 오해하신 것 같으니, 선생님께 카드를 써 보는 걸 제안했다. 아이는 흔쾌히 좋다고 했고, 'I am sorry.'라는 문장을 카드에 적고 그림을 그려 다음 날 원어민 선생님께 전해드렸다. 하지만 기대와 다르게 선생님은 아이의 카드에 대해 별 반응을 보이지 않았고, 그 일은 마무리되었다. 나는 아이가 선생님께 마음을 담아 카드를 드렸을 때 선생님이 조금만 더 살갑게 대해 주셨다면 어땠을까 하는 아쉬운 마음이 들었다. 선생님의 차가운 반응이 문화 때문인지, 성격 때문인지 아니면 다른 이유 때문인지는 잘 모르겠다. 내가 걱정했던 건 외국인 선생님과의 좋지 않은 경험으로 인해 혹시라도 아이가 영어에 대해 부정적인 생각을 갖지 않을까 하는 점이었다. 그래서 아이에게 영어에 대한 긍정적인 경험을 할 수 있도록 돕고 싶다는 생각이 들었다.

때마침 집 앞을 지나다가 근처에 새로 개원한 영어유치원 광고를 보게 되었다. 새로 개원하는 영어유치원이었기 때문에 원비를 할인해 주는 프로모션이 있었고, 시설도 깔끔하고 좋아 보였다. 아이가 이런 환경에서 영어수업을 듣는다면 좋겠다는 생각에 무작정 아이를 데리고 상담을 받으러 갔다. 원장님은 아이가 체험수업을 할 수 있도록 안내해 주셨고, 나는 잠시 원장님과 대화를 나눴다. 상담이 끝난 후 교실 앞으로 가 보니 오렌지색의 머리를 한쪽으로 땋은 예쁜 선생님이

상냥한 표정으로 수업을 하고 계셨다.

새로 생긴 영어유치원이다 보니 원생 수가 별로 없었는데, 친구들과 선생님이 친절하게 대해 주어 아이는 기분 좋게 체험수업을 마칠 수 있었다. 그리고 예쁜 원어민 선생님의 매력에 푹 빠진 아이는 그날부터 이 영어유치원에 보내달라고 나에게 애원하기 시작했다. 아이가 너무나 좋아하는 모습에 나는 남편과 함께 영어유치원에 대해 진지하게 고민해 보기 시작했다. 그리고 남편과의 대화 끝에 비싼 원비에도 불구하고, 아이가 일곱 살이 되던 해 1월부터 유치원을 옮기로 결정했다.

초등학교 입학 전 마지막 남은 1년 동안의 영어유치원 생활…. 1년이라는 시간 동안 아이가 영어유치원에서 대단한 영어 실력을 갖게 되기를 바란 것은 아니다. 그저 아이에게 영어는 어려운 것이 아니라 재미있고 즐거운 것이라는 인식을 심어주고 싶었다. 그리고 전 유치원에서 원어민 선생님과의 일로 인해 생긴 영어에 대한 부정적인 경험을 기분 좋은 경험으로 바꿀 수 있기를 바랐다.

"선생님하고 친구들하고 재미있게 놀다 와!" 매일 아침 아이가 유치원 버스에 탈 때마다 나는 이렇게 인사했다. 그땐 아이가 즐겁게 영어를 접하고 생활할 수만 있으면 그것만으로도 너무 좋았기 때문에 매일 이런 인사말을 했던 것 같다.

영어유치원에 다니게 된 아이는 유치원 생활을 즐거워했지만 갑자기 영어로만 소통해야 하는 상황에 가끔 힘들어하기도 했고, 종종 울음으로 답답한 마음을 표현하기도 했다. 하지만 한 달이 지난 후에는 잘 적응하게 되어 안정적으로 유치원 생활을 할 수 있었다.

정말 영어유치원에 다녔기 때문이었을까?

아이가 영어유치원에 다니기 시작한지 몇 개월 후의 일이다. 유치원에서는 닥터 수스(Dr. Seuss)라는 작가에 대한 프로젝트 수업이 한 달간 진행되었다. 집에 돌아온 아이는 닥터 수스에 대한 이야기를 많이 했고, 선생님이 읽어주신 책이나 영상에 대해서도 자주 이야기했다. 나는 아이가 닥터 수스에 특별히 관심을 보이는 것 같아 인터넷으로 닥터 수스의 영어책 몇 권을 구입하여 아이에게 종종 책을 읽어주었다. 유치원에서 봤던 책이라 그런지 아이는 상당히 흥미로워했다.

그러던 어느 날 무척 신기한 일이 일어났다. 아이가 닥터 수스의 《Green Eggs and Ham》을 꺼내더니 혼자서 더듬더듬 소리 내어 읽기 시작하는 것이다. 아이가 스스로 영어책을 읽는 건 처음 있는 일이었다. 뜻을 아는 것 같지는 않았지만 아이는 파닉스(phonics) 시간에 배운 대로 글자를 읽는 듯 보였다. 어찌나 신기하던지 나는 한참 동안이나 아이를 넋 놓고 바라보았다. 더듬더듬 읽는 모습이 상당히 버거워 보여 한두 장 읽다가 그만둘 거라 생각했지만 아이는 그날 오랫동안 그 책을 읽었고, 결국 마지막 장까지 스스로 다 읽었다. 생전 처음 보았던 아이의 모습이 아직도 기억 속에 선명하게 남아 있다. 아마도 그날의 감동은 평생 동안 잊지 못할 것 같다.

아이가 파닉스를 배우고 처음 혼자 읽었던 책

아이의 모습에 가슴이 벅찼던 나는 즉시 담당 선생님께 감사의 메시지를 전했고, 메시지를 받은 선생님도 무척 기뻐하셨다. A, B, C, D도 제대로 알지 못했던 아이가 파닉스를 공부하고 스스로 단어의 음가를 읽어내다니…. 뜻을 모르고 읽었다

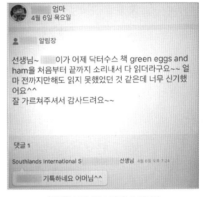

유치원 선생님께 보낸 감사 메시지

고 해도 상관없었다. 아이 스스로 영어책 한 권을 읽어냈다는 사실이 감격스러울 뿐이었다. 영어유치원에 다니니 뭔가 다르구나 싶었고, 이 모든 것이 아이가 영어유치원에 다녔기 때문이라고 굳게 믿었다.

그런데 이 일이 아이가 영어유치원에 다녔기 때문일까? 가만히 생각해 보면 이 일은 단순히 아이가 영어유치원에 다녔기 때문이 아니다. 단어를 모르는 아이가 책을 읽을 수 있었던 건 파닉스를 배우기 시작했기 때문이었고, 배운 것을 연습할 수 있는 적절한 책이 집에 있었기 때문이다. 하지만 나는 아이가 원어민 선생님의 수업을 통해 파닉스를 배웠기 때문에 이런 효과가 나타났다고 생각했고, 그로 인해 엄청난 기회를 놓치게 되었다. 만약 내가 그때 이런 사실을 알았다면, 나는 이날을 기점으로 아이에게 더 다양한 책을 읽을 수 있는 기회를 제공했을 것이다. 하지만 나는 그렇게 하지 못했다. 이 일은 그날에만 일어났던 단발성 이벤트로 끝났고, 나는 그것에 대한 아쉬운 마음마저 느끼지 못했을 정도로 무지했었다.

많은 엄마들은 영어를 전문적으로 가르치는 선생님이나 원어민에게 파닉스를 배우는 게 효과적이라고 생각한다. 나도 그랬다. 물론 정확한 발음을 배우려면 원어민의 발음을 들어보는 게 가장 좋은 방법이다. 하지만 요즘에는 음원이 제공되는 교재나 유튜브에 공개된 좋은 자료가 많아 꼭 원어민을 통하지 않더라도 엄마가 쉽게 아이들에게 파닉스를 가르칠 수 있다. 엄마가 집에서 책을 읽어주며 파닉스를 조금씩 알려준다면 아이는 얼마든지 영어단어 읽는 법을 배울 수 있다. 영어단어를 읽을 수 있게 되면 그날 우리 아이가 그랬던 것처럼 책의 내용을 모르더라도 영어책을 소리 내어 읽을 수 있게 된다.

파닉스를 잘하기 위해서는 반복적으로 파닉스를 학습하는 게 중요하다. 그리고 책 읽기를 통해 파닉스를 활용하여 영어단어를 읽을 수 있는 기회를 많이 만들어 주어야 한다. 아이들은 잘 외우는 만큼 잘 잊어버리기 때문에 한두 번 가르쳐 주고 다 안다고 생각하면 안 된다. 아이가 어리다면 1~2년 정도는 꾸준히 파닉스를 익힐 수 있도록 해야 한다.

영어로 수업을 듣는 국제학교에서도 초등 저학년은 파닉스 수업을 받는다. 유치원 때부터 배우기 시작한 파닉스는 초등학교 2학년이 될 때까지 계속 배운다. 유치원 때부터 국제학교를 다닌 아이들이라면 총 3년 정도 파닉스를 배우는 것이다. 꽤 긴 기간 동안 조금씩 새로운 발음들을 익히고, 배웠던 것들을 반복하는 시간을 가지면서 점점 글을 읽을 수 있는 아이들로 성장하는 것이다. 단기간에 파닉스를 끝내려는 생각보다는 시간을 가지고 책 읽기와 파닉스를 병행하는 게 효과적일 수 있다. 파닉스를 다 배운다고 해도 모든 글자를 완벽하게 읽어낼 수는 없지만, 아이들이 기본적인 글자들의 음가를 알 수 있기 때문에 책을 소리 내어 읽을 수 있게 된다.

 이젠 마냥 놀 수만은 없잖아?

어느덧 첫째 아이가 영어유치원에 다니기 시작한 지 1년이라는 시간이 지나고 초등학교에 입학할 시기가 다가왔다. 아이가 다니던 영어유치원에서는 아이들이 졸업한 후에도 유치원과 연계된 학원을 통해 영어학습을 이어 나갈 수 있는 프로그램이 있었다. 그리고 학부모를 대상으로 설명회를 열어 엄마들에게 학원의 교육 프로그램에 대해 안내했다. 당시 그 영어유치원은 신생 유치원이었기 때문에 졸업생이 10명도 되지 않았다. 그중 절반 이상의 엄마들은 유치원에서 새로 개설한 학원에 아이들을 보내기로 결정했고, 나를 포함한 몇몇 엄마들은 아이들을 보내지 않기로 결정했다.

내가 유치원에서 운영하는 학원에 아이를 보내지 않기로 한 이유는 그 학원이 초등학교 아이들을 가르쳐 본 경험이 없는 신생 학원이었기 때문이다. 게다가 유치원 선생님들이 학원 선생님까지 병행한다는 이야기를 듣고 내 생각은 더 확고해졌다. 유치원생과 초등학생은 여러모로 분명한 차이가 있는데 주로 유치원생 수업을 담당했던 선생님들이 과연 초등학생들을 잘 교육할 수 있을까 하는 생각이 들었다.

유치원에서는 선생님들이 학습과 아이들을 돌보는 역할을 함께 담당하지만 초등학생을 대상으로 하는 학원은 아무래도 학습 위주로 수업이 진행될 것이다. 그런데 보육을 담당하던 선생님들이 학습 위주의 수업을 하게 되면 아이들도 선생님들도 혼란스러워할 것 같았고, 유치원에서 준비한 프로그램 또한 여러 가지 면에서 내가 기대했던 것과는 차이가 있었다. 나는 다른 학원에도 관심을 갖기 시작했지만 어떤 학원을 보내야 할지 결정 내리기 쉽지 않았다.

'아, 이럴 바엔 그냥 아이를 학원에 보내지 않는 게 어떨까?', 아이를 영어유치원에 보냈던 이유 중의 하나가 학습적으로 영어를 접하는 게 싫어서였는데 '이제 막 영어에 대한 흥미가 생기기 시작한 아이를 학습 위주의 학원에 보내는 게 과연 맞는 걸까?' 고민이 되기 시작했다. 그렇다고 1년 동안 재미있게 영어를 배우다가 갑자기 아무것도 하지 않으면 지금까지 배운 것이 모두 소용없게 될까봐 걱정이 되기도 했다.

아이를 영어유치원에 보내기 시작했을 때는 내가 1년 뒤 아이의 영어교육 때문에 이런 고민들을 하게 되리라고는 단 한 번도 상상하지 못했다. 그땐 아이가 하루하루 즐겁게 영어를 경험하고 돌아오면 된다고 생각했으니까….

하지만 막상 아이가 초등학교 입학을 앞두게 되니 나의 교육관과 생각이 조금씩 바뀌는 것 같았다. 하루 종일 영어에 노출되어 있던 영어유치원과 달리 초등학교에서는 영어에 대한 노출이 전혀 일어나지 않을 것이고, 그것 때문에 아이가 영어에 대한 관심과 흥미를 잃을 수도 있겠다는 생각을 하니 점점 불안해지기 시작했다. 아이가 영어에 대한 관심과 흥미를 잃지 않으려면 어떻게 해야 할까? 가만히 손 놓고 있으면 1년간 보냈던 영어유치원에서의 경험이 물거품이 될 수도 있을 것이다. 만약 그렇게 된다면 우리 부부가 그동안 지출했던 아이의 영어유치원 비용마저 아깝게 느껴질 것 같았다. 결국 나도 아이의 흥미만을 위해 영어유치원을 선택했던 것은 아니었다는 걸 깨달았다.

이런저런 고민을 하다 보니 아이가 지금까지 재미로 접했던 영어를 이젠 조금 더 체계적으로 가르쳐야 할 때가 아닌가 하는 생각이 들었다. 그러기 위해서는 체계적인 시스템과 프로그램으로 영어를 학습시킬 수 있는 영어학원이 아이에게 꼭 필요할 것 같았다. 지난 1년간 나도 어쩔 수 없는 대한민국의 초등 엄마가 되어 버린 것일까? 아이의 영어유치원 졸업을 앞두고 한동안 머리가 복잡하던 중 우연히 같은 영어유치원에 다니던 한 아이의 엄마와 아이들의 영어교육에 대한 대화를 나눠볼 기회가 생겼다. 이야기를 나누다 보니, 그 엄마와 내가 아이의 교육에 대해 많은 부분에서 비슷한 생각을 갖고 있다는 걸 알게 되었다. 한참 동안의 대화 끝에 우리는 아이들을 학원에 보내는 것이 좋을 것 같다는 결론을 내렸고, 아이들에게 잘 맞는 학원을 함께 찾아보기로 했다. 그리고 학원을 정하기 위한 몇 가지 기준을 생각해 보았다.

첫째, 우리는 아이들이 매일 영어에 노출이 되었으면 좋겠다는 것에 의견을 같이했다. 지난 1년간 매일 영어에 노출되었던 흐름을 끊고 싶지 않기 때문이다. 둘째, 학원에 아이들이 대여해서 읽을 수 있는 책이 많이 준비되어 있으면 좋겠다고 생각했다. 우리 집에는 아이가 읽을 만한 영어책이 별로 없었기 때문에 학원에서 다양한 책을 대여해서 읽을 수 있으면 좋을 것 같았다. 셋째, 아이의 영어 글쓰기를 잘 지도해 줄 수 있는 곳이었으면 좋겠다고 생각했다. 자신의 의견을 잘 표현하려면 말하는 것 이외에 글쓰기도 중요한데 그 부분을 학원에서 잘 지도해 주면 좋을 것 같았다. 넷째, 아이들에게 스트레스를 줄 정도로 학습을 많이 시키는 학원이나 매달 레벨 테스트를 통해 반을 결정하는 학원은 피하고 싶었다. 아이들이 영어를 즐겁게 받아들이고 계속 즐기면서 배워 나갔으면 하는 생각에서였다.

학원을 선택할 기준을 정한 뒤 우리는 본격적으로 아이들이 다닐 만한 학원을 함께 알아보기 시작했다. 동네에 있는 학원 중 초등학생을 대상으로 교육하는 대형 영어학원들의 정보를 찾아보고, 마음에 드는 두 곳에 레벨 테스트를 예약하였다.

🔤 레벨 테스트의 충격적 결과

영어학원에서 레벨 테스트를 보는 날이 다가왔다. 학원 근처에 도착하니 몸집에 비해 무척이나 커다란 책가방을 맨 꼬마 아이들이 엄마, 아빠의 손을 잡고 학원으로 하나둘 모여들고 있었다. 그 모습이 참 귀엽기도 했지만, 한편으로는 짠하기도 했다. 한창 뛰어놀아야 할 나이의 아이들이 레벨 테스트를 보기 위해 모여드는 모습이 굉장히 낯설게 느껴졌기 때문이다. 이렇게 작은 아이들이 학원에 다니기 위해 시험까지 봐야 하다니…. 아이들의 모습을 보며 잠시 이런저런 생각을 하게 됐다. 꼭 아이를 학원에 보내야 하는 걸까? 다른 방법은 없는 건가? 대한민국에서 영어 공부를 하려면 이게 최선인 거겠지? 좀

쓸쓸하긴 했지만 그때는 다른 대안이 떠오르지 않았다.

아이가 레벨 테스트를 본 후 며칠이 지나 학원에서 상담 전화가 걸려 왔다. 상담 교사는 아이의 시험 결과에 대해 다양한 분석과 함께 자세히 설명해 주었고, 아이의 레벨에 맞는 반을 안내해 주었다. 상담 교사로부터 안내받은 아이의 영어 읽기 레벨은 AR 1.4였다. 이 학원은 AR 레벨을 기준으로 반을 나누어 수업하는데, AR 레벨이란 미국의 교육기업인 르네상스러닝(Renaissance Learning Inc.)에서 개발한 독서 관리 프로그램이다. AR 지수는 미국의 학년을 기준으로 아이들의 책 레벨을 정한 지수이다. 예를 들어, 책의 레벨이 AR 1.4라면 미국의 학년을 기준으로 초등 1학년 4개월 수준을 나타낸다. 나는 아이의 리딩 레벨이 AR 1.4라는 상담 교사의 말을 듣고 '아직 초등학교 입학 전인 아이가 미국의 1학년 4개월 수준이라고? 역시 원비가 비싸도 영어유치원에 보내길 잘했네.'라고 생각했다. 아이와 함께 유치원을 다녔던 친구의 리딩 레벨을 듣기 전까지는….

며칠 후 나는 함께 학원을 알아봤던 엄마와 만나기로 했다. 유치원에 다닐 때 두 아이가 영어를 구사하는 수준이 비슷해 보였기 때문에 그 아이의 레벨도 우리 아이의 레벨과 같을 거라 생각했다. 솔직히 혹시 '우리 아이보다 그 아이의 레벨이 낮으면 뭐라고 해야 하지?'하는 쓸데없는 생각을 하기도 했다.

우리는 상담 전화에 대한 이야기를 나누었다. 그리고 그 집 아이의 리딩 레벨과 배정된 반을 들었다. 두 아이가 같은 반에 배정되었을 거라고 굳게 믿고 있었던 나는 순간 내 귀를 의심했다. 그 아이의 리딩 레벨은 AR 2점대 초반이라고 했다. AR 2점대 초반은 미국의 학년을 기준으로 초등 2학년 초반의 레벨이다. 우리 아이의 레벨보다 한 학년 높은 레벨의 반이었다. 이럴 수가⋯. 난 AR 1.4도 높은 편이라고 생각했었는데 그 아이의 레벨은 더 높았다. 그것도 한 학년이나 차이가 나는 정도라니⋯. 나는 좀 전에 그 아이의 레벨이 우리 아이의 레벨보다 낮으면 뭐라고 할지 고민하던 내 모습이 떠올라 얼굴이 화끈거렸다.

그런데 우리 아이의 레벨을 들은 그 엄마의 표정도 무척이나 당황스러워 보였다. 아마도 자기 아이에 비해 우리 아이의 레벨이 너무 낮아서 꽤나 놀란 것 같았다. 영어유치원에서는 분명히 두 아이가 비슷한 수준의 영어를 구사하는 것처럼 보였는데 이런 결과가 나오다니⋯. 나는 이 상황이 도저히 이해되지 않았다. 미국의 학년을 기준으로 1년에 가까운 차이가 난다고? 이게 대체 말이 되는 걸까? 1년 동안 같은 유치원, 같은 반에 다녔던 아이들에게 왜 이런 격차가 벌어지게 된 것일까? 나는 잠시 동안 생각해 보았다.

'혹시 시험을 보기 위해 집에서 특별히 공부를 시킨 건 아닐까?'
'유치원을 다니는 동안 집에서 다른 과외를 받은 건 아닐까?'

'그동안 내가 놓치고 있었던 게 무엇일까?'

생각하면 생각할수록 궁금한 것들이 너무 많았다. 나는 조심스레 그 엄마에게 아이가 시험을 보기 위해 특별히 준비한 게 있었는지 물어보았다. 내 물음에 대해 그 아이의 엄마는 다른 걸 따로 시킨 적은 없고, 집에서 영어책을 신경 써서 읽혔다고 대답했다. 우리나라처럼 비영어권 국가에서 영어를 배우려면 읽기가 중심이 되어야 한다는 걸 알았기 때문에 일찍부터 아이에게 다양한 영어책을 읽혔다는 것이다.

영어책만 읽혔다고? 나도 우리 아이에게 영어책을 읽혔는데…. 우리 아이도 유치원에서 일주일에 한 권씩 영어책을 빌려 와서 읽었고, 모바일 영어독서 앱을 통해서도 책을 종종 읽었는데…. 이상하다 싶어 혹시 뭔가 다른 걸 시키면서 나에게 숨기는 건 아닐까 하는 생각도 들었다. 하지만 그 엄마와 책 읽기에 대한 대화를 나누면서 그런 생각들은 점점 사라졌고, 나는 계속 머리를 얻어맞는 기분이었다.

'잠깐만… 내가 아이에게 영어책을 몇 권이나 읽어줬지?'
'나는 과연 아이가 책 읽는 것에 관심을 갖고 있었나?'
'아이에게 책을 읽히려고 얼마나 노력을 했지?'
'내 아이가 어느 정도 수준의 책을 읽을 수 있는지 알고 있는 걸까?'
'우리 집에는 아이가 좋아하고 읽을 만한 영어책들이 몇 권이나 있지?'

생각해 보니, 유치원에서 일주일에 한 권씩 책을 빌려 오면 그 책을 열심히 읽히긴 했지만, 그 외에 내가 책을 직접 구입해 준 적은 몇 번 없었던 것 같다. 선생님이 책 읽기를 숙제로 내주거나 다독대회가 있을 때는 영어독서 앱을 통해 나름대로 열심히 읽도록 지도했지만, 아이와 함께 도서관을 가거나 서점에 가서 읽을 책을 직접 구입하는 등의 활동은 전혀 하지 않았다.

유치원 생활을 하는 동안 그 아이와 우리 아이는 크게 다른 점이 없었지만, 방과 후 집에서 하는 독서로 인해 영어 실력에 차이가 생긴 것이다.

지난 1년간 그 엄마는 아이에게 신경 써서 책을 읽혀 왔다. 그러나 나는 아이의 영어 실력은 영어유치원에서 만들어지고, 엄마의 역할은 아이가 영어유치원 생활을 즐겁고 행복하게 할 수 있도록 돕는 것이 전부라고 생각했다. 아이가 책을 읽는 것에 대해 엄마가 신경 써줘야 한다고 단 한 번도 생각해 본 적이 없었다. 어린아이들은 듣고, 말하는 활동을 통해 영어를 배운다고 생각해서 독서의 중요성에 대해서는 전혀 생각하지 못했기 때문에 독서을 통해 아이의 영어 실력이 성장할 수 있다는 생각을 못했던 것이다.

이런 생각이 들자 나는 이제 아이의 영어학습에서 어떤 부분을 채워 나가야 할지 조금 감을 잡은 것 같았다. 그리고 그동안 내가 제대로 신경 써주지 못해 아이의 실력이 발전할 수 있는 기회를 막고 있었다는 생각에 아이에게 미안한 마음이 들었다.

아이들의 영어에 실력차가 벌어진 데에는 다른 이유는 없었다. 엄마인 내가, 영어를 배우는 것에 대해 너무 무지했기 때문이다. 아이들이 한글을 익힐 때처럼 영어도 말하고, 듣는 것 외에 다양한 책 읽기를 통해 어휘, 표현, 문화 등을 배울 수 있다는 걸 이제야 깨달은 것이다. 그 엄마와 이야기를 나누면서 나의 모든 의문은 차츰 풀리기 시작했다. 우리 아이가 왜 그 아이에 비해 낮은 리딩 레벨을 받을 수밖에 없었는지, 1년이라는 시간 동안 우리에겐 어떤 차이가 있었는지….

나는 지난 1년간 아이가 영어유치원에 가서 영어를 사용하는 환경에 자연스럽게 노출되어 친구들과 영어로 소통하고 원어민 선생님과 대화할 수 있다는 것만으로 만족했다. 그리고 아이에게 보이는 크고 작은 성과들에 놀라워했을 뿐 집에 있는 시간 동안 영어책을 읽어준 적은 많지 않았던 것 같다. 책과 함께하지 않는 영어유치원은 영어를 듣고 말하는 놀이방에 불과했던 것이다. 원어민 선생님을 만나는 것보다 아이의 영어 실력에 더 큰 영향을 미칠 수 있는 건 바로 엄마와 매일매일 읽는 영어책이었다.

나는 아이가 영어를 배우고 익히는 것에 어떤 도움을 주었던 걸까? 그동안 내가 얼마나 큰 부분을 놓치고 있었던 걸까? 모든 것을 영어유치원 선생님들에게만 일임한 채 무관심했던 건 아니었는지 지난 1년 간의 나 자신을 돌아보게 되었다. 아이에게 조금 더 적극적으로 책을 경험할 기회를 제공하지 못했던 지난 1년이 후회스럽게 느껴지는 순간이었고, 그동안 영어 책 한 권 제대로 읽어주지 못한 엄마였던 것이 많이 미안했다. 하지만 후회한다고 해서 이미 지나간 1년이라는 시간을 되돌릴 수는 없다.

그래도 한 가지 희망적이었던 건 아이에게는 전혀 문제가 없었다는 것이다. 아직 아무것도 해 보지 않았기 때문에 노력하는 만큼, 도전하는 만큼 성장할 일만 남았던 것이다.

이제부터 매일 조금씩 성장할 아이의 모습이 상상이 되기 시작한다. 그래, 더 늦기 전에 아이와 함께 영어책을 읽어 보자.

학원을 열심히 다녀도 오르지 않는 리딩 레벨

아이가 영어학원을 다니기 시작한 뒤 나에게는 목표가 하나 생겼다. 그것은 아이의 잃어버린 1년을 이제부터라도 채워주는 것으로, 그동안 내가 해 주지 못했던 영어독서 교육을 제대로 해 주는 것이었다. 아이의 영어학원 생활은 비교적 순조로웠다. 아이는 학원에 잘 적응했고, 친구와 반이 다른 것도 별로 개의치 않았다. 아직 어린아이들은 자기의 영어 레벨에 별로 신경을 쓰지 않는다. 엄마가 영어 레벨에 대한 이야기를 많이 하고 아이 앞에서 신경 쓰는 모습을 자주 보인다면, 아이가 눈치로 알게 되겠지만 그렇지 않은 한 스스로 느끼는 일은 거의 없다.

아이가 다니던 영어학원에서는 각 반마다 두 명의 선생님들이 번갈아 가며 과목별로 수업을 했는데 모두 원어민 선생님이었다. 과목은 크게 Speaking, Reading, Writing, Science 정도였다.

학원에는 매일반과 주 3일 반이 있었는데, 나는 아이에게 매일 영어를 접하게 해 주고 싶어 매일반을 선택했다. 주 3회 수업을 선택할까도 생각해 보았지만, 1년 동안 매일 영어에 노출되었던 아이의 일상을 갑자기 바꾸면 그동안 아이가 쌓은 영어 실력이 다 사라져 버릴까봐 걱정이 되었다.

초등 1학년은 오전 수업만 하기 때문에 하교 후 집에서 한 시간 정도 휴식시간을 갖고 학원 버스에 탔다. 학원수업은 45분씩 두 번이었고, 중간에 5~10분 정도의 쉬는 시간이 있었다.

영어유치원의 자유로운 분위기를 생각해 봤을 때 아이가 학원의 수업 분위기를 잘 따라갈 수 있을까 하는 걱정이 들었지만, 내 걱정과는 다르게 아이는 학원 생활을 즐거워했고 수업도 곧잘 따라갔다. 매일 학원을 가다 보니 숙제도 꽤 많았다. 단어 뜻을 정리하는 숙제, 원어민 오디오를 듣고 받아쓰기를 하는 숙제, 에세이 쓰는 숙제, 그리고 책 읽기까지…. 나는 아이가 매일 숙제를 꼼꼼히 할 수 있도록 적극적으로 도우며 학원에서 강조하는 어느 것 하나도 소홀히 하지 않았다.

나는 아이의 학원 생활에 나름대로 만족했다. 계속 이렇게만 하면 아이의 영어 실력이 쭉 높아질 것 같았다. 아이가 영어에 투자하는 시간만큼 결과로 돌아올 거라는 생각에 비싼 학원비도 전혀 아깝지 않았다.

당시 학원에서는 아이의 리딩 레벨에 맞게 매일 한 권의 책을 골라서 보내 주었는데, 그때 아이가 빌려온 책의 레벨은 AR 1점 중반에서 후반대의 책이었다. 그림이 많고 글밥이 적은 책들 위주였다.

어느 날 우리 아이보다 리딩 레벨이 높았던 친구의 엄마와 만나 학원에 대해 이야기를 나눌 기회가 있었다. 그 엄마는 학원에서 빌려주는 책의 양이 너무 부족하다며 하루에 세 권씩 제공해 달라고 요청했다고 했다. 역시 이 엄마는 뭐가 달라도 다르구나…. 난 하루 한 권이면 적당하다고 생각했는데, 아이 친구의 엄마는 하루에 적어도 세 권은 읽혀야 한다며 나에게도 학원에 요청해 보라고 말해 주었다. 그날부터 나도 학원 측에 책을 세 권씩 보내 달라고 부탁했다.

그 학원에서는 매달 책을 많이 읽는 아이들을 대상으로 독서왕을 뽑아 아이의 사진이 들어간 종이를 일주일간 학원 벽에 붙여 놓았다.

독서왕이 되기 위해선 책을 읽고 학원에서 제공하는 웹 사이트에 들어가서 읽은 책을 검색한 후 북 퀴즈를 풀어야 한다. 이때 정답률이 60% 이상이 되어야만 책을 읽은 것으로 인정되었다. 나는 아이가 독서왕이 되면 책을 읽을 동기부여도 되고, 보상도 되어 여러모로 좋겠다고 생각했다. 그래서 그때부터 아이에게 학원에서 빌려온 책을 틈나는 대로 열심히 읽혔고, 북 퀴즈도 꼬박꼬박 풀도록 지도했다.

당시 아이의 리딩 레벨은 1점대 중반 정도였기 때문에 학원에서는 주로 그림이 많고, 글밥이 적은 리더스북을 보내 주었다. 비교적 책이 얇아 아이가 책을 읽는 데 걸리는 시간은 5분 정도밖에 되지 않아서 세 권을 다 읽는 데에 20분도 채 걸리지 않았다.

학원이 끝난 후에는 학원 숙제를 하느라 시간이 없어 자투리 시간을 활용해서 책을 읽히면 좋겠다고 생각했다. 그래서 아이와 차로 이동하는 시간을 활용해서 책을 읽을 수 있도록 지도했다.

그렇게 아이는 매일 하루 두세 권의 짧은 책들을 읽었고, 한 달 후 학원에서 독서왕이 되었다. 학원에서는 독서왕 타이틀을 총 8명에게 주는데 학년에 관계없이 책을 많이 읽는 아이들이 받는다. 그동안 열심히 책을 읽은 아이가 기특했지만, 한편으로는 학원에 우리 아이보다 책을 많이 읽는 아이가 너무 적다는 생각도 들었다. 영어교육으로 유명한 대형 학원에 다니는 아이들도 독서를 많이 하고 있지 않았던 것이다.

그 후로도 아이는 매일 꾸준히 하루에 두세 권의 책을 읽었고, 학원을 다니는 동안 독서왕 타이틀은 단 한 번도 놓친 적이 없었다. 이젠 학원에 다니는 것만큼 영어책 읽기가 중요하다는 것을 알게 되었기 때문에 독서왕의 타이틀은 절대 포기할 수 없었다.

아이가 영어학원에 다닌 지 4개월 차에 접어들자 학원에서 아이들을 대상으로 하는 토플시험을 실시하겠다고 공지를 했다. 초등 1학년 아이들이 토플시험을 본다고? 처음엔 조금 당황스러웠지만 학원 측의 설명을 들어보니 아이의 영어 실력을 객관적으로 알아볼 수 있는 좋은 기회가 될 수도 있다고 생각되었다. 학원에서는 토플시험을 준비할 수 있는 문제집을 집으로 보내주었는데 작은 글씨로 쓰인 수많은 문제를 아이에게 풀게 할 엄두가 도저히 나지 않았다. 그래서 난 아이에게 시험을 볼 때 문제와 지문을 차분히 잘 읽어보고, 문제에 대한 답을 체크하는 방법 등 시험에 대한 기본적인 사항에 대해서만 알려주었다.

토플시험을 보고 몇 주 지나지 않아 학원에서 토플 성적표를 집으로 보내주었다. 그리고 며칠 후 학원 상담 교사로부터 토플 성적표에 대한 상담 전화가 걸려왔다. 처음부터 큰 기대를 하지 않았기 때문이었는지도 모르겠지만 토플시험의 결과는 대체적으로 만족스러웠다. 그런데 리딩 레벨 결과는 다소 충격적이었다. 토플 성적표에는 아이의 리딩 레벨을 알 수 있는 렉사일(Lexile) 지수가 나와 있었는데 아이의 리딩 레벨은 200L이었다. 렉사일 지수 200L은 미국의 학년을 기준으로 1학년 중반에 해당하는 리딩 레벨이다. 아이가 처음 이 학원을 다니기 시작했을 때 받았던 레벨이 AR 1.4였는데 몇 달이 지난 지금도 그때와 리딩 레벨이 비슷했다. 학원을 다니기 전과 몇 달이 지난 지금, 변화가 없는 리딩 레벨을 보면서 뭔가 잘못되었다는 생각이 들었다.

그동안 아이에게 매일 책도 읽혔고 아이가 학원수업도 잘 따라가는 듯 보였는데 도대체 어떻게 된 일일까? 아무리 생각해 봐도 답답하기만 했다. 지난 몇 개월간 아이가 영어에 투자한 시간은 결코 적지 않았다. 학원수업 두 시간, 숙제하는 시간 한 시간과 책 읽는 시간까지 합하면 보통의 초등 1학년 아이에게는 조금 버겁다고 할 정도의 시간이었다. 이렇게 많은 시간을 투자했음에도 왜 아이의 리딩 레벨은 몇 달 전과 비교해서 변화가 없는 것일까? 학원의 교육이 아이와 잘 맞지 않는 걸까? 아이가 책을 읽었던 시간은 아무 소용이 없었던 걸까?

그동안의 노력으로 아이의 리딩 레벨이 많이 오를 거라 예상했던 나에게 이 같은 결과는 큰 충격이었다. 몇 달 동안 한 달에 50만 원에 가까운 돈을 학원비로 지출했는데, 이 비용도 아깝다는 생각이 들기 시작했다. 나는 아이의 학원 생활에 대해 조금 더 진지하게 생각하게 되었고, 학원에 대해 아이와 더 많은 대화를 나누었다. 그리고 아이와의 대화를 통해 학원에서의 수업이 아이의 영어 실력 향상에 큰 도움이 되지 않는다는 것을 깨달았다. 아이에게 도움이 되지 않는다면 더 이상 학원을 보낼 필요가 없었다. 나는 아이에게 학원을 잠시 쉬게 하면서 아이의 리딩 레벨이 오르지 않은 이유가 학원의 교육 방식의 문제인지, 다른 이유가 있는지 확인해 봐야겠다고 생각했다. 그래서 나는 당분간 아이에게 영어와 관련된 다른 공부를 시키지 않고 영어책만 읽혀 보기로 마음먹었다. 얼마 동안 아이에게 열심히 책을 읽히고 리딩 레벨에 변화가 생기는지를 확인해 보기로 했다. 학원교육 없이 책만 읽혀 본 뒤 레벨 테스트를 통해 아이의 실력을 확인해 보는 것이다. 만약 그때도 지금과 같은 결과가 나온다면 내 판단이 성급했음을 인정할 것이다. '조금 더 학원을 믿고 아이를 기다려줘야 했는데 내 생각이 짧았구나….' 하고 다시 아이를 학원교육에 맡길 것이다. 하지만 학원교육 없이 책만으로도 아이의 리딩 레벨이 향상된다면 생각할 것도 없이 정답은 바로 책 읽기. 아이를 더 이상 학원에 보내지 않고 영어독서를 통해 영어학습을 해 나갈 것이다.

때마침 여름방학이 다가왔고, 나는 한 달간 학원을 쉬기로 결정했다. 여름방학 동안의 실험으로 아이에게 필요한 영어교육의 방향성을 잡을 수 있을 거라 확신했다. 그만큼 나의 선택은 신중하고 비장했다.

 5개월 만에 영어학원을 그만둔 이유

초등학교 입학과 동시에 시작되었던 아이의 영어학원 생활은 5개월 만에 끝이 났다. 내가 아이를 학원에 보내지 않기로 결정하게 된 가장 큰 이유는 학원에 다녀도 오르지 않던 아이의 리딩 레벨에 대한 실망 감이었지만 그것 말고도 몇 가지 이유가 더 있었다.

첫 번째 이유는 투자한 비용과 시간에 비해 결과가 만족스럽지 못했기 때문이다. 아이가 다니던 영어학원의 수강료는 한 달에 50만 원 정도였다. 초등학교 1학년의 학원 수강료치고는 상당히 비싼 금액이었다. 원어민 선생님의 수업을 듣기 위해 했던 선택이었지만, 학원 수강료에 비해 아이가 얻는 것이 너무 부족하다는 생각이 들었다. 또한 아이가 학원수업을 듣는 시간과 학원 숙제를 하는 시간이 너무 긴 것도 마음에 들지 않았다. 아이는 학원수업을 듣고 학원 숙제를 하는 데 3시간 이상을 사용했다. 너무 긴 시간 동안 아이가 다른 활동은 하지 못하고 학원에만 매여 있는 것이 마음에 걸렸다.

두 번째 이유는 학원을 보낼수록 깊어지는 아이와의 갈등 때문이다. 나는 아이가 학원에 다녀온 뒤 집에서 학원 숙제를 할 때 옆에서 종종 봐주곤 했다. 새로운 단어를 노트에 정리하기, 에세이 쓰기, 받아쓰기 등의 숙제를 옆에서 봐주다 보면 아이가 잘하는 것보다는 못하는 것에 눈이 더 간다. 글씨는 왜 이렇게 쓰는지, 왜 저런 표현을 쓰는지, 왜 못 알아듣는지 등등 아이가 숙제하는 모습을 지켜보다가 화가 나는 횟수가 날이 갈수록 많아졌다. 그때마다 아이는 엄마의 눈치를 살피며 숙제를 해야 한다. 숙제를 봐줄 때 아이와의 갈등이 생기면서 아이가 숙제를 하지 않을 때에도 그 감정이 남아 있는 경우가 있다. 아이를 지지해 주고 응원해 주어야 할 엄마가 감독관이 되고 선생님이 되는 것이다. 아이와의 이런 갈등이 지속된다면 아이가 자라 본격적으로 공부를 해야 할 시기가 되면 나와의 갈등은 걷잡을 수 없을 만큼 높아질 것만 같았다.

세 번째 이유는 아이에게 항상 아웃풋을 기대하기 때문이다. 아이의 학원 수강료로 적지 않은 비용을 지불하면서 아이의 영어 실력을 끊임없이 확인하려고 시도했던 것 같다. '엄마가 네 학원 수강료를 얼마나 내고 있는지 알기나 해? 근데 이것밖에 못하면 안 되지….'라는 생각이 스멀스멀 올라와 내가 지금 돈을 버리고 있는 건 아닌지 생각하게 된다. 이런 엄마의 생각을 아이가 알게 된다면 어떨까? 아이는 아마도 '내가 다니고 싶어서 다니는 학원도 아닌데 엄마는 왜 저럴까?'하며 이런 상황이 부담되기 시작할 것이다.

네 번째 이유는 내 아이를 다른 아이와 자꾸만 비교하게 되기 때문이다. 학원에 다니는 아이들 중에는 우리 집 아이보다 실력이 부족한 아이도 있지만 월등히 뛰어난 아이도 있다. 아이가 최선을 다해 잘하고 있어도 엄마들은 항상 다른 아이와 내 아이를 비교하게 된다. 아이의 진짜 실력보다는 다른 아이에 비해 내 아이가 더 잘하는지 못하는지에만 관심이 있다. 내 아이의 실력에서 이 정도면 잘한 것임에도 다른 아이가 더 잘했다는 소식을 들으면 조바심이 나서 자꾸 아이를 다그치게 된다. 이건 아이에게도 엄마에게도 모두 스트레스가 된다.

다섯 번째 이유는 학원 선생님들이 수업시간 외에 발생하는 일들에는 크게 관심이 없다는 것이다. 아이가 학원에 있을 때 발생하는 여러 가지 문제는 아이들 사이에서 생기는 경우가 많다. 많은 아이들이 모여 있다 보니 서로 성향이 맞지 않아 다투기도 하고, 표현을 강하게 하는 아이가 다른 아이들에게 상처를 주기도 한다. 엄마들은 이러한 상황을 전혀 알 수 없기 때문에 아이의 학원 생활에서 일어나는 일들은 선생님들에게 온전히 맡길 수밖에 없다. 그런데 학원 선생님이 아이에게 발생한 문제를 제대로 파악하지 못한다고 느끼면 엄마는 불안해지기 마련이다.

여러 가지 생각으로 학원을 계속 다니게 해야 하나 무척 고민을 하던 때, 하루는 학원 상담 선생님으로부터 전화가 걸려왔다. 학원에서 단어시험을 보는데 모르는 단어가 많아서 그랬는지 아이가 울음을 터트렸다는 것이다. 아이를 아무리 달래도 진정되지 않고 단어시험 보는 것도 계속 거부해서 결국 시험을 보지 못했다고 했다. 아이가 많이 속상한 것 같으니 집에서 잘 보듬어주고 많이 다독거려 주라고 하셨다. 선생님과의 통화 후 나는 뭔가 이상하다고 생각했다. 평소 딸아이의 성격을 잘 알기 때문에 단어를 몰라 울음을 터트리지는 않았을 거라는 생각이 들었다. 큰 시험도 아니었고 쪽지시험인데 모르는 단어가 많아 울었다고? 아이의 성격상 그 상황이 이해되지 않았다.

그날 저녁 나는 아이와 대화를 나눴다. 혹시 학원에서 울었는지 아이에게 물어봤더니 울었다고 대답했다. 단어시험을 볼 때 모르는 단어가 나와서 울었는지 물어봤더니, 아이는 자기가 운 건 모르는 단어 때문이 아니라 수업시간 전에 일어난 일 때문이었다고 했다. 아이의 이야기를 자세히 들어보니 쉬는 시간에 같은 반 친구 중에 한 명이 아이의 연필을 가져가서 돌려 달라고 했더니 바닥에 던졌다는 것이다. 그 연필은 자기가 가장 아끼는 연필이었는데 친구가 바닥에 던져 버려 기분이 나빴다고 했다. 그때 수업시간이 되어 선생님이 들어오셔서 단어 시험지를 나누어 주신 것이다. 속상하고 억울한 마음이 풀리지 않은 상태여서 울음이 터졌는데 그때 상담 선생님께서 다가오셨단다. 선생님은 아이에게 "왜 울어? 단어 몰라서 울어?"라고 하시면서 "단어는 잘 몰라도 괜찮으니까 울지 마~."하고 달래주셨다고 한다. 아이는 다른 이유로 달래주는 선생님이 답답해서 더 크게 울음을 터트렸던 것이다. 단어 때문이 아닌데 선생님은 지레짐작으로 아이를 달래주셨고, 어떻게 된 일인지 제대로 확인해 보지 않은 채 나에게까지 상담 전화를 했던 것이다.

아이의 이야기를 들으며 나는 '아이가 참 많이 답답했겠구나.'하는 생각이 들었다. 자신이 당한 억울함을 이야기할 수 없어 답답한데 선생님의 일방적이고 의미 없는 위로까지 이어지니 결국 아이는 폭발한 것이다.

어린아이를 학원에 맡기면서 엄마들은 학원에서 공부하는 시간 외에 벌어지는 크고 작은 일들에 대해 잘 모르고 넘어가는 경우가 많다. 학원 특성상 저학년과 고학년이 같이 생활하고 쉬는 시간에 아이들이 섞이면서 크고 작은 문제들이 일어나기도 한다. 학년이 다르지 않더라도 같은 반에서 친구를 괴롭히는 아이들도 있고 일방적으로 당하는 아이도 존재한다. 선생님들은 수업시간 외에는 아이들을 잘 관찰하지 않기 때문에 아이가 엄마에게 이야기를 하지 않는 한 이런 문제들은 대부분 그냥 묻히고 만다. 많은 아이들이 학원에 다니고, 아이들 사이에서 일어나는 문제에 선생님들이 전부 개입할 수는 없지만 적어도 수업을 거부하는 등 아이가 평소와 다른 행동을 보였을 땐 문제가 무엇인지 좀 더 세심하게 알아봤어야 한다고 생각한다.

아이가 영어학원을 그만둔 뒤 나는 매일 적극적으로 아이에게 영어책을 읽히기 시작했다. 집에 영어책이 많이 준비되어 있지 않았기 때문에 아이가 읽을 영어책을 구할 수 있는 곳이라면 어디든지 달려가 책을 읽혔고 구해 왔다. 아이의 학교 도서관, 동네 도서관, 중고서점, 대형 서점, 영어 원서 전문서점 그리고 온라인 서점까지 아이가 읽을 영어책이 있는 곳이라면 모두 돌아다니며 닥치는 대로 책을 구해 읽혔다. 그때 아이는 평균적으로 하루에 20권 정도의 영어책을 읽었던 것 같다. 두께가 얇은 리더스북과 그림 동화책을 많이 읽었지만 그전의 독서량에 비해 엄청난 양이다. 열심히 책을 읽다 보니 아이는 챕터북도 재미있게 읽을 수 있는 수준으로 발전했다. 나는 아이가 책을 많이 읽을 수 있도록 틈만 나면 아이의 곁에 다가가 책을 읽어줬고, 종이책과 함께 영어독서 앱을 통해서도 책을 읽도록 했다. 매일 반복되는 영어독서를 통해 아이의 리딩 실력은 조금씩 나아지는 것 같았다. 마침 방학이었기 때문에 책 읽을 시간은 충분했고, 나는 아이가 책 읽기에 질리지 않도록 다양한 방법을 동원해서 책을 읽혔다.

아이가 집에서 책을 읽기 시작한 지 한 달이 조금 넘었을 때 우연히 동네 영어 도서관에서 AR 레벨 테스트를 무료로 해 준다는 소식을 들었다. 한 달 정도 되는 기간 동안 아이가 많은 양의 영어독서를 했는데 영어학원을 다닐 때와 비교해서 과연 리딩 레벨에 얼마나 차이를 보일지 매우 궁금했다.

영어 도서관에서 본 아이의 테스트 결과는 대만족이었다. 아이의 리딩 레벨은 학원을 다닐 때보다 무려 1점이나 높은 AR 2.6이었다. 이럴 수가…. 영어학원을 다닐 때는 좀처럼 오르지 않았던 리딩 레벨이 집에서 영어책을 읽으면서 해결되었다. 지난 한 달여간 아이는 영어학원에 가는 대신 집에서 영어독서에만 집중했다. 이런 결과를 보니 지금 이 아이에게 필요한 건 학원수업이 아닌 바로 영어독서라는 걸 확실히 알았다.

학원만 다닌다고 영어 실력이 향상될까?

대한민국에서 초등학생을 키우는 엄마라면 누구나 한 번쯤은 아이의 학원 문제에 대해 고민해 봤을 것이다. 공부를 하려면 학원에 가야한다는 공식이 엄마들의 생각 속에 막연히 자리 잡고 있기 때문이다. 이러한 생각은 아마도 어린 시절부터 학원을 중심으로 공부해 왔던 엄마들의 경험에서 나왔을 것이다. 엄마들은 보통 자신의 경험을 바탕으로 육아와 교육을 하기 때문이다.

학원에 대한 엄마들의 고민은 아이가 유치원을 졸업할 무렵부터 본격적으로 시작된다. 물론 아이가 유치원이나 어린이집을 다닐 때부터 학원에 보내거나 개인 지도를 시키는 가정도 있지만, 보통의 경우는 아이가 초등학교를 입학할 때 학원을 선택한다. 초등학교 입학을 앞두고 있는 자녀의 엄마들은 슬슬 걱정되기 시작한다. 보육이 중심이 되었던 유치원에서 학습이 중심이 되는 초등학교로 아이의 환경이 변하면 과연 아이가 잘 적응할 수 있을지 걱정되는 것이다.

'혹시 우리 아이가 다른 아이들에 비해 공부를 못하면 어떡하지?'
'집에서 놀고만 있다가 학교에 가면 우리 아이만 바보 취급을 당하는 건 아닐까?'

이런저런 고민 끝에 엄마들은 더 늦기 전에 아이에게 뭐라도 시켜야 한다는 생각을 하게 되고, 그때부터 학원에 관심을 갖는다. 부모라면 자신의 자녀가 다른 집 아이보다 뛰어나기를 바랄 것이다. 혹 뛰어나지는 않더라도 적어도 뒤처지지 않기를 바라는 마음이 있을 것이다. 그래서 다른 아이들이 다니는 학원은 다 보내려 하고, 다른 아이들이 배우는 것은 다 가르쳐 주려고 한다. 초등학교 입학 시기에 엄마들이 선호하는 학원 중 단연 으뜸은 바로 영어학원이다. 영어는 어릴 때부터 배워야 한다는 생각을 가진 엄마들이 많고, 영어유치원이나 다른 교육기관 등에서 영어를 일찍 접한 다른 집 아이들 때문이기도 하다.

영어에 관심이 많은 엄마도, 영어에 관심이 적은 엄마도 본인의 아이만큼은 영어를 조금 더 재미있게 배우고 자유롭게 구사할 수 있기를 희망한다. 많은 엄마들은 학원에만 보내면 아이의 영어 실력이 쑥쑥 올라갈 것이라고 믿지만, 영어 실력은 학원만 다닌다고 저절로 향상되는 것이 아니다. 학원에서 아무리 많은 시간을 보내더라도 정작 아이가 영어로 말할 수 있는 시간, 영어를 들을 수 있는 시간, 영어를 읽을 수 있는 시간, 영어로 글쓰기를 하는 시간은 턱없이 부족하기 때문이다.

한 반에 8명 정도의 아이들이 함께 수업을 듣는 대형 영어학원의 경우 수업시간에 선생님이 아이와 1:1로 대화할 수 있는 시간은 많지 않다. 아이가 수업을 듣는 반에는 다양한 아이들이 모여 있다. 내 아이보다 스피킹을 잘하는 아이도 있고, 잘하지 못하는 아이도 있다. 내 아이보다 글을 빨리 쓰는 아이도 있고, 느리게 쓰는 아이도 있다. 학원에서 영어를 배우려면 다른 아이들의 대답을 다 들어주어야 하고, 한참 기다려주어야 할 때도 있다. 아이가 글을 빨리 썼다고 더 많은 것을 가르쳐 주거나, 더 빨리 읽었다고 더 많은 읽을거리를 주지 않는다. 이렇게 다양한 아이들이 모여 있는 환경에서 45분이라는 수업시간에 아이는 과연 얼마나 많은 것을 말하고, 듣고, 쓰고, 읽을 수 있을까? 45분 동안 아이가 실제로 학습하는 내용과 시간은 생각보다 굉장히 짧을 수 있다.

학원 숙제를 통해 수업시간에 놓친 부분들을 보충한다고는 하지만, 그것은 숙제를 잘 챙겨서 꼼꼼하게 하는 몇몇 아이들의 경우에만 가능하다. 숙제를 대충하거나 잘하지 않는 아이들은 학원에서 배운 내용조차 자기 것으로 만들지 못하기도 한다.

초등학교 저학년 아이들의 경우 학원을 보내면 엄마의 손이 많이 가게 된다. 숙제도 챙겨줘야 하고 학원수업을 잘 따라가고 있는지 많은 관심을 기울여줘야 한다. 학원에서 배운 내용을 집에서 같이 살펴보고 아이가 잘 이해하고 있는지, 혹시 놓친 부분은 없는지 매일 체크해야 한다.

어떤 엄마들은 아이를 학원에 보내고 학원 생활이나 숙제 등 아이의 학습에 전혀 개입하지 않는다고 한다. 초등학생이 되었으니 자기가 해야 할 일은 자기가 알아서 해야 한다는 것이다. 하지만 그건 어느 정도 공부 습관이 잡힌 고학년에 해당된다. 아직 공부 습관은커녕 공부하는 방법조차 잘 모르는 초등학교 저학년 아이들의 경우에는 누군가 옆에서 친절하게 하나하나 지도해주고 챙겨줘야 한다. 아이를 학원에 보내고 엄마가 손을 놓아 버린다면, 학원을 50%도 활용하지 못하는 것과 같다.

'아이가 뭐라도 듣고 오겠지. 집에 있는 것보다는 낫겠지.'라는 생각으로 학원을 선택한다면 비싼 학원 수강료는 아이의 영어 실력 향상에 아무런 도움도 되지 않을 것이다. 엄마가 아이의 공부를 봐주기 힘들어서 아이를 학원에 맡기는 경우도 마찬가지이다. 엄마들 사이에서 흔히 하는 이야기가 있다. 집에서 자기 일을 잘하는 아이는 어딜 가든 잘하지만, 집에서조차 자기 일을 잘하지 않는 아이는 다른 곳에 가서도 잘하지 못한다. 학원 생활도 마찬가지라고 생각한다. 집에서 숙제를 하거나 공부를 하거나 책을 읽을 때 집중을 못하고 산만한 아이가 학원에 간다고 해서 달라질까? 아마 어려울 것이다. 내 아이가 집에서만 못하지 학원에 가면 의젓하게 잘할 거라고 생각한다면 큰 착각이다. 엄마가 있는 곳에서도 못했던 것을 엄마가 없는 학원에서 잘하게 될 가능성은 매우 낮다.

나도 미술 공방을 운영하며 아이들을 가르쳐 본 경험이 있다. 비교적 자유롭고 재미있는 과목인 미술의 경우에도 아이들의 수업 태도는 성향에 따라 혹은 집에서의 습관에 따라 여러 부류로 나뉜다. 집중력을 발휘해서 자기 그림이나 작품을 스스로 끝까지 마무리하는 아이, 자기가 해 보다가 안 되면 금방 싫증을 내거나 선생님에게 해 달라고 하는 아이, 처음부터 끝까지 작품에는 관심이 없고 장난만 치는 아이, 다른 아이의 작품활동을 방해하는 아이 등…. 엄마들은 아이가 집에서와는 다르게 학원에서는 열심히 잘해 줄 것이라고 믿고 싶겠지만, 아이들은 엄마가 없는 곳에서도 평소 본인의 방식대로 행동한다. 영어학원도 크게 다르지 않을 거라 생각한다. 집에서 집중을 못하는 아이가 학원에 간다고 해서 180도 달라져 모범생으로 바뀔 거라는 생각, 선생님께서 가르쳐 주시는 내용을 쏙쏙 흡수해서 돌아올 거라는 생각은 엄마들의 헛된 기대일 뿐이다. 아이를 영어학원에 보내기로 했다면 좋은 성과를 얻기 위해 엄마가 적극적으로 함께해야 한다. 먼저 아이가 학원에서 배운 내용을 자기 것으로 만들 수 있도록 복습에 신경을 써주어야 한다. 그리고 아이가 혹시 빠뜨리는 숙제가 없는지 꼼꼼하게 체크해 주어야 한다. 또한 아이의 학원 생활은 어떤지 항상 관심을 가지고 선생님과 아이와 각각 끊임없이 대화를 나누어야 한다. 엄마가 이렇게 해준다면 학원은 분명 아이의 실력 향상에 도움이 되겠지만, 그렇지 않다면 아이를 학원에 보내도 만족스러운 결과를 얻지 못할 수 있다.

영어학원 vs 영어독서, 둘 중 꼭 하나를 선택해야 한다면?

영어학원을 보내야 할지, 영어독서를 시켜야 할지 고민인 엄마들이 많을 것이다. 영어학원과 영어독서 둘 다 경험해 본 엄마로서 한 가지 확실히 말할 수 있는 것은 영어를 배움에 있어서 영어학원은 선택사항이지만 영어독서는 필수사항이라는 것이다.

아이를 학원에 보내고 싶은 엄마도, 아이를 집에서 교육하고 싶은 엄마도 모두 신경 써서 해줘야 할 것이 바로 영어독서이다. 영어권 국가에서 영어를 배우는 아이들도 마찬가지이지만, 특히 한국 같은 비영어권 국가에서 영어를 배우기 위해서는 반드시 영어독서가 필요하다. 그 이유는 영어독서를 통해서만 얻는 것이 있기 때문이다. 영어독서를 통해 아이들은 수많은 어휘와 문장 그리고 다양한 영어 표현을 자연스럽게 배우고 익힐 수 있고, 영어 읽기 능력이 향상되면 영어학습 능력도 향상된다. 또한 영미권의 문화를 간접적으로 배울 수 있어 해외에 나가지 않아도 그들의 문화를 경험해 본 것과 같은 효과를 얻을 수 있다. 이 밖에도 영어독서를 통해 얻을 수 있는 것은 수없이 많다.

그렇다면 영어학원을 통해서는 이런 부분들이 채워질 수 있을까? 학원에 다니면서 따로 영어독서를 하지 않고 학원에서 접하는 글의 양만으로 아이의 영어 읽기 능력을 향상시키기는 충분하지 않다. 그리고 학원에서 아무리 많은 영어 단어를 공부하고 암기한다고 해도 책을 통해 자연스럽게 익히게 되는 단어에 비해 금방 잊어버리기 쉽다. 또한 학원 생활만으로는 영미권 문화를 체험하기 쉽지 않다. 학원에 원어민 선생님들이 있어도 그들의 문화에 대해 제대로 배우거나 알게 될 기회가 거의 없기 때문에 아이가 영어학원에 다닌다고 해서 영어독서를 쉬면 안 된다.

영어학원을 다니면서 책을 읽지 않은 아이와 영어독서를 하면서 학원을 다니지 않은 아이는 어떻게 다를까? 영어학원을 다니면서 책을 읽지 않은 아이는 영어의 내공이 많이 쌓이지 않았을 확률이 높다. 학원에 다니는 아이들은 선생님들과 함께 영어를 읽고, 듣고, 쓰는 등의 활동을 통해 영어를 공부하는데, 학원에 머무르는 시간이 길더라도 영어에 집중하는 시간은 의외로 짧다. 아이가 학원에서 읽는 글의 양과 듣는 언어의 양이 집에서 책을 통해 영어를 접했을 때보다 적을 수 있다. 우리 아이가 다녔던 학원의 수업시간은 하루에 45분씩 두 타임, 총 90분이었는데 수업시간에 아이들은 영어 지문을 읽고, 선생님의 설명을 듣고, 문제를 풀고, 글도 쓴다. 90분이라고 하면 꽤 긴 시간 동안 영어에 노출되는 것 같지만, 실제 수업을 들여다보면 그 시간이 제대로 활용되지 못하는 경우도 있다. 한 반에 10명 가까운 아이들이 함께 수업을 들으면서 선생님의 질문에 대답을 할 기회는 몇 번이나 될까? 만약 그 반에 장난꾸러기 친구가 있어서 수업을 방해하는 시간이 길어진다면 어떨까? 수업시간에 아이들에게 지문을 읽히긴 하지만, 아이들마다 글을 읽는 속도가 각각 다르기 때문에 정해진 양의 글을 모든 아이가 읽을 때까지 기다려야 한다. 빨리 읽는 아이는 지루해 딴 짓을 할 것이고, 느리게 읽는 아이는 딴짓하는 아이들이 신경 쓰일 것이다. 결국 어린아이들이 학원에서 영어를 배우는 것은 물리적인 시간 대비 효율성이 상당히 떨어지게 된다. 아이가 학원에서 원어민의 수업을 듣는 경험을 한다는 것만으로 만족하는 엄마라면 불만이 없겠지만 나와 같이 가성비를 따지는 엄마라면 불만을 갖게 될 수 있다.

영어독서를 하며 학원에 다니지 않는 아이의 경우를 한 번 살펴보자. 아이가 학원에 머무는 시간만큼 영어독서를 한다면 아이가 읽을 수 있는 글의 양은 상당할 것이다. 또한 오디오북을 들을 경우 학원에서 원어민 선생님의 음성을 듣는 것과 비교도 되지 않는 양의 음성을 들을 수 있다. 영어는 언어이기 때문에 언어를 익히기 위해서는 그 언어에 노출되는 시간의 양이 충분해야 한다. 그렇다면 영어학원에서 영어를 배우는 것과 영어독서를 통해 영어를 배우는 것 중 어떤 것이 더 효율적일까? 시간에 비해 영어에 노출되는 양이 많은 영어독서가 훨씬 더 효율적인 영어 학습방법이라고 할 수 있다.

B
영어교육에 대한
엄마들의 흔한 착각

 영어를 잘하려면 영어학원에 보내야 한다?

아이가 영어를 잘 하려면 꼭 영어학원에 다녀야만 하는 것일까? 이 질문에 대해서는 엄마들마다 의견이 분분할 것이라 생각된다. 만약 아이가 학원을 다니면서 만족스러운 결과를 얻고 있다면 영어학원에 대해 긍정적으로 생각할 것이고, 아이가 학원을 다니지만 결과가 만족스럽지 못하다면 영어학원에 대해 부정적인 생각을 갖고 있을 것이다. 우리 집 아이들은 지난 몇 년간 학원의 도움 없이 영어책 읽기를 하면서 영어 실력을 키워 오고 있지만, 나도 한때는 아이를 영어유치원과 대형 영어학원에 보냈던 엄마이다. 아이를 영어유치원과 영어학원에 보내면서 확실하게 느낀 것은 영어교육에 있어서 영어학원은 꼭 필요한 것도 아니고 절대로 필요 없는 것도 아니라는 점이다. 영어학원을 잘 활용하면 분명히 원하는 효과를 볼 수 있지만, 잘못 활용했을 경우엔 돈과 시간만 낭비하는 결과를 얻을 수 있다. 이뿐만 아니라 아이의 아웃풋이 엄마의 기대치에 미치지 못한다면 그로 인해 아이와의 관계에도 악영향을 끼칠 수 있다.

일반적으로 부모들은 학원을 선택할 때 그 학원을 통해 얻을 수 있는 아이의 아웃풋에 집중한다. 들어간 비용에 비해 아이에게 나타나는 아웃풋이 만족스럽지 못한 경우엔 결국 학원비가 아깝다고 생각된다. 학원에 다니는 다른 아이에 비해 내 아이가 상대적으로 좋지 않은 결과를 보일 때에도, 아이가 학원 숙제를 불성실하게 할 때에도 학원 수강료가 아깝게 느껴질 것이다. 나도 그랬다. 아이가 몇 개월 동안 영어학원을 다니면서 리딩 레벨이 하나도 향상되지 않았을 때 매달 꼬박꼬박 내는 학원비가 아깝게 생각되었다. 지나간 일이기 때문에 쉽게 이야기하는 것일 수도 있지만 생각해 보면 그때의 내가 참 무지했다는 생각이 든다.

도대체 나는 학원에 무엇을 기대했던 걸까?

그땐 학원만 보내면 모든 분야에서의 영어 실력이 향상될 수 있을 거라 생각했다. 학원에서의 교육만으로 영어 리딩 레벨이 얼마나 향상될 수 있다고 믿었던 걸까? 영어 리딩 레벨을 높이려면 일단 아이 스스로 본인의 수준에 해당하는 영어책을 읽는 것부터 시작해야 한다. 학원에 가서 영어로 수업을 듣는다고 해도 스스로 책 읽는 시간을 확보하지 못한다면 절대로 향상될 수 없는 것이 리딩 레벨이다. 그런데 학원에서의 교육만으로 리딩 레벨이 오르기를 바랐었다니… 아이의 리딩 레벨을 향상시키기 위한 최선의 방법은 학원을 선택하는 것이 아니라 아이에게 영어책을 읽히는 것에 집중하는 것이다. 하지만 나는 영어학원에서는 절대로 해 줄 수 없던 걸 얻기 위해 아이를 학원에 보냈던 것이다.

학원을 비롯한 많은 종류의 사교육은 아이에게 학습에 대한 다양하고 새로운 경험을 해 볼 수 있는 기회를 제공한다. 하지만 이 경험을 바탕으로 아이의 실력이 얼마나 성장해 나갈지는 아무도 알 수 없다. 학원을 다닌다고 무조건 아이의 영어 실력이 향상될 것이라는 기대는 하지 않는 게 좋다. 중요한 건 아이를 학원에 보내기 전에 그 학원에서의 학습을 통해 달성하고 싶은 목적이 구체적으로 정해져 있어야 하고, 그 목표에 얼마나 다가갈 수 있는지를 잘 생각해 봐야 한다. 결정은 그 후에 하면 된다. 만약 아무 생각 없이 막연한 기대감을 가지고 학원을 선택한다면 나와 내 아이가 경험했던 것과 마찬가지로 결국 원하는 결과를 얻을 수 없을 것이다. 그리고 학원을 다니면서 들인 시간과 돈, 에너지에 비해 아이에게서 나타나는 아웃풋이 만족스럽지 않으면 엄마는 불만을 갖게 되고, 결국 그 짜증과 불만은 고스란히 아이에게로 돌아가게 된다.

영어교육에 있어서 영어학원이 무조건 나쁘고, 소용없다는 것이 아니다. 다만 학원이나 기타 사교육을 이용함에 있어서 무엇을 위해 학원을 선택하는지를 제대로 알고, 똑똑한 선택을 할 수 있는 현명함이 필요하다는 것을 강조하는 것이다. 사교육을 통해 아이가 얻을 수 있는 것이 명확하고, 엄마와 아이가 설정한 목표를 이루는 데에 도움이 된다면 군이 사교육을 마다할 필요는 없다. 아이를 위한 사교육을 선택할 때 아이에게 어떠한 부분이 부족한지 혹은 아이의 어떤 부분을 키워주고 싶은지를 먼저 생각하고 신중하게 결정해야 만족스러운 사교육을 경험할 수 있다.

한 가지 잊지 말아야 할 것은 영어교육에 있어서 학원에서 해결해 줄 수 없는 부분이 분명히 존재한다는 것이다. 이럴 땐 무조건 학원을 알아보기보다는 어떻게 해야 고민되는 부분이 좋아질 수 있을지에 대한 방법을 충분히 생각해 보아야 한다.

원어민과 만나면 아이가 영어를 잘하게 된다?

아이가 영어를 잘하도록 만들기 위해 엄마들은 아이들이 원어민과 자주 만날 수 있는 환경을 만들어 주고 싶어 한다. 외국에 나가 원어민과 생활할 수 없다면 학원이나 과외 혹은 화상 영어로라도 원어민과 대화할 수 있게 해 주려고 한다. 나도 그랬다. 아이가 다니던 영어유치원 선생님과 유치원 졸업 후에도 따로 만나 식사를 함께하기도 했다. 하지만 몇 번의 만남만으로 과연 아이의 영어 실력이 높아질 수 있을까? 결론부터 말하자면 아이들이 원어민과 만난다고 해서 영어를 잘하게 되는 것은 아니라고 할 수 있다. 물론 원어민들만 살고 있는 환경 속에서 아이가 혼자 지내게 된다면 영어를 잘할 수 있을 것이다. 어떻게든 영어를 사용해야 그곳에서 살 수 있을 테니까…. 매일매일 영어로만 소통하며 생활한다면 영어 실력은 당연히 향상될 수밖에 없다.

하지만 비영어권 나라인 한국에 살면서 일주일에 한두 번 정도 원어민과 만나 대화하는 정도라면? 혹은 화면을 통해 일주일에 한두 번씩 화상으로 만나 대화하는 정도라면? 원어민과 만나 간단한 대화를 주고받으면서 회화 실력이 아주 조금 향상될 수 있을지 모른다. 그 시간 동안 영어를 사용하지 않는 것보다는 나을 테니까….

원어민과의 만남이 영어 실력에 영향을 미치게 하려면 어떻게 해야 할까? 서로 인사만 주고받고 대화를 계속 이어 나갈 소재가 없다면 원어민과 자주 만난다고 해도 영어 실력의 향상을 기대하기는 어렵다. 화상 영어의 경우도 마찬가지이다. 단순히 화상으로 원어민과 만나 인사를 주고받고 일상적인 대화를 한다고 해서 아이의 영어 실력이 눈에 띄게 향상되는 것을 기대하기는 어렵다.

원어민과의 만남을 통해 영어 실력이 향상되는 효과를 보려면 선행되어야 하는 것이 있다. 그것은 바로 독서를 통한 인풋을 충분히 해주는 것이다. 영어로 대화하려는 건데 갑자기 독서를 하라는 건지 이해가 안 될 수도 있다. 하지만 독서가 충분히 되지 않은 상태에서 원어민과 대화하는 활동을 먼저 하면 영어에 대한 기본기가 없어 대화하는 데에 한계가 있다. 영어독서를 충분히 한 뒤 원어민과 소통하면 원어민과의 대화가 좀 더 풍부해질 수 있다. 우리는 영어독서를 통해 여러 상황을 간접적으로 접하고 그 상황에서 필요한 단어나 문장들을 배우게 된다. 이러한 간접경험들이 많아지면 이야깃거리가 늘어나고, 대화를 할 때 책에 나왔던 다양한 표현을 사용하게 된다. 책 읽기를 통해 간접적으로 경험한 많은 상황과 그 상황에서 사용했던 여러 문장과 단어를 활용해서 원어민과 대화를 이어간다면 대화는 한층 더 깊어질 것이다. 독서를 통한 기본기가 충분히 갖추어지지 않은 상태에서 원어민과 대화를 나누면 늘 비슷한 수준의 대화만 하게 되고 더 깊이 있는 대화를 할 수 없다.

우리 집 아이들은 한 번도 화상 영어를 이용해 본 적이 없지만 만약 아이에게 화상 영어를 시킨다면 난 이런 방법을 사용할 것 같다. 선생님과의 대화 주제는 책으로 정할 것이다. 선생님과 대화 나눌 책을 한 권 정해 만남 전에 책을 읽고 화상 영어를 하는 것이다. 읽은 책을 주제로 대화하다 보면 할 말이 많아진다. 주제가 확실하고, 아이는 그 주제에 대해 미리 읽어보았기 때문에 자신감을 갖게 될 것이다. 그리고 책에서 읽었던 문장이나 단어를 사용해서 대화를 이끌어 나갈 수 있게 된다. 평소에 잘 사용하지 않던 단어와 문장을 대화 속 문장에 자연스럽게 담아낼 수 있기 때문이다.

책을 주제로 대화하다 보면 주제를 정하지 않았을 때보다 대화할 내용도 많아지고, 한층 더 깊이 있는 수준의 대화를 나누게 된다. 원어민과의 만남에서 말을 조리 있게 잘하는 아이로 성장시키려면 일단 책으로 좋은 문장들을 많이 접할 수 있도록 도와주는 것이 좋다. 책과 함께하며 영어를 배운 아이들은 보다 높은 수준의 어휘와 문장을 사용하게 된다.

 영어는 언어에 소질이 있는 아이들만 잘한다?

"그 집 아이들은 언어에 소질이 있는 것 같아요."
"어쩜 그렇게 책을 잘 읽어?"
"언니가 잘하니까 동생은 저절로 잘하게 됐나 봐. 그렇죠?"
"여자아이들이라 역시 달라!"

우리 집 아이들이 영어를 읽고, 쓰고, 말하는 것을 보고 주변 엄마들이 나에게 하는 말이다. 과연 우리 집 아이들이 언어에 소질이 있기 때문에 이렇게 영어를 읽고, 쓰고, 말할 수 있는 것일까?

이런 말을 듣고 정말 우리 아이들이 언어에 소질이 있을지도 모른다고 생각한 적도 있지만, 아무리 생각해 봐도 우리 집 아이들은 평범하다. 우리는 지금 말레이시아에 살고 있다. 문 밖으로 나가기만 하면 말레이어와 중국어를 사용하는 사람들이 정말 많다. 심지어 학교에 말레이어와 중국어 수업시간도 있다. 학교에 다닌 지 3년이 되었지만 우리 집 아이들은 말레이어나 중국어를 잘하지 못한다. 매일 들어도 매일 잊어버린다. 만약 우리 집 아이들이 언어에 타고난 재능을 갖고 있다면 중국어와 말레이어도 잘해야 하는 것 아닐까? 집 앞 마트만 가도 말레이어를 사용하는 사람들을 만날 수 있는데, 왜 우리 집 아이들은 말레이어를 잘하지 못하는 걸까?

영어도 마찬가지이다. 만약 우리 아이들이 정말 언어에 소질이 있다면 가만히 있어도 영어를 잘해야 한다. 영어를 한두 번 들으면 따라할 수 있어야 하고, 알파벳만 배우면 저절로 영어를 술술 읽어야 한다. 또한 영어 영상을 보여주면 영어를 금방 알아들어야 한다. 정말 아이가 언어에 소질이 있어서 잘하는 거라면 꼭 노력을 기울이지 않아도 잘해야 한다.

하지만 우리 집 아이들은 영어를 배우기 위해 수많은 노력을 기울였다. 집에서 나와 함께 영어독서를 하기로 마음먹은 날부터 하루도 빠지지 않고 영어독서를 했고, 수많은 오디오북을 들었으며 외출을 할 땐 가급적 책이 있는 곳으로 갔다. 아픈 날에도 독서를 했고, 졸릴 때에도 독서를 했다. 여행 가서도, 여행 가는 비행기 안에서도, 심지어는 비행기를 타러 가는 자동차 안에서도 아이들과 나는 독서를 위한 노력을 쉬지 않았다.

비행기에서 영어독서를 하는 아이

나는 아이들을 위해 영어책에 대한 정보를 꾸준히 찾아보았고, 아이들이 조금이라도 관심을 보이면 어떻게 해서든 그 책을 읽히려고 노력했다. 나의 삶은 그리고 아이들의 삶은 언제나 책과 함께였다. 그렇게 많은 시간이 흘렀고, 그러한 시간과 노력이 있었기에 아이들은 영어를 조금 더 친숙하게 느끼게 되었다. 본인들이 읽고 싶은 영어책은 모두 읽을 수 있는 능력을 갖게 되었으며, 영어로 자기의 생각을 큰 어려움 없이 써 내려갈 수 있게 되었다.

다른 엄마들이 보기엔 아이들이 언어에 소질이 있기 때문에 아무런 노력 없이도 저절로 영어를 잘하게 된 것처럼 느껴지는 것 같다. 우리의 지난 시간은 아무에게도 보이지 않으니까…. 그동안 우리가 한 노력은 다른 사람들에겐 관심의 대상이 아니었으니까…. 우리는 매일매일 무수한 노력과 시도를 했고 이제 겨우 조금씩 그동안 투자한 시간에 대한 보상을 받고 있는 것뿐이다.

물론 우리 아이들이 언어에 타고난 소질이 있을지도 모른다. 내가 다른 아이들을 키워 본 적이 없기 때문에 다른 집의 아이들이 어떤지 알 수 없으니까…. 다른 엄마들이 생각하는 보통 아이들에 비해 조금 더 쉽게 영어와 친해지게 되었을지도 모른다. 만약 우리 집 아이들과 같은 노력을 했는데 형편없는 결과가 나온다면 그건 타고난 재능의 차이일 것이다. 하지만 내 주변에서는 나와 우리 집 아이들이 했던 만큼의 노력을 기울이는 엄마와 아이들을 본 적이 없기 때문에 제대로 비교할 수 없다. 아이들과 함께 영어독서를 하면서 느낀 점 중 하나는 꾸준하게 노력하면 소질도 개발된다는 것이다. 꾸준함이 길어지면 실력이 늘 때 가속도가 붙는데 이 가속도가 바로 소질인 것 같다. 새로운 언어를 배움에 있어서 꾸준한 노력만큼 중요한 건 없다.

단어 암기보다 영어독서가 우선이다

영어독서를 하려면 단어를 많이 알아야 할까? 영어독서를 하기 위해서 무작정 단어부터 공부하는 경우가 있다. 하지만 단어는 문장 속에서 배우고 익혀야 한다. 단어 암기는 그다음 문제이다. 예를 들어, 영어책 한 권을 읽기 위해 그 책에 나오는 핵심 단어들을 먼저 뽑아 암기한 뒤에 그 책을 읽는다고 해 보자. 영어 단어는 하나의 뜻만 가지고 있는 경우가 드물다. 보통 두세 개 혹은 그 이상의 뜻이 있기 때문에 문맥 속에서 단어의 의미를 찾지 않는다면 그 단어가 어떤 뜻으로 사용되었는지 정확하게 알 수 없다. 그럴 때는 문장을 잘못 해석하게 되어 완전히 다른 내용으로 이해할 수 있다. 문맥 속에서 단어의 뜻을 파악하는 것이 아니라, 자신이 알고 있는 단어의 뜻으로만 그 문장을 해석하려고 하기 때문이다. 단어만 따로 외우는 것은 단어 쪽지시험을 볼 때만 효과가 있다. 문장을 통해 단어를 익혀야 그 문장 속에서 사용된 단어의 뜻을 정확하게 파악하고 기억할 수 있다. 그렇기 때문에 영어책을 많이 읽은 아이는 자연스럽게 영어 단어를 많이 알게 되고, 어렵게 따로 암기하지 않아도 책마다 반복되는 문장 속에서 자연스럽게 단어를 배우고 뜻을 익히게 된다.

영어책을 읽을 시간이 없다?

아이가 책 읽을 시간이 없다는 이유로 영어독서를 못한다는 이야기를 종종 듣는다. 중·고등학생들의 경우 공부할 과목이 많고 학교 숙제도 해야 해서 마음 놓고 책 읽을 시간이 부족할수도 있다. 하지만 초등학생의 경우는 어떨까? 물론 초등학생이라고 시간이 많은 건 아니다. 학원도 다녀야 하고, 숙제도 해야 하고, 밥도 먹어야 한다. 그리고 놀기까지 해야 하니 하루가 정신없이 지나가 버릴 것이다. 우리 집 아이들도 하루 종일 바쁘다. 학원에 가느라 바쁜 아이들과는 다른 이유로 바쁘지만, 그래도 항상 무언가를 하느라 바쁘게 지낸다. 학교수업이 끝나면 집에 돌아와 밥도 먹고, 놀기도 하고, 그림도 그려야 한다.

또 바깥바람도 쐬고 와야 하고, 숙제가 있는 날엔 숙제도 해야 한다.

　그럼에도 우리 집 아이들은 매일매일 영어독서를 한다. 우리 집에서 영어독서는 아무리 시간이 없어도 무조건 해야 하는 것이다. 무조건 해야 하는 것은 어떻게든 하게 되어 있다. 아이들이 영어책을 읽을 시간이 없다는 말은 아이들에게 영어책을 읽히기 싫다는 말과 같다. 아이들에게 영어책을 읽히려면 무조건 영어책 읽는 시간을 확보해야 한다. 영어독서가 중요하다는 것에 조금이라도 동의한다면 적어도 시간이 없어서 못 읽힌다는 핑계는 대지 말아야 한다. 자투리 시간을 활용해도 좋고 독서시간을 따로 정해도 좋다. 영어독서를 반드시 해야 한다고 생각하면 어떤 식으로든 시간을 만들어 아이들에게 책을 읽혀야 한다. 영어책 읽을 시간이 없다는 무책임한 말은 하지 말자. 잘 찾아보면 아이들이 영어책 읽을 시간은 순간순간 숨어 있다. 보물찾기를 하듯 그런 숨어 있는 시간들을 찾아내어 영어책을 읽도록 해야 한다. 일상의 곳곳에 숨어 있는 5분, 10분이 모여 1시간, 2시간이 되는 마법이 일어난다. 숨어 있는 시간을 지혜롭게 활용해서 영어책을 읽혀 보자.

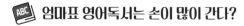 엄마표 영어독서는 손이 많이 간다?

엄마표라고 하면 우리 머릿속에 떠오르는 몇 가지 이미지가 있다. 개성 있고 센스 있게 만들어진 눈높이 교구들, 정성스럽게 준비된 갖가지 자료와 활동지, 잠을 줄여 가며 준비하는 엄마들의 노력과 부지런함 등. 엄마표로 집에서 아이들을 학습시키는 엄마들은 아이의 학습을 돕는 여러 가지 자료를 준비 하느라 항상 바쁘게 움직인다. 혹시 엄마표 영어독서에도 엄마의 이런 노력이 필요한 건 아닐까 생각하는 엄마가 있을지도 모르겠다. 엄마표 영어독서를 미리 경험해 본 선배로서 한 가지 분명하게 말할 수 있는 건, 엄마표 영어독서는 다른 엄마표 학습과는 여러 가지 면에서 다르다는 점이다. 엄마표 영어독서에서 엄마의 역할은 아이에게 무언가를 가르치고 학습시키는 선생님이 아니다. 따라서 아이를 위한 활동지를 준비하고 학습을 돕기 위한 교구를 만드는 노력은 하지 않아도 된다.

대신 엄마는 아이와 함께 책을 읽으며 아이가 독서를 통해 얻게 되는 다양한 감정과 생각을 자유롭게 나눌 수 있는 진정한 독서 친구가 되어주어야 한다.

'어떻게 하면 아이가 더 재미있고, 더 행복하게 책을 읽을까?'
'어떻게 하면 아이가 더 오래 책을 읽을 수 있을까?'

그것만 연구하면 된다. 기타 다른 자료들은 별로 필요하지 않다. 따라서 손재주가 없어서, 자료를 준비하기 어려워서 등의 걱정은 할 필요가 없다. 그런 건 준비할 필요가 없다. 책 읽는 것 자체가 재미있어서 아이가 책을 읽을 수 있도록 해야 하고, 다른 활동으로 연계시키기를 고민하기보다는 그 책을 통해 다른 책으로의 연계 독서가 가능해질 방법을 찾아내는 게 중요하다. 아이가 책 읽는 시간이 점점 쌓여 영어책 읽기에 부담을 느끼지 않게 되면, 엄마가 도와주지 않아도 아이가 스스로 연계 독서를 하게 될 것이다.

책을 읽은 후 아이와 어떤 독후활동을 하면 좋을지 고민하는 엄마들이 있다. 아이와의 독후활동을 통해서 아이가 책에 더욱 흥미를 느끼게 되고, 책의 내용을 다시 한번 생각해 볼 수 있다는 점 때문에 독후활동에 관심을 많이 갖는 것 같다. 하지만 아이들이 독후활동을 많이 한다고 독서에 더 흥미를 느끼게 되거나, 독후활동을 하지 않는다고 독서에 흥미를 느끼지 못하는 것은 아니다.

아이와 함께 꼭 해 보고 싶은 독후활동이 있으면 해도 좋지만 필수 사항은 아니라는 것이다. 그렇기 때문에 독후활동을 준비하기 위해 엄마가 많은 에너지를 쏟거나 큰 부담을 갖지 않아도 된다. 독후활동 준비에 에너지를 쏟기보다는 아이와 함께 책을 읽는 시간에 더 공을 들일 필요가 있다. 함께 읽은 책의 내용에 공감하며 아이와 대화를 나눌 수 있어야 한다. 엄마와 공감하며 책을 읽는 그 자체만으로도 아이는 충분히 흥미로울 수 있다. 나의 경우, 아이들에게 지난 몇 년간 책

을 읽히면서 독후활동을 따로 준비했던 경험은 열 손가락에 꼽을 정
도도 안 된다. 아이들이 원할 때에만 해주었고 대부분의 경우엔 아이
들과 함께 책 읽는 것에 더 집중했다.

책 읽기에 집중할 수 있도록 해주니
어느 순간부터 아이들이 스스로 독후활
동을 하는 횟수가 늘어 갔다. 책을 읽은
후에 그림을 그리는 경우도 있고, 글을
쓰는 경우도 있다. 아이들끼리 책을 읽
은 내용으로 놀이를 하기도 하고, 그 안
에 나오는 캐릭터를 종이인형으로 만들
어 역할놀이를 하기도 했다. 엄마가 노

책을 읽고 난 후 노트에
제목을 적고 그림을 그리는 아이

력하고 준비하지 않아도 아이가 원하면 스스로 하게 된다. 이 점이 바
로 엄마표 영어독서의 묘미이다. 엄마표 영어독서에서 엄마가 쏟는
에너지는 다른 엄마표 학습에 비해 굉장히 낮다. 적은 노력으로 아이
에게 큰 것을 선물해 줄 수 있는 것이다.

아이와 책을 읽은 후 책과 관련된 무언가를 꼭 하고 싶다면 아이와
의 북 토크를 추천한다. 책에 나오는 어떤 것에 대한 이야기라도 좋
다. 책의 내용과 캐릭터에 대해 이야기해도 좋고, 책에 들어간 삽화에
대해 이야기하는 것도 좋다. 아니면 책에 나오는 장소나 음식 등에 대
한 이야기도 좋다. 아이와 책 속에서 발견한 소소한 것들에 대해 함께

이야기해 보고 그중에 아이가 흥미
를 느낀 부분이나 더 궁금해진 것
이 있다면 그 부분에 대해 더 깊이
알아보도록 하자. 아이가 궁금해하
는 내용을 담고 있는 책을 찾아봐
도 좋고, 인터넷을 검색해도 좋다.
아이가 궁금해하는 부분은 꼭 알고
넘어가도록 하자. 또한 아이가 책

책을 읽고 난 후 노트에 독후 활동을 하는 아이들

에 나오는 장소에 가 보고 싶다거나 책의 주인공이 했던 것을 따라 해
보고 싶어 한다면, 아이가 원하는 것을 할 수 있도록 최대한 도움을 주
면 된다.

책의 제목을 쓰고 간단한 그림을 그려 보거나 책에 나온 문장 중 마
음에 드는 문장을 적어 보는 것도 좋은 독후활동이 될 수 있다. 독후
활동을 절대 어렵게 생각하지 말자. 혹시라도 엄마나 아이가 부담이
된다면 독후활동을 하지 않아도 된다. 어떤 경우라도 독후활동 때문
에 책 읽는 것이 싫어지면 안 되기 때문이다.

영어 잘하는 엄마들만 엄마표 영어독서를 할 수 있다?

많은 엄마들이 엄마표 영어독서를 망설이는 이유 중 하나가 본인의 영어 실력이 좋지 않기 때문이라고 한다. 아마도 '엄마표'라고 하면 엄마가 선생님의 역할을 해야 한다고 생각해서인 것 같다. 자신이 전공한 분야이거나 잘하는 분야라면 얼마든지 선생님이 되어 아이를 가르칠 수 있지만, 전문적으로 배우지 않은 영어를 아이에게 잘 가르쳐 줄 수 있을지 고민이 될 것이다. 더군다나 영어를 어려워하는 엄마라면 엄마표 영어독서가 더욱 부담스럽게 느껴질 수 있다.

'나도 자신 없는 분야인 영어를 과연 내 아이에게 잘 가르쳐 줄 수 있을까?'

'혹시라도 아이에게 책을 읽어주다가 모르는 단어가 나오면 어떻게 해야 하지?'

'아이가 원어민 발음을 배웠으면 좋겠는데 내 발음을 따라 하게 될까 봐 걱정이야.'

'학원에 맡기는 게 낫지, 괜히 내가 지도했다가 잘못 가르치면 어떡해?'

이런 부정적인 생각 때문에 엄마표 영어독서를 시작도 하지 못하는 경우를 심심치 않게 볼 수 있다. 하지만 이런 걱정은 엄마표 영어독서가 무엇인지 확실히 이해하지 못했기 때문에 생기는 것이다. 엄마표 영어독서는 일반적으로 많이 알고 있는 엄마표 영어와는 다르다.

엄마표 영어는 엄마가 어느 정도 선생님의 역할을 해줘야 할 수도 있지만, 엄마표 영어독서는 엄마가 선생님의 역할을 하지 않는다. 엄마는 아이 옆에서 함께 책에 관심을 가져주고 책을 읽어주는 독서 친구의 역할을 하는 것이다. 그렇기 때문에 엄마표 영어독서를 하는 데에 있어서 엄마의 영어 실력이 필수조건은 아니다. 엄마가 영어를 잘한다면 도움되는 부분이 물론 있겠지만, 그렇지 않은 경우라도 전혀 상관없다. 한국에서 학창 시절을 보낸 대부분의 엄마들은 어느 정도 영어를 읽을 수 있다. 다들 영어책 읽기를 안 해 봐서 어렵다고 생각하지만, 일단 시작해 보면 생각했던 것보다 어렵지 않게 아이들의 영어책을 읽을 수 있다. 특히 어린아이들이 읽는 그림책 속의 간단한 영어 문장 정도는 쉽게 읽을 수 있다. 중학교 3년, 고등학교 3년 동안 학교의 영어수업을 통해 우리는 생각보다 많은 것을 배웠기 때문이다.

엄마표 영어독서의 시작 단계에서 읽는 책들은 글밥이 아주 적고 단순한 문장과 단어를 사용한 책들이다. 그리고 페이지마다 문장과 관련된 그림이 그려져 있어 단어의 뜻이 가물가물해도 무슨 뜻인지 쉽게 짐작할 수 있다. 단어의 발음을 모른다면 인터넷에서 단어를 찾아 발음을 들어봐도 좋다. 조금의 노력만 기울이면 생각보다 어렵지 않게 많은 부분을 스스로 해결해 나갈 수 있다.

아이가 나중에 수준 높은 책을 읽게 되면 어떻게 하지? 이런 걱정을 하는 엄마들이 있을 것이다. 엄마표 영어독서를 조금 먼저 경험해 본 선배의 마음으로서 '그건 지금부터 걱정하지 않아도 된다.'고 조언해주고 싶다. 지금은 조금 부족한 실력이지만 아이와 영어독서를 지속할수록 아이의 영어 읽기 실력은 물론 엄마의 영어 읽기 실력도 계속 성장한다. 만약 아이의 읽기 능력이 그보다 더 높은 수준으로 향상되어 그림 하나 없는 두꺼운 소설책을 읽는 단계가 되면 그땐 엄마의 도움 없이도 본인이 스스로 책을 읽게 되니 걱정하지 않아도 된다. 엄마가 책을 가장 많이 읽어줘야 하는 건 아이가 스스로 책을 읽을 능력과 독서에 관심이 없는 때이다. 엄마표 영어독서를 진행하면서 아이의 책 읽는 수준은 점점 높아지고, 엄마의 역할은 점점 줄어들어 나중에는 아이가 읽는 책에 관심을 가져주기만 해도 된다. 그땐 아이가 책에 대한 이야기를 할 때 잘 들어주고 아이가 읽고 싶다는 책을 구입해주면 된다.

아이들이 영어독서를 하다가 꾸준히 해 나갈 힘과 동기가 부족하게 될 때 누군가 옆에서 힘을 실어주고, 계속해서 흥미를 잃지 않을 수 있도록 도움을 줘야 한다. 그 역할을 해야 할 사람이 바로 엄마이다. 그렇기 때문에 영어가 부족하다고 부담을 가질 필요가 전혀 없다. 아이에게 읽어주는 책의 모든 내용을 이해하지 못해도 상관없다. 엄마의 역할은 책을 읽어주는 것만으로도 충분하다. 내용을 완벽하게 이해하고 아이에게 설명해 줄 필요는 없다. 모르는 발음이 나오면 스펠링대로 읽어주면 된다. 그 단계에서 발음이 조금 틀리는 건 크게 중요하지 않다. 영어책 읽기의 시작 단계에서는 책을 즐겁게 읽는 경험을 만들어 주는 것이 제일 중요하기 때문이다. 그리고 요즘엔 영어책 부속 교재로 오디오북이 많기 때문에 정확한 발음은 오디오로 들으며 충분히 익힐 수 있다. 시간이 흘러 아이가 엄마의 도움 없이 영어책 읽기를 하게 되면 그땐 엄마의 발음을 바로잡아 주기도 한다. 따라서 엄마가 신경 써야 하는 부분은 영어 발음도 아니고 영어를 한국어로 번역할 수 있는 능력도 아니다. 아이와 함께 즐거운 마음으로 영어책을 읽는 것에만 집중하면 된다.

영어책을 읽다가 엄마가 모르는 단어의 뜻을 아이가 궁금해한다면 우선 그림을 보며 아이와 함께 뜻을 유추해 본다. 어린이 책의 경우 그림만 봐도 그 페이지에 담긴 내용을 알 수 있는 경우가 많기 때문에 대부분 단어의 뜻을 잘 몰라도 유추하기 쉽다. 하지만 만약 아이가 정확한 뜻을 알려 달라고 한다면, 아이와 함께 그 단어의 뜻이 무엇인지 사전에서 같이 찾아본다. 단어를 모른다고 당황하거나 부끄러워하지 않아도 된다. 엄마가 꼭 모든 것을 다 알아야 할 필요는 없다. 모르는 건 아이와 함께 알아가면 된다. 기억하자! 우리는 아이를 가르치는 것이 아니라 아이와 영어책을 읽는 시간과 경험을 쌓아 가는 것이다. 엄마는 아이가 올바른 영어독서 습관을 형성할 수 있도록 옆에서 함께 해주는 동반자의 역할임을 잊지 말자.

우리 아이는 아무리 노력해도 안 된다?

아이들에게 책을 읽게 하기 위해 엄마들은 저마다 많은 노력을 기울인다. 책도 사주고, 읽으라고 잔소리도 하고, 읽어주기도 한다. 하지만 아이들은 쉽게 엄마의 뜻대로 책을 읽으려고 하지 않는다. 이런 일들이 반복되면 엄마들은 자신이 아무리 노력해도 아이가 잘 따라주지 않는다며 하소연을 한다. 엄마들의 이야기를 들으면서 나는 이런 의문들이 생겼다.

'저 엄마는 과연 얼마만큼의 노력을 해 봤을까?'
'아이에게 책을 읽히기 위해 어떤 방법들을 시도해 봤을까?'
'얼마나 오랫동안 시도를 해 본 걸까?'

아이들마다, 엄마들마다 각자의 성향이 다르고 기준도 다르기 때문에 엄마가 아이의 영어독서를 위해 기울인 노력의 양을 정확하게 알 수는 없다. 하지만 엄마표 영어독서를 하려고 마음먹은 엄마들이라면 그 기준을 조금은 다르게 잡으라고 조언하고 싶다. 엄마표 영어독서의 성공을 위한 노력의 양은 무조건 '목표를 이룰 때까지!'로 잡는다. 도전해 보기로 마음먹은 이상 목표를 정하고 그 목표를 이룰 때까지 노력해야 한다.

아이와 함께 이룰 목표는 구체적으로 잡고, 작은 목표부터 이루어가는게 좋다. 아이가 스스로 엄마에게 영어책을 가져와서 읽어 달라고 말하는 게 목표가 될 수도 있고, 하루에 세 권의 책을 아이와 함께 읽는 게 목표가 될 수도 있다. 중요한 건 아이와의 영어독서를 통해 첫 번째로 달성해 보고 싶은 목표를 정하고 그 목표를 이루기 위해 끊임없이 노력해 보는 것이다.

한 가지 방법을 시도해서 잘 안 되었다면 다른 방법을 찾아보자. 집에서 책 읽는 것을 싫어하는 아이가 밖에서는 잘 읽을 수도 있고, 리더스북을 싫어하는 아이가 동화책을 보여주면 좋아할 수도 있다. 환경을 바꿔 보거나 책의 종류도 바꿔 보는 등 끊임없는 시도를 통해 반드시 목표한 바를 이룰 수 있도록 하자.

아이에게 영어책을 읽히기로 마음먹었다면 이러한 노력을 생활화하자. 여러 번 이야기해도 듣지 않는다고 쉽게 포기하면 절대 원하는 목표를 이룰 수 없다. 할 수 있는 한 모든 방법을 동원해서 아이가 영어책을 읽도록 해야 한다. 아이에게 읽으라고 해도 읽지 않는다면 엄마가 읽어주자. 책을 읽어주려고 해도 듣지 않는다면 오디오북을 자주 틀어주자. 책을 사 달라고 해서 사줬는데 관심을 보이지 않는다면 하루에 한 장이라도 함께 읽어 보자.

하나의 작은 목표를 이루고 나면 그다음 단계의 작은 목표를 설정한다. 꾸준히 목표 설정과 목표 달성을 반복하며 1년을 보내 보자. 1년이 지난 후에 처음 엄마표 영어독서를 시작하던 아이의 모습과 지금의 모습을 비교해 보면 아이는 엄청나게 성장해 있을 것이다. 어떤 부분에서라도 다른 집 아이와 내 아이를 비교하는 건 전혀 의미가 없다. 내 아이의 성장을 위해 필요한 것은 다른 집 아이가 아닌, 바로 내 아이의 과거와 현재를 비교하는 것이다. 앞만 보고 작은 목표들을 이뤄가며 달려갈 땐 아이의 처음 모습이 잘 생각나지 않기 때문에 아이의 영어 실력도 매일 그대로인 것만 같다. 하지만 열심히 달리다가 1년이 지난 시점에서 과거를 돌아보면 그동안 발전한 아이의 모습을 발견하게 된다. 하루하루의 작은 변화들은 눈에 띄지 않지만 눈에 띄지 않는다고 변화가 없는 것은 아니다. 목표를 이루며 하루하루 도전하는 아이의 시간은 절대로 의미 없이 지나가지 않는다. 아이는 시간이 지날수록 처음과는 비교도 되지 않는 모습으로 성장할 것이고, 언젠가는 이 놀라운 이야기들을 주변의 지인들에게 말하게 될 것이다. 우리 아이의 경쟁 상대는 과거의 우리 아이임을 명심하자. 내 아이가 영어독서를 시작한 그날을 기준으로 조금씩 발전하는 데에 의의를 두어야 한다. 그렇게 되면 내 아이는 내 아이만의 성장 스토리를 갖게 될 것이다.

영어책은 세트로 구입해 단계별로 읽혀야 한다?

엄마표 영어독서를 하기로 마음먹은 엄마들이 가장 먼저 하는 고민은 바로 어떤 책을 읽힐 것인가이다. 엄마표 영어독서를 하기로 마음먹은 이상 아이에게 제대로 된 책으로 효과적인 지도를 해 주고 싶은데, 어떤 책이 좋은 것인지 감이 오지 않을 것이다. 검증되지 않은 책을 읽히고 싶지는 않고, 믿을 수 있는 브랜드의 책 중에서 평이 좋은 책으로 아이와 영어책 읽기를 시작하고 싶다. 그래서 엄마들은 흔히 리딩 수준별로 단계를 나눈 유명 브랜드의 영어 전집을 구입하게 된다. 다양한 내용으로 구성된 전집의 책들을 단계별로 모두 읽고 나면, 우리 아이의 리딩 레벨도 향상되고 보다 수준 높은 독서가가 되어 있으리라 기대하기도 한다. 엄마의 기대대로 아이가 전집을 재미있고 효과적으로 잘 읽을 수 있다면 더할 나위 없이 좋다. 실제로 유명 브랜드의 전집을 잘 활용하여 체계적으로 영어 리딩 레벨을 향상하는 데 도움을 받는 사례들도 많다.

그러나 전집은 고가인 경우가 많아 가격이 부담된다면 전집을 고집할 필요는 없다. 꼭 한 브랜드의 책을 세트로 모두 읽혀야 리딩 레벨이 향상되는 것은 아니다. 도서관에 다니며 여러 종류의 책을 읽히고 저렴하게 판매하는 책들을 구입해서 읽어줘도 효과는 같다. 영어독서가 처음인 아이에게는 무조건 그림책을 많이 읽어주고, 그다음엔 리더스북을 단계별로 찾아 읽히면 된다. 이때 책의 단계가 같다면 어떤 브랜드의 책이든 비슷한 어휘 수준과 비슷한 문장 구조를 가지고 있기 때문에 가리지 않고 다양하게 읽으면 된다. 아이에게 영어독서를 제대로 시키기 위한 필수조건에 유명 브랜드의 전집을 단계별로 읽혀야 한다는 것은 없다. 어떤 브랜드의 영어책이든 상관없이 아이에게 다양한 영어책을 꾸준히 읽히는 것이 훨씬 중요하다.

독서를 오래 지속하기 위해서는 무엇보다 읽는 사람이 책을 재미있어 해야 한다. 책을 읽는 주체는 아이이기 때문에 아이가 흥미를 보이는 책을 선택해야 하는 건 당연하다. 아이가 좋아할 만한 내용과 그림체, 아이가 좋아하는 책의 크기 등등 아이가 매력을 느낄 만한 요소들이 있는 책을 구하는 것이 영어독서 초기 단계에서는 무엇보다 중요하다. 아이가 한 번 좋아했던 스타일을 계속 좋아하지 않을 수도 있다. 어른들도 마찬가지지만, 아이들은 자기들이 좋아하는 것과 싫어하는 것에 대해 확실히 구분하고 싫증도 빨리 느낀다. 그렇기 때문에 비슷하게 구성된 전집의 많은 책을 계속 흥미롭게 읽을 수 있을 것인가에 대해 생각해 볼 필요가 있다. 전집의 특성상 책의 디자인, 그림체, 내용 등 책마다 구성이 비슷한 경우가 많다. 새로운 것을 좋아하고 호기심이 많은 아이들이 비슷한 구성의 책들을 꾸준히 읽는다는 것은 어른들이 생각하는 것 이상으로 어려울 수 있다. 물론 어떤 아이들에게는 한꺼번에 여러 권의 책을 집에 두고 한 권, 한 권 뽑아 읽는 것이 즐거움이 될 수도 있다. 하지만 어떤 아이들에게는 비슷한 구성의 책을 여러 권 읽어야 하는 것이 마치 하기 싫은 숙제가 산더미처럼 쌓여 있는 것처럼 부담스럽게 느껴지기도 한다. 아이가 책에 대한 호기심 없이 의무감으로 책을 읽기 시작한다면 읽기에 대한 욕구는 점점 더 떨어질 수밖에 없다. 아이가 읽기를 지속할 수 있는 힘은 호기심에서부터 나온다고 해도 무리가 없을 것이다.

만약 아이가 호기심을 느끼는 책 한 권을 발견한다면 그 책은 힘들지 않게 읽을 수 있다. 그리고 그 책을 통해 다른 책들에 대한 호기심이 생긴다면 독서를 계속 이어갈 수 있다. 그래서 엄마는 아이와 함께 지속적으로 책을 찾아보아야 한다. 서점에도 함께 가 보고 도서관에도 함께 가 보면서 아이가 관심을 갖는 책들을 찾아내야 한다.

그런 면에서 전집은 아이의 호기심을 자극하는 데에 많은 도움이 되지 않는다. 책의 내용은 달라도 책의 형태나 구성이 일정하기 때문에 아이가 금방 싫증을 느낄 수 있다. 그렇다고 전집을 읽히지 말라는 것은 아니다. 아이에게 꼭 읽히고 싶은 브랜드의 전집이 있다면 모든 책을 한꺼번에 노출시키지 않고 하나씩 꺼내 주는 방법을 활용하면 책을 한 권씩, 두 권씩 구입해서 읽는 것과 동일한 효과를 얻을 수 있다.

영어 실력 향상을 위해서는 반드시 집중듣기, 연따, 정따, 흘려듣기, 낭독을 해야 한다

엄마표 영어 관련 서적이나 강연에서 집중듣기, 흘려듣기, 낭독, 연따, 정따 등의 용어를 종종 듣게 된다. 이 용어들은 모두 책을 읽고 듣는 방법이다.

첫 번째, 집중듣기란 오디오 CD를 들으면서 책을 읽는 방법으로, 오디오에서 나오는 속도에 맞추어 한 글자 한 글자 종이책의 문장을 짚어가며 책을 읽는다. 귀로는 오디오를 듣고 눈으로는 종이책의 글을 보며 읽는 방법으로, 아이의 영어 읽기 레벨을 올리려고 할 때 많은 엄마들이 활용한다. 집중듣기를 할 때는 연따와 정따를 하게 된다. 연따란 오디오북을 들으며 연속으로 따라 말하는 것이고, 정따란 오디오로 한 문장을 들은 뒤 정지한 후 그 문장을 정확하게 따라 말하는 것이다.

두 번째, 흘려듣기란 말 그대로 흘려듣는 것이다. 밥을 먹을 때나 놀이를 할 때 영어 소리에 노출될 수 있도록 하는 방법이다. 흘려듣기는 오디오에서 나오는 소리에 100% 집중하며 듣지 않고 부담 없이 영어 소리를 듣는 것이다.

세 번째, 낭독이란 책을 소리 내어 읽는 방법으로, 책의 내용을 눈으로만 읽는 것이 아니라 자신의 목소리로 읽는 활동이다.

위의 세 가지 방법 모두 영어 실력을 향상하는 데에 도움이 되는 것은 분명하다. 하지만 과연 모든 아이에게 이 방법을 동일하게 적용시켜야 하는지에 대해서는 좀 생각해 봐야 한다.

엄마표 영어에 대해 소개한 많은 책에서는 집중듣기, 흘려듣기, 낭독 등의 방법을 활용하여 아이의 영어 실력을 높일 수 있다고 한다. 이 단계가 모두 중요하기 때문에 책을 읽을 때 이 방법들을 모두 활용해서 책을 읽으라고 한다. 심지어 몇 번 이상 듣기를 해야 하고, 몇 번 이상 소리 내어 읽기를 해야 하는지 등의 구체적인 방법을 제시하는 책이나 기관들이 있다. 물론 그들의 주장대로 이런 방법들을 모두 적용하여 책을 완벽하게 읽어 낸다면 아이의 읽기 레벨은 물론 영어 실력도 향상될 수 있을 것이다.

하지만 꼭 이런 룰에 맞추어 영어책 읽기를 해야만 아이들의 영어 실력이 향상되는 것일까? 나는 엄마표 영어독서는 아이가 스트레스 없이 책을 즐기면서 읽을 수 있어야 한다고 생각한다. 그런데 이런 방법들을 강요하다 보면 아이가 영어책 읽는 것 자체에 재미를 느낀다기보다 의무감에 읽을 수 있고, 피로가 쌓일 수 있다. 영어독서는 즐거워야 지속할 수 있다. 목적을 가지고 책을 읽고, 너무 방법적인 부분에 신경을 쓰다 보면 아이는 더 이상 독서를 즐겁게 할 수 없게 될 수 있다.

첫째 아이가 챕터북을 읽던 시기에 나도 이런 방법들을 아이에게 적용해 보려고 많이 노력했었다. 챕터북을 읽기 시작하면서 오디오 CD를 틀어주고 손가락으로 짚어가며 책의 글자를 읽는 집중듣기를 시도해 보았는데 처음엔 따라 하는 것 같더니 금세 하기 싫다는 표현을 했다. 집중듣기를 해야 아이의 책 읽는 레벨을 한 단계 올릴 수 있다는 글을 읽은 후라 나는 어떻게든 아이에게 집중듣기를 시켜보고 싶었다. 하지만 아이는 오디오북을 들으며 종이책을 손가락으로 짚어가며 읽는 것을 굉장히 싫어했다. 연따, 정따의 방법으로 따라 읽기를 하는 것도 거부할 때가 많았다. 아이는 이런 방법들보다 오디오 없이 자신의 목소리로 책을 읽는 것을 더 즐겨했다. 우리 아이의 성향에는 낭독이 맞았던 것이다.

어떤 엄마들은 아이가 거부하더라도 강압적으로 아이를 끌고 가기도 한다는데, 나도 그렇게 해 볼까 생각해 보았지만 혹시라도 아이가 독서를 싫어하게 될까 두려워 그만두었다. 그러면서도 마음속으로 여러 번 고민을 했었다. 아이가 하고 싶은 대로 그냥 두는 것이 정말 맞는 것인지 아니면 아이가 조금 싫어하더라도 리딩 레벨에 도움이 되는 여러 가지 방법을 따르도록 해야 하는 건지…. 도무지 답을 알 수 없었다.

하지만 지금 와서 돌아보니, 이런 방법적인 것들이 꼭 필요하지 않다는 걸 확실히 알 것 같다. 엄마가 강압적으로 읽기 방법이나 횟수를 제한한다면 아이는 자율적으로 독서를 즐기는 것이 아니다. 그렇기 때문에 아이가 진정으로 즐길 수 있는 독서를 해야 한다고 생각한다면 방법적인 부분에 너무 얽매이지 않아도 된다. 이런 방법들은 아이가 책을 읽으면서 자연스럽게 체득되어야 하는 부분이지 방법을 먼저 정해 놓고 꼭 지키도록 하는 것은 좋은 방법이 아니라고 생각한다.

아이들마다 좋아하는 책 읽기 방법이 있다. 어떤 아이는 조용히 오디오북을 들으면서 집중듣기하는 것을 좋아할 수도 있고, 어떤 아이는 소리 내어 자신의 목소리를 들으며 책 읽는 것을 좋아할 수도 있다. 그런데 많은 엄마들이 정해진 틀에 맞추어 아이를 억지로 끌고 가려는 경향이 있는 것 같다. 다른 아이에게 맞는 방법이 꼭 우리 아이에게도 맞는다는 보장은 없다. 엄마는 아이의 성향을 잘 파악하고 아이가 불편해하지 않는 방법을 찾아내 그 방법을 활용하여 책 읽기를 지속해 나갈 수 있도록 도와야 한다.

첫째 아이가 어린이집 다닐 때 알고 지냈던 지인이 있다. 그 지인은 엄마표 영어를 돕는 한 기관에 매월 일정 금액을 지불하며 그곳에서 제공하는 커리큘럼대로 엄마표 영어독서를 했다. 그 기관에서는 엄마들이 아이들에게 독서를 통한 엄마표 영어를 지도할 수 있도록 체계적으로 정리한 가이드를 제공했다. 지인의 말에 따르면 그 기관의 커리큘럼을 따라 아이에게 영어학습을 지도하려면 누구나 레벨 1부터 시작해야 한다고 했다. 그리고 이 기관의 모든 커리큘럼을 마치려면 총 5년 정도의 기간이 소요되는데, 각 연차별로 꼭 해야 하는 과제들이 정해져 있다고 한다. 지인은 아이들이 그 기관에서 제공하는 커리큘럼대로 영어학습을 해 나갈 수 있도록 철저히 지도했다. 그 집 아이들도 비교적 잘 따라가는 듯 보였다. 하지만 아이들마다 하기 싫어하는 단계가 한 번씩 나오기 시작했고, 그때마다 지인은 아이들을 설득해서 어떻게든 그곳에서 정해 놓은 가이드대로 아이들이 영어독서를 계속 이어 나가도록 했다.

나는 그 집의 아이들이 영어독서를 즐기면서 한다는 느낌을 받아 본 적이 없었다. 기관에서 읽으라는 책을 읽고, 소리 내어 읽으라고 하면 소리 내어 읽고, 따라 읽으라고 하면 따라 읽었다. 책의 선택부터 책을 읽는 방법까지 아이들이 자율적으로 할 수 있는 부분은 찾아볼 수 없었다. 나는 이런 방법으로 영어독서를 지도하면 아이들이 영어책 읽는 것을 싫어하게 될수도 있다고 생각했다. 하지만 그 방법에 대한 지인의 믿음이 확고했기 때문에 나는 지인에게 아무 이야기도 해 줄 수 없었다. 몇 년 뒤 지인의 아이들은 그곳에서 제공하는 모든 단계의 학습을 거의 마쳤다. 하지만 어느 순간부터 아이들의 리딩 레벨은 더 이상 올라가지 않았고 영어독서도 그만두게 되었다.

엄마표 영어를 통해 영어 실력이 향상되는 아이들이 늘어나면서 학원 대신 엄마표로 아이들을 지도하려는 엄마들이 늘고 있다. 그와 더불어 엄마들에게 엄마표로 할 수 있는 영어 지도의 팁과 커리큘럼을 제공하는 기관들도 많아졌다. 이런 기관에서 주는 가이드대로 잘 따라가서 만족스러운 결과를 얻는 경우도 있겠지만, 그만큼 실패하는 경우도 많다. 아이들의 성향은 개개인마다 모두 다르기 때문에 같은 방법으로 지도하면 좋은 효과를 볼 수 없다. 더군다나 아이가 싫어하는 활동이거나 굳이 아이에게 꼭 필요하지 않은 과정도 무조건 완료해야 한다는 것은 효과적이지 못한 지도법이라고 생각한다. 엄마표 영어독서가 학원수업보다 좋은 점은 아이의 속도와 성향에 맞는 최적화된 방법으로 영어독서를 할 수 있다는 것이다. 좋은 방법이라도 아이가 극도로 싫어하고 힘들어한다면 결국 아이에게 아무 도움도 되지 않는다.

엄마표 영어독서는 기술적인 부분보다는 즐거운 마음으로 아이와 함께하는 엄마의 자세가 더 중요하다. 아이에게 방법을 알려주고 강요하는 것보다는 엄마가 옆에서 함께해 주는 노력이 필요하다. 집중듣기, 흘려듣기, 낭독 등을 아이가 거부한다면 강요할 필요는 없다. 아이에게 맞지 않는 방법을 계속 강요하다 보면 아이와 갈등이 생겨 결국 엄마표 영어독서를 오래 해 나갈 수 없게 된다.

엄마표 영어독서를 성공적으로 할 수 있는 노하우는 곳곳에 많다. 다만 그 방법이 정말 내 아이에게 맞는 방법인지 계속 고민해 보고, 항상 내 아이의 기준에서 판단해야 할 것이다.

엄마표 영어독서를 하면
저절로 얻게 되는 것들

 엄마의 영어 실력도 함께 성장한다

아이와 영어독서를 적극적으로 함께하다 보면 선물같이 찾아오는 것이 있다. 바로 엄마의 영어 실력과 리딩 레벨의 향상이다. 한국에서 태어나 한국에서 자란 엄마들의 경우 보통 영어책을 많이 읽어 본 경험이 없을 것이다. 엄마들도 영어책 읽기에 있어서는 어린아이와 마찬가지로 초보인 셈이다. 그런데 엄마표 영어독서를 하게 되면 아이에게 영어책을 꼭 읽어주어야 하기 때문에 엄마들은 반강제적으로 매일 영어독서를 할 수밖에 없다. 평소 영어독서를 많이 해 보지 않았던 엄마가 영어책을 매일 읽고 듣게 되니 영어 실력과 리딩 레벨이 향상될 수밖에 없다. 그래서 엄마들은 엄마표 영어독서를 지속할수록 조금씩 발전하는 자신의 영어 실력을 느낄 수 있다. 나도 평소 영어에 관심이 많았지만 영어책을 단계별로 여러 권 읽어 본 적은 없었다. 그런데 아이에게 영어책을 읽어주면서 아이들을 대상으로 하는 아주 쉬운 영어책들을 많이 접하게 되었다. 글이 많이 없는 그림책으로 시작된 나의 영어책 읽기 실력은 아이의 실력과 함께 나날이 발전했다. 아이가 읽는 책의 레벨이 한 단계, 한 단계 올라갈 때마다 나의 책 읽기 레벨도 덩달아 올라갔다. 처음에는 한 페이지에 두 줄 정도의 글이 있는 책을 읽던 아이가 한 페이지에 열 줄도 넘는 글이 있는 책을 읽게 되었다. 나도 처음엔 글이 한두 줄인 그림책을 읽어주는 것으로 시작했는데, 어느새 초등학생들이 읽는 챕터북도 재미있게 읽어줄 수 있게 되었다. 그동안의 과정을 지켜보던 남편도 예전에 비해 점점 더 자연스럽게 책을 읽어주는 내 모습에 놀라워했다.

아이가 처음으로 《Rainbow Magic》이라는 챕터북을 읽어 달라고 했던 날, 누런 갱지에 글이 빼곡하게 있던 그 책을 과연 내가 끝까지 읽어줄 수 있을까 걱정되었다. 하지만 아이가 원할 땐 꼭 책을 읽어주자는 것이 나의 원칙이었기 때문에 일단 첫 챕터부터 차근차근 읽어주기 시작했다. 중간중간 발음을 모르는 단어는 스펠링대로 발음을 했고, 뜻을 모르는 단어가 있어도 쭉 읽어주었다.

한 챕터를 읽은 뒤 아이의 반응을 보았는데 아이가 너무 재미있다며 다음 챕터도 읽어 달라고 했다. 아이의 반응이 좋으니 나는 더욱 자신감이 붙어 다음 챕터도, 그다음 챕터도 열심히 읽어주었고 결국 앉은자리에서 챕터북 한 권을 다 읽어주게 되었다. 그리고 아이가 재미있어 하는 만큼 나도 그 책을 읽는 재미에 푹 빠져 버렸다. 그동안 아이에게 읽어주었던 수많은 영어 그림책 덕분에 내 영어 읽기 실력도 많이 향상되었던 것이다.

아이와 함께 읽는 책 한 권, 한 권이 쌓여 갈수록 아이와 엄마의 리딩 레벨은 함께 성장한다. 그리고 엄마가 아이의 영어책을 즐겁게 읽어줄 때 아이도 책에 더욱 흥미를 느끼게 된다.

외국에 나가지 않아도 외국에 나간 것 같은 효과를 본다

아이가 영어책을 읽으면 간접적으로 영미권 문화를 경험할 수 있다. 영미권 나라에 한 번도 가보지 못했던 아이라도 책을 읽으며 영미권의 문화를 체험하고 온 것 같은 느낌을 받을 수 있는 것이다. 책 속에 나오는 주인공의 이야기를 통해 아이들은 수많은 간접경험을 하게 된다. 주인공이 살고 있는 곳의 환경, 처해 있는 상황 그리고 주인공의 심리 상태나 주변 인물과의 대화 등을 읽으며 아이는 마치 자신이 그곳에 들어가 있는 것 같은 느낌을 받는다.

만약 영미권 국가에 나가 그곳을 직접 경험하더라도 외국인 입장에서 다른 나라에 간 것이기 때문에 그곳에 살고 있는 이들의 삶을 자세히 들여다보기는 쉽지 않다. 하지만 책을 읽으면 그들의 생활, 문화 등을 자세히 볼 수 있게 된다.

예를 들어, 책 속의 주인공이 미국 학교를 다닌다고 하자. 미국 학교에 다녀본 적이 없다면 우리는 그곳의 문화를 잘 알 수 없다. 책 속 주인공의 이야기를 통해 그들의 생활을 간접적으로 체험하여 한국의 학교와는 어떤 점이 다른지, 미국 학교에서는 어떤 일들이 일어나는지 등을 알 수 있다. 물론 책을 통해 그곳에서 일어나는 모든 일을 알 수는 없지만, 그곳의 문화와 분위기를 어느 정도 느껴볼 수는 있다. 친구들과는 어떻게 지내는지, 선생님과는 어떤 대화를 나누는지, 수업 후에는 어떻게 집으로 돌아가는지 등등 책을 통해 그곳의 생활과 특징 등을 알 수 있다.

독서를 통한 간접경험들은 아이에게 커다란 자산이 된다. 이 넓은 세상을 다 돌아다녀 보지 않더라도 책을 통해 다양한 것을 느끼고, 이해할 수 있게 되는 것이다.

아이와 함께 영어독서를 하다 보면 책으로 읽었던 곳이 직접 가서 봤던 곳보다 더 생생하게 그려지기도 하는데 마치 영미권의 곳곳에서 살아 보는 것과 같은 느낌을 받을 때가 있다. 독서를 통해 얻은 깊이 있는 경험은 때론 직접 눈으로 본 시각적인 이미지보다 훨씬 더 강하게 기억되기 때문이다.

 **속이 꽉 찬 진짜 영어 실력이 생긴다**

영어를 잘한다는 아이를 보면 그 아이가 진짜 영어 실력을 갖추고 있는지, 아니면 가짜 영어 실력을 갖추고 있는지를 알게 되는 경우가 있다. 얼핏 보기엔 영어를 굉장히 잘하는 것 같지만 겉만 번지르르하게 포장되어 있고, 속이 비어 있는 것 같은 느낌을 받는 경우가 있다. 발음이 원어민과 가깝다고 진짜 영어 실력을 갖추고 있는 것일까? 원어민과의 수업을 통해 혹은 해외 연수를 통해 원어민의 발음에 가깝게 영어를 하는 아이들이 있다. 하지만 대화의 주제가 한정적이고 말하는 내용에 깊이가 없다면 이 아이들은 영어독서가 빠진 영어 공부를 한 가능성이 높다. 발음은 흉내 낼 수 있지만 영어독서를 통해 쌓는 내공은 절대 흉내 낼 수 없다.

어떤 경우엔 특정한 결과를 얻기 위해 훈련이나 작업을 통해 그럴 듯한 가짜 영어 실력이 만들어지기도 한다.

예를 들어, 영어 말하기 대회에 나가는 아이가 있다고 해 보자. 아이가 대회에 나가기 위해 학원 선생님의 도움을 받아 원고를 작성하고 발표 연습을 한다. 원고 내용을 반복적으로 읽어 암기하고 선생님의 지도로 발음도 교정받는다. 수많은 연습 끝에 아이는 원고를 외울 수 있게 되었고, 영어 말하기 대회에 나가 훌륭하게 발표했다. 이런 경우 아이가 한 발표가 아이의 진짜 영어 실력이라고 할 수 있을까? 그 아이는 평소에도 자신의 생각을 주저 없이 영어로 표현할 수 있을까?

진짜 영어 실력을 갖춘 고수들은 어떠한 주제에 대해 대화를 할 때 문장을 미리 준비해서 그것을 외우지 않더라도, 자신의 생각을 주저 없이 영어로 말할 수 있다. 자신의 생각을 글로 쓰는 것 역시 거침없이 할 수 있다. 이러한 진짜 영어 실력은 영어독서를 통해서 쌓인다. 수많은 영어 문장을 접하면서 탄탄한 기본기가 생겨나는 것이다. 독서를 통해 누적된 시간은 아이의 영어 실력이 향상되는 데에 밑거름이 된다. 아무도 빼앗아 갈 수 없고 아무도 흉내 낼 수 없는 진짜 영어 실력이 아이에게 갖춰지는 것이다.

누구나 학창 시절 벼락치기를 해 본 경험이 한 번쯤은 있을 것이다. 시험을 보기 하루 전 혹은 5분, 10분 전까지도 그날 볼 시험의 주요 내용을 암기한다. 이렇게 급하게 암기한 내용은 당장 시험을 볼 때에는 도움이 될 수 있지만, 얼마간의 시간이 지나간 후엔 자연스럽게 기억에서 사라져 버린다. 또한 벼락치기로 공부하면 시험 성적은 좋을 수 있지만 진짜 자신의 실력은 되지 않는다. 당장 성적이 잘 나와야 하는 시험을 본다면 이런 식의 벼락치기 공부가 필요할 수 있지만, 진짜 실력을 쌓고 싶은 사람에게 이러한 방법은 아무런 도움이 되지 못한다. 진짜 실력은 하루아침에 생겨나는 것이 아니라 꾸준함에서 나온다. 꾸준한 영어독서로부터 진짜 영어 실력이 만들어지고, 이런 꾸준함을 통해 쌓은 영어 실력은 단기간의 시간 투자를 통해 쌓인 가짜 영어 실력과는 차원이 다르다.

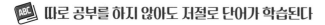 따로 공부를 하지 않아도 저절로 단어가 학습된다

학창 시절을 돌아보면 영어 단어를 외우기 위해 연습장에 단어를 쓰고 또 쓰면서 공부했던 기억이 난다. 그땐 열심히 단어를 외웠는데 이상하게도 단어들을 문장 속에서 만나게 되면 해석이 잘되지 않았던 경우가 많았다. 영어 단어를 외웠는데도 문장 속에서 해석이 잘 안 되는 데에는 몇 가지 이유가 있다.

첫 번째, 단어가 가지고 있는 모든 의미를 모르기 때문이다. 영어 단어는 한 단어가 가지는 뜻이 최소 두 가지 이상인 경우가 대부분이다. 스펠링과 발음은 같지만 전혀 다른 뜻으로 해석되는 경우가 많기 때문에 문장 속에서 해석을 하려면 그 단어가 어떤 뜻인지 정확하게 파악할 수 있어야 한다. 그렇기 때문에 단어마다 가지고 있는 모든 뜻을 다 외우고 있지 못하면 문장의 의미를 잘못 해석하는 경우가 생긴다. 단어를 많이 외워도 문장 속에서 쓰인 단어의 뜻을 알지 못해 해석이 불가능하다거나 엉뚱하게 해석한다면 무슨 소용이 있을까?

두 번째, 단어는 외웠지만 문장을 읽어 본 경험이 없어서 문장을 어떻게 해석해야 하는지를 잘 모르기 때문이다. 단어 암기 위주로 영어 공부를 한 경우, 단어는 많이 알고 있어도 그 단어들이 조합된 문장을 읽고 해석하는 것에 서툴 수 있다. 그 단어가 가진 뜻을 모두 알고 있어도 문장을 해석하는 것에 어려움을 느낀다면 단어를 외우는 것은 아무 의미 없는 일이 된다.

나는 아이들에게 단어 공부를 따로 시켜 본 경험이 거의 없다. 아이들 학교에서 가끔 단어 쪽지시험을 볼 때가 있는데 그 단어들을 이미 알고 있었던 경우가 대부분이었다. 그래서 스펠링을 확인하기 위해 한두 번씩 적어 보는 것만으로도 시험 준비가 충분히 되었다. 단어 공부를 따로 하지 않는데도 아이들은 나보다 더 많은 단어를 알고 있는 것 같다. 특히 영어독서 경력이 3년 이상 된 첫째 아이의 경우엔 수준 높은 단어들도 꽤 많이 알고 있어서 가끔씩 나를 놀라게 할 때가 있다. 비록 영어를 전공하지는 않았지만 한국에서 수능도 보고 대학교까지 졸업한 엄마인데 원어민도 아닌 초등학생 아이가 어떻게 엄마보다 더 많은 영어 단어를 알 수 있게 된 것일까? 그 이유는 아마도 수많은 문장 속에서 자연스럽게 단어를 익혔기 때문일 것이다.

단어를 외운 뒤 문장을 읽는 것보다 문장 속에서 자연스럽게 단어를 익히는 것이 훨씬 더 효과적이다. 같은 단어라도 어떤 문장에서 쓰였느냐에 따라 다르게 해석된다. 다양한 문장을 읽으며 영어 단어를 알게 된 아이들은 문장만 봐도 그 단어를 어떻게 해석해야 하는지를 알 수 있다. 이 때문에 단어 공부를 할 때 단어를 따로따로 쓰며 외우기보다는 문장을 통으로 읽으며 공부하는 것이 더 효과적이다. 암기한 단어를 테스트하는 경우에도 단어와 함께 그 단어가 쓰인 문장까지 함께 읽어주는 것이 좋다. 이와 같이 단어와 문장을 하나로 연결시키는 훈련을 하다 보면 자연스럽게 단어가 암기된다.

다양한 책을 읽으면 책 속에서 배운 단어의 양이 많아지고, 수준도 높아진다. 그리고 문장 속에서 모르는 단어를 추리할 수 있는 능력까지 갖게 되어 의미를 틀리게 해석하는 경우는 거의 없고, 사전의 도움 없이도 책을 읽을 수 있다. 나는 아이에게 책을 읽게 한 것 외에는 따로 해 준 것이 없다. 가끔 아이가 단어를 물어볼 경우 함께 사전을 찾아보고, 예문을 통해 어떤 뜻으로 사용되었는지를 살펴본 정도이다. 같은 단어지만 문장 속에서 전혀 다른 의미로 사용되는 단어도 아이는 막힘없이 의미를 파악해 낸다. 내가 수십 번씩 쓰면서 외웠지만 활용하지 못했던 그 단어들을 아이들은 책 몇 권을 읽고 쉽게 자기 것으로 만든다. 어릴 때부터 이런 방법으로 익힌 단어는 시간이 지나도 쉽게 잊어버리지 않을 것이다.

가끔 첫째 아이와 영어독서를 시작했을 때를 떠올려 본다. 그땐 아이가 알고 있던 영어 단어의 양이 매우 적었기 때문에 아이가 책을 읽다 궁금한 단어를 물어보면 쉽게 대답해 줄 수 있었다. 그런데 시간이 갈수록 아이가 물어보는 단어의 수준이 점점 높아지면서 나도 그 의미를 모르는 경우가 잦아졌다. 그때부턴 아이와 함께 사전을 찾아보며 의미를 파악했다.

요즘엔 첫째 아이가 나에게 단어의 뜻을 묻는 경우가 거의 없다. 아이에게 책을 읽다가 모르는 단어가 있냐고 물어봤더니, 아이는 모르는 단어가 있지만 웬만한 단어는 문장 속에서 그 의미를 찾아 이해할 수 있다고 했다. 그 단어가 가지고 있는 정확한 사전적 정의는 알 수 없지만 문장을 읽어 보면 단어의 뜻을 알 수 있다는 것이다. 또한 다양한 책을 읽다 보니 책마다 같은 단어들이 반복적으로 나오곤 하는데 각 문장 속에서 사용된 단어의 뜻을 비교하다 보면 단어의 의미를 보다 확실하게 알 수 있다고 했다. 이 책에서 보았던 단어가 다른 책에서도 반복적으로 나오면 처음 그 단어가 나왔던 문장에서 어떤 의미로 사용되었는지 기억했다가 적용해 보는 것이다. 이 문장 속에서도 같은 뜻으로 사용이 되는지 비교해 보면서 단어의 뜻을 알아가는 것이다.

글쓰기를 잘하게 된다

글쓰기와 관련된 책을 읽다 보면 독서와 글쓰기는 떼려야 뗄 수 없는 관계라는 내용을 흔히 볼 수 있다. 책을 많이 읽다 보면 자연스럽게 글을 쓰고 싶은 욕구가 생기게 된다는 주장이다. 나도 이 말에 동의한다.

아이들이 지속적으로 책을 읽다 보면 자신도 모르는 사이에 글을 쓰고 싶다는 생각을 갖게 된다. 책의 내용을 자신의 언어로 다시 써보거나 자신이 읽은 책과 비슷한 장르의 글을 짓기도 한다.

엄마가 글쓰기를 시키지 않아도 아이는 자신의 의지로 글을 쓰게 된다. 혹시 아이가 오랜 기간 매일 책을 읽어 왔다면, 글쓰기를 하지 않아도 글을 쓸 수 있는 힘은 자연스럽게 길러지고 있으니 걱정할 필요는 없다. 이런 경우에는 아이에게 글을 쓸 수 있는 환경을 만들어 주면 된다. 아이가 스스로 글쓰기를 시작하지 못했을 뿐 글을 쓸 수 있는 기회를 열어 준다면 책을 읽지 않는 아이에 비해 훨씬 더 쉽게 글을 쓸 수 있을 것이다.

아이들은 모방하는 것을 좋아한다. 자기가 재미있게 본 영화나 애니메이션 등에 나오는 캐릭터의 말투를 따라 하기도 하고, 친한 친구들의 행동을 따라 하기도 한다. 아이들에게 좋아하는 장르의 책이 생긴다면 어떨까? 좋아하는 작가가 생긴다면? 아이들이 책을 읽다 보면 좋아하는 장르가 분명히 생긴다. 어떤 아이는 판타지 장르의 책을 좋아하고, 어떤 아이는 사실을 기반으로 한 이야기에 빠지기도 한다. 아이마다 취향도 다르고, 성향도 다르기 때문에 자신이 특별히 좋아하거나 재미있어 하는 책의 종류가 있다. 좋아하기 때문에 반복적으로

판타지 소설을 읽고 독서록을 작성하는 아이

(초등학교 1학년, 영어독서를 시작한 뒤)
영어책과 한글책을 골고루 읽은 후 작성한 독서록

한 스타일의 책을 읽는 경우가 많은데, 이렇게 반복적으로 비슷한 종류의 책들을 읽다 보면 책에 나오는 문장과 표현들을 자연스럽게 따라 사용하게 된다. 어떤 아이는 이런 문장을 활용해 글을 쓰기도 하고, 어떤 아이는 이러한 문장들을 사용해서 말을 하기도 한다. 아이마다 시기의 차이는 있지만 어떤 식으로든 자신이 여러 번 읽은 문장이나 표현을 따라 하게 된다.

우리 집 아이들도 일정 기간 꾸준히 영어독서를 하다가 글쓰기를 좋아하게 되었다. 첫째 아이는 어떤 아이디어가 떠오르면 바로 표출해야 하는 성격이어서 아이디어가 떠오를 때마다 바로바로 글을 써 내려가는데 글 쓰는 속도가 상당히 빠르다. 읽는 책이 달라질 때마다 쓰는 글의 종류나 스타일이 조금씩 달라지는 것으로 봐서 읽고 있는 책과 작가의 영향을 많이 받는 것 같다.

둘째 아이는 조금 완벽주의적인 기질을 갖고 있어서 글을 쓰는 속도가 느린 편이다. 생각이 잘 나지 않는 단어의 스펠링을 알아낼 때까지 엄마나 언니에게 물어보고 책을 살펴본 후 완벽하게 쓰려고 한다. 언니에 비해 글을 쓰는 속도가 느린 편이지만 글쓰기 자체에 어려움을 느끼지는 않는다.

책을 읽는 아이들에게는 문장을 만들어 내는 힘이 있다. 머릿속에 있는 생각을 문장으로 만들어 내는 것을 어려워하지 않는다. 반면 책을 읽지 않는 아이들은 문장을 만들어 내지 못하는 경우가 많다. 머릿속으로는 생각이 떠오르지만, 그걸 글로 어떻게 표현해야 할지 방법을 잘 모르는 것이다.

아이들은 재미있는 스토리를 읽으면 자신도 재미있는 이야기를 지어내고 싶은 욕구가 생기고, 좋아하는 작가가 생기면 그 작가의 문장을 흉내 내어 글을 쓰게 된다. 좋은 글을 많이 읽으면 읽을수록 아이는 좋은 글을 쓸 수 있는 능력을 가진 아이로 성장한다. 이게 바로 책 읽기의 힘이다.

책을 좋아하고 자주 읽는 사람 중에는 글쓰기를 즐겨하거나 글쓰기에 재능을 보이는 사람들이 많다. 책을 잘 읽지 않는 사람 중에도 가끔 글쓰기를 좋아하거나 잘하는 사람들이 있지만 보통의 경우 책 읽기를 즐겨하는 사람들이 글쓰기도 즐겨하는 것을 볼 수 있다. 좋은 글을 많이 읽고 접하다 보면 글에 대한 친밀도가 높아지고 생각도 깊어지기 때문에 자신의 생각을 글로 잘 표현하는 것 같다. 어떤 글을 자꾸 읽고 그 문장들을 되새기다 보면 자신도 모르는 사이에 자신이 즐겨 읽는 책과 같은 수준의 글을 쓸 수 있게 된다.

D
영어독서에
방해되는 것들

우리 집엔 텔레비전이 없다

한국에 살 때 아이들이 친구의 집에 초대받아 종종 놀러갔었다. 그때마다 아이들은 문화 충격을 받고 돌아오곤 했다. 초대받아 갔던 집마다 거실에 커다란 텔레비전이 있었는데 아이들이 놀이를 하다가 지루해하면 엄마들은 텔레비전을 틀어 정규 방송을 보여주거나 유튜브의 콘텐츠를 보여주기도 하고, 게임을 텔레비전에 연결해 주기도 했다. 커다란 텔레비전이 켜지면 아이들은 누가 먼저랄 것도 없이 하나둘씩 텔레비전 앞에 모여 앉아 조용히 화면에 집중하기 시작한다.

우리 집에선 상상도 하지 못했던 일들이 다른 집에 가면 참 쉽게 일어났다. 우리 집 거실엔 텔레비전이 없을뿐더러 안방에 있는 텔레비

전도 가끔씩 사용했다. 그런데 초대받아 놀러 간 집의 아이들은 아무
런 제재 없이 텔레비전을 켜고 원하는 프로그램을 볼 수 있었다. 우리
집 아이들의 입장에선 이런 낯선 풍경이 참 혼란스럽고 신기한 일이
었을 것 같다.

그 당시 나는 주로 다시보
기 서비스를 통해 약속한 시
간에만 아이들에게 영상을
시청할 수 있도록 허용해 주
었다. 그래서 우리 집에 있
는 텔레비전에서도 정규 방
송이 나온다는 것을 아이들
은 몰랐을 것이다.

TV 대신 책장과 책으로 채워진 거실

나는 아이가 태어난 후부터 거실에 텔레비전을 두지 않았다. 말레
이시아에 살고 있는 지금은 집에 텔레비전이 없지만 한국에 살 땐 침
실에 두었다. 그리고 아이를 낳은 후 아이들과 함께 있을 땐 텔레비전
을 틀어 정규 방송을 시청하지 않았다. 가끔 아이들이 잠든 후 혹은
아이들이 없을 때 영화나 좋아하는 프로그램을 보기는 했지만 아이들
앞에선 한 번도 보지 않았다. 아이들이 애니메이션이나 어린이 프로
그램을 보고 싶어 하면 약속된 시간 동안만 볼 수 있도록 해 줬고 아
이들에게 리모컨을 주는 일은 절대로 없었다. 그 때문에 아이들은 텔

레비전은 엄마만 켤 수 있는 것으로 생각했을 것이다.

아이들이 깨어 있는 시간 동안엔 주로 거실에서 활동하다가 잘 때만 안방에 들어갔는데, 일부러 자주 가지 않는 곳에 텔레비전을 둔 것이다. 텔레비전을 거실에 두면 아무래도 아이들의 관심이 텔레비전으로 가게 되고, 그렇게 되면 아이들과 내가 텔레비전에 시간을 많이 뺏길지도 모른다는 생각에 내린 결정이었다.

대부분의 아이들은 참을성이 부족하다. 참을성이라고는 하나도 없다고 해도 과언이 아닐 것이다. 눈앞에 텔레비전이 있는데 텔레비전을 틀고 싶지 않은 아이는 없을 것이다. 엄마가 한 번, 두 번 허용해 준 경험이 있는 아이들은 자기가 리모컨을 쥐고 텔레비전을 자연스럽게 켤 것이다. 이렇게 자유롭게 텔레비전이 허용되는 환경이라면 아이가 과연 책을 읽는 것에 관심을 가질 수 있을까?

우리 집처럼 스스로 텔레비전을 켜 볼 기회를 가지지 못했던 아이는 놀다가 심심하면 책에 관심을 갖는다. 아이가 심심해할 때마다 엄마가 재미있는 책을 읽어주면 아이는 재미있는 이야기를 들을 수 있다는 생각이 자연스럽게 떠오를 것이다. 아이가 지루해할 때마다 텔레비전이나 유튜브 등의 영상 콘텐츠 보여주기를 반복하다 보면 결국 아이의 잠재의식 속에 지루하면 영상 콘텐츠를 봐야 한다는 의식이 생길 것이고, 이게 패턴화가 되면 아이의 생각과 행동을 바꾸기 정말 어려워질 수 있다.

집에 있을 때 아이가 심심해한다면 때로는 충분히 심심해하도록 내버려 둘 줄도 알아야 한다. 아이가 심심해서 이것저것에 관심을 갖다가 책으로까지 관심이 갈 수 있도록 도와주어야 한다. 아이 주변에 책을 놓아 주고 책을 소개해 주자. 오디오북도 틀어 주고 책을 읽어주는 것도 시도해 보자.

책보다 재미있는 게 너무 많아

요즘 아이들에게는 책을 못 읽는 이유가 너무 많다. 아이들 주변에 책 말고도 재미있는 것들이 항상 넘쳐나기 때문에 자유시간에 할 활동으로 독서를 선택하기가 어렵다. 특히나 우리나라 말도 아닌 영어로 된 책을 읽을 생각은 절대로 하지 않을 것이다.

핸드폰이나 패드 같은 스마트 기기를 켜면 재미있는 것들로 가득하다. 재미있는 영상을 볼 수 있고 게임도 할 수 있다. 내가 노력하지 않아도 나를 재미있게 해 주는 것들이 이렇게 많은데, 굳이 귀찮고 오래 걸리며 재미도 없는 독서를 해야 하는 건지 아이들 입장에서는 이해되지 않을 것이다. 엄마, 아빠도 종이로 만든 책보다는 스마트 기기를 활용한 것들로 여가시간을 채우는 경우가 더 많은 게 사실이다.

아이가 스마트 기기의 재미를 경험하면 더 이상 종이책과 같은 지루한 매체에는 매력을 느끼기 어렵기 때문에 아이가 너무 어릴 때 스마트 기기를 접하도록 하면 안 된다. 모처럼 가족끼리 외식을 하러 갔는데 아이가 징징거리고 떼를 쓰면 많은 부모들이 아이의 앞에 스마트폰을 놓아 준다. 그러면 아이는 화면에서 나오는 재미있는 영상에 금세 푹 빠져들고, 적어도 밥 먹는 시간만큼은 부모들도 아이로부터 자유로워질 수 있다. 이런 풍경은 우리나라에서만 볼 수 있는 것이 아니다. 내가 지금 살고 있는 말레이시아에서도 부모들이 아이에게 스마트 기기를 주는 경우를 자주 본다. 아이가 스마트 기기에 집중하고 있는 동안 엄마, 아빠는 조용히 시간을 보낼 수 있다. 너무나 달콤한 유혹이 아닐 수 없지만, 이런 달콤한 유혹이 나중에 아이에게 독이 되어 돌아올 수 있음을 잊으면 안 된다. 아이가 한 살이라도 어릴 때 스마트 기기를 아이의 손에서 멀어지게 하는 것이 여러모로 좋다.

나도 아이들이 어렸을 때 외식하러 나가 아이들이 떼를 쓰면 스마트폰으로 애니메이션을 보여주곤 했었다. 그 시간만큼은 나도 자유롭게 식사를 할 수 있었고, 남편과 대화도 나눌 수 있었기 때문에 스마트폰이 참 고마웠다. 어린아이를 돌보는 엄마들이라면 다 이해하겠지만, 엄마들은 하루 종일 아이에게 시달려 밥도 한 끼 편하게 먹을 수 없다. 모처럼 외식하러 나온 순간만큼은 내 식사시간 확보를 위해 아이에게 스마트 기기를 넘겨주게 된다.

아이들에게 영상을 보도록 허락해 주면 줄수록 아이는 조금 더 긴 시간을 원하게 되고 더 자주 스마트 기기를 찾으려고 한다. 나는 아이가 원할 때마다 스마트 기기를 사용하도록 허락한다면 아이가 스마트

레스토랑에서 스마트 기기를 사용하지 않고
음식을 기다리는 아이들

기기에 중독될 것 같은 생각이 들어 아찔했다. 그래서 더 늦기 전에 스마트 기기를 통한 아이의 영상 시청을 막아야겠다는 생각을 갖게 되었다. 그 후로는 외출을 하거나 외식을 할 때 아이가 심심해도 스마트폰으로 영상을 보여주지 않았다. 그 대신 아이에게 그림을 그릴 수 있는 종이와 펜을 주거나 책을 챙겨 주었다.

갑자기 바뀐 엄마의 태도에 아이들은 떼를 쓰며 영상을 보여 달라고 했지만 차츰 떼를 쓰는 횟수는 줄어들었고, 그 대신 종이에 그림을 그리거나 책을 읽으며 지루한 시간을 달랬다. 아이에게 정말 책을 읽히고 싶다면 먼저 최대한 아이를 심심하게 만들어야 한다. 주변에 재미있는 것들을 많이 만들어 주면 아이는 절대 책과 가까워지지 않을 것이다.

 **아웃풋 바라기**

　아이와 영어책 읽기를 시작하면 아이의 아웃풋에 대해 너무 빨리 기대하게 된다. 하지만 실제로 아이에게서 의미 있는 아웃풋이 나오기까지는 많은 시간과 노력이 필요하다. 일주일 정도 책을 읽고 아이의 리딩 레벨에 변화가 나타나기는 매우 어렵다. 하지만 변화가 없는 것처럼 느껴져도 아이의 영어 실력은 성장하고 있다는 것을 명심하자.

　엄마들이 독서를 통해 가장 먼저 확인해 보고 싶은 아웃풋은 리딩 레벨의 변화일 것이다. 나도 아이와 처음 영어독서를 시작하게 된 계기가 아이의 영어 리딩 레벨에 대한 불만족 때문이었다. 그래서 한 달이라는 시간을 정해 놓고 아이의 읽기 능력을 올리기 위해 많이 노력했었다. 한 달간 아이에게 놀라운 실력 향상이 나타났지만, 지금 와서 보니 아이의 리딩 레벨 숫자에 그리 큰 의미가 있나 싶기도 하다.

　아이가 국제학교에 다니고 있는 요즘 아이의 리딩 레벨이 얼마나 나오는지 나는 정확하게 알지 못한다. 다만 아이가 재미있게 읽고 있는 책의 레벨을 살펴보면 아이가 대충 어느 정도의 리딩 레벨인지 알 수 있다. 아이에게 영어독서를 통한 영어 실력 향상을 기대한다면 영어 리딩 레벨에 매달리기보다는 좀 더 멀리 내다보고 독서를 할 수 있으면 좋겠다.

영어는 언어이기 때문에 실력이 계속 오르지는 않는다. 때로는 정체된 듯 보이기도 하고, 때로는 실력이 가파르게 향상되기도 한다. 엄마가 할 일은 아이와 함께 꾸준히 독서를 지속하는 것밖에 없다. 아이가 지치지 않도록 잘 다독여주고 끊임없이 아이의 관심사와 책에 대한 관심을 놓지 않는 것이 중요하다. 눈앞의 리딩 레벨에 일희일비할 필요는 전혀 없다. 영어독서를 시작했다면 아이를 믿고 기다려주자. 언젠가는 눈에 띄는 아웃풋이 엄마를 놀라게 해 줄 날이 올 것이다.

영어독서가 싫어지게 되는
엄마의 행동 유형

 아이들이 책을 읽은 후 내용을 꼬치꼬치 물어보는 엄마

"엄마, 나 이 책 다 읽었어요."

아이가 모처럼 혼자서 책을 읽고 엄마한테 다가와 말한다. 그런데 이때 엄마는 아이에게 이렇게 이야기한다.

"그래? 그런데… 좀 빨리 읽은 것 같은데? 너 대충 읽은 거 아니야? 그림만 본 건 아니지? 무슨 내용인지는 알고 읽은 거야? 어디 잘 읽었는지 엄마한테 줄거리 좀 말해 봐."

아이는 엄마에게 책 읽은 것을 자랑하고 칭찬받고 싶어 말했을 뿐인데 엄마가 이런 반응을 보인다면 어떤 기분이 들까? 아마도 엄마가 나를 믿어주지 않는다는 생각이 들 것이다.

'세상에, 아이가 책을 읽었다는데 저렇게 반응하는 엄마가 어디 있어?'

이렇게 생각하는 엄마들이 있을지도 모른다. 하지만 엄마표 영어독서를 하는 많은 엄마들이 이 같은 실수를 종종 저지른다. 사실 나도 아이에게 이런 식의 반응을 보인 적 있다. 아이가 혼자서 책을 읽을 수 있는 정도의 수준이 되었을 때 일어났던 일이다. 나는 아이가 혼자 책을 읽을 땐 어느 정도의 속도로 읽는지 잘 알고 있는데 평소보다 빠른 시간에 책을 다 읽었다고 할 때가 있다. 아이를 믿어 보려고 했지만 생각대로 잘되지 않는다. 대충 그림만 보고선 다 읽었다고 하는 것은 아닌지, 책의 내용이 너무 어려워서 대충대충 건너뛰며 읽은 것은 아닌지…. 속으로 이런저런 생각이 든다. 그래서 아이에게 자꾸 책의 내용을 꼬치꼬치 묻고 확인하게 된다.

내가 자꾸 확인하려고 하면 할수록 아이는 불편한 표정을 짓는다. 아마도 엄마가 자기를 믿어주지 않는다는 것에 굉장한 불쾌감을 느끼는 것 같다. 아이의 표정을 보면 '앗, 내가 왜 그랬지? 그냥 넘어가 줄걸….'하고 생각하기도 하지만, 아이가 책을 제대로 읽었는지 자꾸만 확인하고 싶어진다. 아이에 대한 애정이 깊기 때문에 아이가 책 한 권을 읽는 것도 완벽하게 해냈으면 하는 마음인 것 같다. 흔히 엄마들끼리 내 아이를 대할 때는 남의 집 아이 보듯 해야 한다고 이야기하지만, 자기 아이에게는 더 집착하고 지나치게 간섭하게 된다.

엄마라면 누구나 내 아이가 책을 꼼꼼하게 잘 읽었으면 좋겠고, 책의 내용을 완벽하게 이해하기 바랄 것이다. 아이에게 책의 내용을 확인하는 건 아이가 책을 정말로 잘 읽었는지, 책의 내용을 다 이해했는지를 확인하고 싶은 마음이 있기 때문이다. 아이를 괴롭힐 마음은 조금도 없겠지만, 결과적으로는 아이를 기분 나쁘게 하는 일이 된다. 엄마가 이런 식으로 아이를 대하면 아이는 엄마 때문에 책 읽는 것을 싫어하게 될 수도 있다.

냉정하게 생각해 보자. 아이가 책 한 권을 꼼꼼히 읽지 않았다고 큰일이 나는 것은 아니다. 책의 내용을 다 기억하지 못 해도 괜찮다. 그보다 더 중요한 건 아이가 스스로 책을 꺼내 읽었다는 것이다. 스스로 꺼내 읽지 않고 누가 시켜서 읽었더라도 아이가 책을 펴고 읽었다는 행위 자체를 인정해 주고 격려해 줘야 한다. 지금은 책의 내용을 통해 배우는 것보다 책 읽는 행위를 통해 독서 습관을 심어주는 것이 더 중요하기 때문이다. 일단은 아이가 책과 함께하는 시간을 스스로 가졌다는 것에 만족하고 아이에게 긍정적인 피드백을 줘야 한다.

"와! 이 책, 엄마는 아직 못 읽어 봤는데 넌 벌써 읽었구나! 대단한데?"
"어떻게 이 책을 혼자 꺼내 읽었어? 정말 멋지다!"
"엄마가 읽어도 재미있을까? 네 생각은 어때?"

아이에게 책의 내용을 확인하는 질문 대신 아이의 자존감을 올려주고 동시에 책에 대한 간단한 의견을 묻는 정도로 피드백을 해 보는 건 어떨까? 만약 책의 내용이 너무 재미있었다면 엄마가 묻지 않아도 입이 근질거려 아이가 먼저 이야기할지도 모른다.

아이들이 영어책을 읽을 때 한국말로 무슨 뜻인지 물어보는 엄마

첫째 아이가 초등학교 2학년 때 학교 도서관에서 같은 반 친구의 엄마를 만났다. 그 엄마는 우리 옆으로 다가와 내 옆에서 영어책을 읽고 있는 아이에게 갑자기 말을 걸었다. "와! 너 영어책 읽는구나? 그거 무슨 뜻인지 다 알아? 한국말로 이모한테 얘기 좀 해 줘 봐." 난데없는 질문에 아이는 당황해서 한참을 머뭇거리다가 책의 대략적인 내용을 한국어로 설명했다. 그 엄마는 아이가 영어책을 읽는 모습이 신기해서 그렇게 물어봤다며, 나에게도 아이가 내용을 다 이해하면서 책을 읽는지 물으며 궁금해했다. 아이가 정말 이해하면서 책을 읽고 있는 건지 아니면 뜻도 모르면서 글자만 읽는 건지 궁금했던 모양이다. 하지만 한국말로 무슨 뜻인지 물어보는 건 아이에게도, 나에게도 좀 당황스러운 일이었다.

예전엔 영어 지문을 한국어로 해석하며 읽는 방법으로 배웠다. 직독직해라는 말도 있을 정도로 한 단어, 한 단어의 뜻을 해석하며 영어로 된 글을 읽었다. 하지만 요즘 아이들은 영어를 한국어로 해석하며 공부하기보다 영어는 영어 그대로 받아들이고 이해하는 방법으로 배운다. 영어독서를 할 때엔 특히 그렇다. 영어책 읽기를 갓 시작한 아이들은 글밥이 별로 없는 책을 읽기 때문에 한국어로 해석하며 책을 읽는 것이 어렵지 않을 수도 있다. 하지만 영어책의 레벨이 높아질수록 영어책의 글밥이 많아지고 두께도 굉장히 두꺼워진다. 그 두꺼운 영어책을 한 줄, 한 줄 한국어로 해석하며 책을 읽는 게 가능할까? 사실상 불가능하다. 그런데 한국말로 해석할 수 있어야 아이가 영어책의 내용을 이해하며 읽었다고 생각하는 엄마들이 있는 것 같다. 이렇게 생각하는 엄마들은 책을 통한 영어학습에 대해 조금 더 이해해야 할 필요가 있다.

영어독서를 시작하는 아이들의 영어 레벨은 거의 제로에 가깝다. 영어를 좀 접해 본 아이라도 영어책 읽기를 해 보지 않았다면 영어독서의 레벨이 낮을 것이다. 그 아이들에게 글자만 빽빽하게 적혀 있는 소설책을 읽으라는 것은 불가능하다. 처음엔 단어와 그림 혹은 간단한 문장과 그림이 있는 그림책을 읽혀야 한다. 이런 책들의 특징은 페이지에 있는 내용을 따로 설명해 주지 않아도 그림을 통해 파악할 수 있도록 글과 그림의 비중이 비슷하다. 엄마가 책을 읽어주면 아이는 귀로 엄마의 영어 소리를 듣고, 눈으로 그림과 글자를 본다. 자연스럽게 그 글자의 소리와 의미를 알 수 있게 되는 것이다. 실제로 원어민 선생님들이 다른 언어를 사용하는 학생들에게 영어를 가르칠 때 영영 그림사전을 추천한다. 영영 그림사전은 그림이나 사진을 통해 단어의 의미를 파악할 수 있어 영어를 배우기 시작하는 아이나 어른에게 아주 유용한 교재가 될 수 있다. 예를 들어, 'apple'이라는 단어를 사과라고 말해 주기보다는 사과의 그림을 보여주면 된다.

조금씩 영어의 소리와 글자에 해당하는 의미를 알게 되면 아이는 굳이 한국말로 해석하지 않아도 영어책을 이해하며 읽을 수 있게 된다. 아이들이 영어책을 읽을 때 자꾸 한국말로 뜻을 물어 아이를 난처하게 하지 말자. 아이 혼자 책을 읽을 때는 아이가 제대로 이해하고 있는지 궁금해도 모르는 척 넘어가 주자. 아이가 한국말의 도움 없이 영어를 이해할 수 있도록 엄마의 답답함은 조금 묻어두자.

아이는 속으로 책을 읽고 싶은데 소리 내어 읽기를 강요하는 엄마

요즘 SNS에서 아이들이 소리 내어 영어책을 멋지게 읽는 모습을 흔히 볼 수 있다. 어쩜 그렇게 다들 똑 부러지게 책을 읽는지 보기만 해도 흐뭇하다. 소리 내어 읽는 것은 영어를 배우는 데 도움이 많이 되는 책 읽기 방법 중 하나이다. 하지만 아무리 좋은 방법이라도 아이가 싫어한다면 강요하지 않는 게 좋다. 아이들은 저마다 성향이 모두 다르다. 어떤 아이는 자신이 읽는 책을 다른 사람들과 공유하는 것을 즐거워하고, 어떤 아이는 자기 혼자 조용히 읽는 걸 더 좋아한다. 그런데 아이의 성향과는 상관없이 무조건 아이에게 큰 소리로 책을 읽으라고 강요하면 아이는 책 읽는 것 자체에 흥미를 잃을 수도 있으니 주의해야 한다. 책 읽기에 도움이 되거나 책 읽기 방법 중 많은 엄마들이 사용하는 방법을 꼭 우리 아이에게도 적용시켜야 하는 것은 아니다. 다른 아이에게는 효과적일 수 있는 방법도 우리 아이에게는 맞지 않을 수 있다.

반대의 경우도 마찬가지이다. 아이가 소리 내어 읽는 것만 좋아한다면 어떨까? 첫째 아이가 그랬다. 이 아이는 어떤 책이든 소리 내어 읽는 걸 좋아했다. 심지어는 오디오북도 거부하고 본인의 목소리로 읽기만을 원했던 적도 많았다. 처음엔 소리 내어 읽는 것에 대한

소리 내어 책 읽는 것을 좋아하는 첫째 아이

장점들 때문에 그냥 두었지만 한편으론 걱정이 되기도 했다.

'이러다가 나중에 학교에서 지문을 읽을 때에도 소리 내어 읽는 것만 할 줄 아는 것 아니야?'

'학교에서 시험을 볼 때 속으로 읽는 게 안 돼서 문제를 잘 풀지 못하면 어떡하지?'

이런저런 생각이 꼬리에 꼬리를 물고 머릿속이 복잡해졌다. 지금부터라도 아이가 소리 내어 읽지 못하도록 지도하고, 눈으로만 읽을 수 있도록 도와줘야 하는 것은 아닌지 고민도 많이 했다.

하지만 오랜 고민 끝에 난 아이에게 그 어느 것도 강요하지 않기로 결정했다. 아이가 원하는 방법으로 책을 읽는 게 안 읽는 것보다는 훨씬 낫다는 생각에서였다. 아이가 좋아하는 방식을 존중해 주고, 편안한 상태와 마음으로 책을 읽을 수 있도록 도와주었다. 몇 년의 시간이 흐른 지금도 아이는 소리 내어 읽는 걸 여전히 좋아한다. 하지만 이젠 읽는 책이 두꺼워지고, 책을 읽는 속도도 많이 빨라졌기 때문에 소리 내어 읽는 것으로는 그 속도를 따라갈 수 없다. 지금은 주로 눈으로 읽고 가끔씩만 소리 내어 읽는다. 학교에서 시험을 볼 때 눈으로만 읽으면 지문을 이해하기 어렵지 않을까 걱정했는데 그 역시 쓸데없는 고민이었다. 결국 아이는 눈으로 읽는 것도, 소리 내어 읽는 것도 모두 좋아하는 아이로 성장했다. 두 방법 모두 아이가 집중해서 책을 읽는 것에는 다름이 없었다. 엄마의 조바심 때문에 아이를 다그치지 않도록 항상 주의하자. 때로는 엄마의 걱정과 관심이 독이 될 수 있다는 것을 잊지 말자.

책을 읽는 방법은 아이마다 다르다. 어떤 것은 맞고, 어떤 것은 틀린 것이 아니다. 다만 우리 아이에게 더 맞는 방법이 있을 뿐이다. 우리 아이가 좋아하는 방법이라면 그 어떤 방법이라도 괜찮다. 책을 소리 내어 읽든 속으로 조용히 읽든 문제가 되지 않는다. 아이가 독서를 즐길 수만 있으면 된다.

아이들의 의견을 무시하고 무엇이든 마음대로 결정하는 엄마

독서는 고도의 집중력이 필요한 활동이다. 이 때문에 관심이 없는 분야의 책을 읽는 것은 더더욱 어려울 수밖에 없다. 엄마들이 아이들의 독서교육에 실패하는 원인이 바로 잘못된 책 선택에 있다. 엄마의 취향대로 혹은 주변에서 추천해 준 책을 선택해서 아이에게 억지로 읽히면 아이를 독서에서 멀어지게 하는 원인이 될 수 있다. 어른들도 본인에게 맞는 책을 골라 읽는다. 어떤 사람들은 추리소설을 즐겨 읽고, 어떤 사람들은 자기계발서를 즐겨 읽는다. 좋아하는 장르의 책만 읽거나 좋아하는 작가의 책만 읽는 경우도 있다. 아이들도 다르지 않다. 본인이 읽고 싶은 책을 골라 읽는 재미마저 없다면 독서는 아이에게 너무나 지루하고 힘든 활동이 될 것이다.

아이의 취향에 맞게 책을 고르라고 해서 책의 선택권을 전적으로 아이에게만 주어야 한다는 건 아니다. 아이들을 잘 살펴 아이가 좋아하거나 흥미를 보이는 것에 계속 관심을 기울이다 보면 엄마도 아이가 빠져들 만한 책을 고르기가 한결 쉬워진다. 여자아이니까 여성스러운 책을 좋아할 것이고, 남자아이니까 액션이 들어간 책을 좋아할 것이라는 편견은 없어야 한다. 아이들은 어른들이 생각하는 것보다 훨씬 더 복잡하고 개인화된 취향을 가지고 있기 때문이다.

어린이날이나 크리스마스에 아이에게 줄 선물을 고를 때에도 아이가 원하는 것이 무엇인지 세심하게 관심을 가져야 한다. 다른 아이들이 좋아하는 장난감이라고 우리 아이가 좋아하는 건 아니다. 아이들마다 각기 다른 취향을 가지고 있으므로 아이가 좋아하는 것을 찾아내려면 아이를 세심하게 관찰하고 이해하려는 노력이 필요하다.

독서의 경우는 어떨까? 독서는 아이가 재미있게 노는 활동이 아니다. 물론 책에 대한 경험이 많고 독서를 즐길 정도의 수준이 된 아이라면 어느 시간보다 독서시간이 재미있을 것이다. 하지만 아직 독서에 대한 경험이 부족한 아이들은 독서를 놀이로 생각하지 않을 가능성이 더 높다. 그런 아이들에게 독서는 시간을 들이고 노력해야 하는 활동이기 때문에 엄마는 아이의 선물을 고르는 것 이상으로 신중하게 책을 찾아내야 한다.

내 아이에게 꼭 맞는 분야는 어떤 분야이고, 내 아이가 좋아하는 글 스타일과 그림 스타일 등도 계속 찾아봐야 한다. 그러기 위해서는 항상 아이의 의견과 취향에 귀를 기울일 줄 알아야 한다. 도서관에 데리고 다니면서 여러 종류의 책을 접할 수 있도록 해 주면 아이가 특별히 관심을 두는 책이 눈에 보일 수 있다. 책의 내용이 아니더라도 아이가 어떤 요소에 반응하는지를 잘 살펴야 한다.

엄마 마음대로 책을 정해 아이에게 불쾌감을 주지 말자. 아이의 꾸준한 영어독서를 위해서는 엄마가 한발 뒤로 물러나는 것이 좋다.

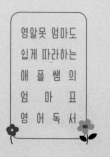

영알못 엄마도
쉽게 따라하는
애 플 쌤 의
엄 마 표
영 어 독 서

엄마표 영어독서
따라만 해도 반은 성공

"집에 아이가 읽을 만한 영어책이 있나요?"

지금 당장
엄마표 영어독서 시작하기

엄마표 영어독서를 시작할 때 가장 중요한 것은?

엄마표 영어독서의 수많은 장점 중 하나는 가성비가 좋다는 것이다. 영어독서를 하기 위해 지출하는 비용에 비해 엄마와 아이가 얻는 선물이 너무 많기 때문이다. 엄마표 영어독서를 하기 위해서 값비싼 교구가 필요한 것도 아니고, 훌륭한 선생님이 필요한 것도 아니다. 준비물은 간단하다. 아이 옆에서 끝까지 함께 영어독서를 해 줄 수 있는 엄마 그리고 아이가 읽을 영어책, 이 두 가지면 된다.

앞서 언급했듯이 영어독서를 하기 위해 책을 준비할 때 무작정 값비싼 유명 브랜드의 영어책 전집을 구입하는 경우를 종종 보게 된다. 영어책 전집을 구입하여 아이가 그 시리즈의 레벨에 맞게 책을 꾸준히 읽어 나간다면 문제가 되지 않지만, 만약 책을 잘 읽지 않고 방치한다면 그땐 문제가 생길 수 있다. 구입한 책을 읽지 않는다고 큰일이 나겠느냐고 할 수도 있지만, 보통 값비싼 전집을 구입한 뒤 방치하면 엄마, 아빠도 사람인지라 그 책을 구입하기 위해 지불했던 돈이 아까워지기 시작한다. 책을 읽고 아이의 영어 실력이 쑥쑥 향상되는 모습을 기대했는데 막상 책을 구입하니 예상과 달리 아이가 책을 읽기는커녕 관심조차 갖지 않는다면 어떨까? 처음엔 아이에게 어떻게든 그 책을 읽히려고 할 것이다. 하지만 이런 부모의 노력에도 아이가 계속 그 책들을 읽지 않으려고 한다면, 왜 좋은 책을 읽지 않으려고 하는 건지 아이에게 불만이 생길 수도 있고, 다시는 책을 사주지 않겠다고 작심할지도 모른다. 엄마는 억지로라도 아이에게 책을 읽혀 보려고 시도하겠지만, 아이는 그런 강요가 부담스럽게만 느껴질 수 있다.

첫째 아이가 영어유치원에 다닐 때 같은 반이었던 한 아이는 1년 동안 영어유치원에 다녔지만, 같은 기간 동안 함께 수업에 참여했던 다른 아이들에 비해 영어를 말하거나 읽는 능력이 많이 부족했다. 그 엄마는 다른 아이들에 비해 늘지 않는 아이의 영어 실력 때문에 많이 속상해했다. 그리고 아이에게 영어독서를 시키고 싶은데 아이가 영어책을 좋아하지 않아 걱정이라고 했다. 유치원을 졸업한 뒤 엄마표 영어독서를 통해 영어 읽기 능력이 조금씩 올라가고 있던 첫째 아이를 그 엄마는 내심 부러워하는 눈치였다. 그 엄마는 나에게 어떻게 해서 아이가 영어책을 좋아하게 됐는지 물었고, 나는 한 가지 질문을 했다.

"집에 아이가 읽을 만한 영어책이 있나요?"

내 질문에 그 엄마는 한 권도 없다고 대답했다. 그럼 한글책은 얼마나 있는지를 물어봤다. 그러자 한글책도 별로 없다고 했다.

집에 아이가 읽을만한 책이 없다고? 아이가 아무리 책을 싫어해도 초등학교에 입학한 아이가 있는 집에 아이가 읽을 책이 없다는 사실이 믿기지 않았다. 그리고 책이 없는 집에서 생활하는 아이가 어떻게 책과 가까워질 수 있기를 바라는 건지 이해되지 않았다. 혹시 무슨 사정이 있는 것은 아닌가 싶어서 나는 아이에게 책을 사주지 않는 이유를 물어봤다. 그 엄마는 이렇게 대답했다.

"나도 예전엔 아이 책을 꽤 많이 샀어요. 아이가 어릴 때 거실 한쪽에 큰 책장을 들여 놓고 아주 비싼 전집들로 가득 채웠어요. 그런데 아이가 통 책을 읽지 않는 거예요. 주변에서 좋다고 해서 엄청 비싸게 주고 구입한 책인데, 아이가 관심을 보이지 않으니까 화가 나더라고요. 아이 교육 때문에 거실 인테리어를 포기하고 책장을 놓은 건데 그 책장만 보면 가슴이 답답해지고, 읽지도 않는 책을 굳이 놔둬야 하나 라는 생각이 들어서 다 정리해버렸어요. 책장도 버렸고요. 그랬더니 속이 다 시원해지는 거 있죠? 그때 결심했어요. 다시는 집에 아이 책을 들이지 않기로요."

이 엄마의 이야기를 들으면서 나는 이 아이가 왜 책과 멀어지게 될 수밖에 없었는지 이해할 수 있었다. 아이가 책과 멀어지게 된 첫 번째 이유는 아이의 집에 지금 당장 읽을 수 있는 책이 없다는 것이고, 두 번째 이유는 아이가 독서에 대한 긍정적인 경험을 한 번도 해 보지 못했다는 것이다.

아이가 책을 좋아하려면 책을 읽어 볼 기회를 주어야 한다. 그런데 이 집에는 책이 준비되어 있지 않았기 때문에 아이가 책을 읽어 볼 수 있는 기회가 없었다. 또 다른 문제점은 아이가 독서에 대한 긍정적인 경험을 한 번도 해 보지 못했다는 것이다. 물론 아이가 책과 친해지도록 하기 위해 엄마가 아무런 노력도 하지 않은 것은 아니다. 아이가 어릴 때 집에 좋은 책들을 잔뜩 준비해 놓았으니까…. 하지만 문제는 이제부터다. 책을 준비해 놓은 것까지는 좋았는데 그 책들을 제대로 활용하지 못한 것이다. 아무리 좋은 책을 준비했더라도 읽지 않으면 그 책은 집을 장식하는 인테리어 소품의 역할만 할 뿐이다. 책을 준비했다면 아이와 함께 적극적으로 책을 읽고 책에 대한 즐거운 경험들을 쌓아가야 한다.

로알드 달(Roald Dahl)의 소설 《마틸다》의 주인공인 마틸다는 아주 어린 나이에 스스로 글을 깨우치고 혼자 도서관을 다니며 책을 읽는 즐거움을 알게 된다. 마틸다의 부모는 아이의 교육에는 전혀 관심이 없고, 어린 마틸다를 집에 혼자 두고 매일 외출을 하곤 했다. 뿐만 아니라 밥을 먹으며 텔레비전 보는 것을 당연하게 생각하는 마틸다의 아빠는 마틸다가 도서관에서 빌려온 책까지 찢어 버린다.

과연 마틸다와 같은 아이가 이 세상에 존재할까? 엄마, 아빠의 도움 없이 스스로 글을 깨치고 엄마, 아빠의 방해에도 꿋꿋하게 책을 가까이하는 아이…. 이런 아이는 소설 속에서만 등장하지 실제 우리 주변에서는 발견할 수 없다. 책을 가까이하는 아이로 키우고 싶다면 무조건 부모가 아이를 잘 지도하고 도와주어야 한다. 책은 어떻게 읽는 것인지, 책을 읽는 시간이 얼마나 즐겁고 값진 것인지, 책을 읽음으로 해서 아이에게 어떤 좋은 일들이 일어나는지에 대해 하나하나 친절하게 가르쳐 주고 경험할 수 있도록 도와야 한다. 그렇기 때문에 책을 준비하는 것만큼이나 중요한 것이 독서에 적극적으로 함께할 수 있는 엄마의 자세와 마음가짐인 것이다. 이것만 준비된다면 얼마든지 아이와 함께 성공적인 엄마표 영어독서를 할 수 있다.

영어독서 초기, 새 책보다 중고책이 좋은 이유

아이가 읽을 영어책은 어디서 구입하는 게 좋을까? 엄마표 영어독서는 단기간에 끝낼 수 있는 이벤트성 활동이 아니라, 아이 스스로 책을 즐길 수 있을 때까지 꾸준히 해야 하는 활동이다. 오랜 기간 동안 책을 읽으려면 많은 양의 책이 필요하기 때문에 아이가 읽을 책을 모두 새 책으로 구입하기에는 생각보다 많은 돈이 들어 부담이 되기도 한다. 또한, 도서관에서 빌려오는 책은 마음껏 읽을 수 있지만 소장할 수 없는 단점이 있고, 책을 깨끗하게 봐야 하기 때문에 부담스러울 수 있다. 그럼 아이들이 읽을 책들은 어디서 구해야 할까?

아이에게 본격적으로 영어책을 읽히기로 마음먹으면서 처음으로 구입해 줬던 책이 있다. 인터넷에서 어린이 중고 영어책 세트를 5만 원에 구입했는데, 커다란 박스에 다양한 중고 원서가 가득 들어 있었다. 표지만 봤을 때는 굉장히 낡았지만 책을 펼쳐 보니 색이 바란 것을 빼면 상태가 괜찮아 보였다. 사람들이 여러 번 읽어 낡았다기보다는 보관상의 문제로 책이 낡은 것 같았다.

책이 도착한 날부터 나는 아이들과 박스 안의 책들을 매일매일 꺼내어 읽기 시작했다. 5만 원이라는 비용을 투자한 것이 하나도 아깝지 않을 정도로 아이들과 읽고 또 읽었다. 그땐 아이들이 어려 그림책 위주로 관심을 가졌었는데 아이들이 특별히 좋아했던 책은 《a Little Golden Book》 시리즈였다. 이 시리즈의 책들은 '알라딘', '인어공주', '라이온 킹' 등 디즈니 애니메이션의 동화를 비롯해 동물이 등장하는 동화와 크리스마스 및 성경 동화 등으로 구성이 다양했다. 때론 책을 읽지 않고 그림만 보는 경우도 있었지만, 아이들이 이 책을 통해 영어책과 조금 더 가까워질 수 있었던 것 같아 무척 만족스러웠다. 지금 와서 돌아보면 그때 투자한 5만 원의 힘으로 지금까지 아이들과 영어 독서를 꾸준히 할 수 있었다고 생각한다.

시작은 화려하지 않아도 된다. 소박한 중고책 여러 권으로 시작하면 된다. 아이가 그 책을 마음껏 활용할 수 있도록 도와주자. 아이가 책을 망가뜨려도 아깝지 않을 만큼의 비용만 지불해서 아이에게 끊임없이 책을 제공해 주자. 그렇게 하루하루 아이는 책과 가까워지고, 책을 한쪽 벽에 예쁘게 진열한 장식품이 아닌 언제 어디서나 마음껏 만지고 읽을 수 있는 것이라고 생각하게 될 것이다.

어떤 엄마들은 '소중한 내 아이가 읽을 책인데, 왜 남이 읽다가 판 낡은 중고책을 구입하라는 것인가?'라고 생각할 수도 있다. 깨끗한 새 책을 사서 읽히면 되지 책 가격이 얼마나 한다고 중고로 구입하느냐고 말이다. 난 무조건 아이들에게 새 책을 구입해 주면 안 된다고 주장하는 게 아니다. 나도 아이들에게 늘 중고책만 사주었던 것은 아니

중고서점에서 고른 도서들

다. 새 책도 사주고 값비싼 전집도 구입해 보았지만, 돌아보면 시작을 소박하게 하는 것이 여러모로 도움이 되었다고 할 수 있다. 같은 책이라면 조금 더 저렴하게 구입할 수 있는 곳을 찾아보자는 것이다. 한 권을 읽을 수 있는 돈으로 다섯 권을 읽자는 것이다. 그렇게 해야 편안한 마음으로 아이에게 많은 책을 읽힐 수 있고, 책 구매 비용에 대한 생각에서도 자유로워질 수 있다.

중고책만 고집할 이유는 없지만 중고책이라는 이유로 배제할 필요도 없다. 새 책의 절반도 되지 않는 가격에 책을 읽힐 수 있는데 굳이 마다할 필요가 있을까? 게다가 영어책의 경우 아이들이 한 번 읽고 나면 더 이상 읽지 않는 경우가 많다. 또 어떤 경우엔 새 책 그대로 방치되는 경우도 있다. 이런 이유로 중고서점에서 판매하는 영어책이나 도서관에서 대여해 주는 영어책 중에 표지는 낡았지만 내지는 깨끗한 경우가 많은 것이다.

아이들이 중고책을 많이 접하다 보면 책의 표지와 디자인만 보고 책을 고르는 실수를 자주 범하지 않게 된다. 아이들에게 책을 고르는 기준은 책의 외형이 아니라 내용이 되었기 때문이다. 책이 좀 낡아 보여도 크게 개의치 않는다. 이 또한 아이에게 중고책을 읽히면 좋은 이유 중 하나이다.

우리는 앞으로 아이의 리딩 레벨이 올라가면서 아이가 읽고 싶어 할 수많은 책에 계속 투자해야 한다. 그렇기 때문에 시작 단계에서부터 무조건 큰돈을 들여 책을 구입할 필요는 없다. 일단은 아이가 한 번만 읽고 내버려 둬도 아깝지 않을 만한 책 혹은 조심성 없이 다루다가 망가뜨려도 아깝지 않을 만한 책들을 최대한 많이 확보하도록 하자.

하루라도 어릴 때 영어독서를 시작해야 하는 이유

아이와 영어독서를 하면서 나는 틈틈이 책으로 아이를 교육하는 부모들의 경험담이 담긴 책을 읽었다. 그중 《하루 나이 독서》라는 책을 감명 깊게 읽었는데, 작가 이상화 씨는 아이들이 어릴 때부터 책으로 교육하여 훌륭하게 키워 낸 아버지로 유명하다.

《하루 나이 독서》에서는 미국 상위 3%의 부모들이 아이를 교육하는 방법 중 책 교육에 대한 인상 깊은 내용이 소개되어 있다. 그들은 아이가 태어나면 대학교를 졸업할 때까지 총 3만 권의 책을 읽도록 지도한다. 막연하게 책을 많이 읽히는 것이 아니라, 3만 권의 책을 읽히기 위해 구체적인 계획을 세우고 그것을 실천에 옮긴다는 것이다. 미국 상위 3%의 부모들이라면 자녀교육을 최고로 할 것이다. 그런 그들이 그토록 중요하게 생각하는 것이 독서교육이라면 독서교육이 얼마나 좋은 교육방법인지 짐작할 수 있다. 하루에 몇 권의 책을 읽으면 3만 권의 책을 읽어 낼 수 있을까? 매일 한 권씩 책을 읽는다고 해도 1년이면 365권밖에 되지 않는데 그게 가능한 것일까? 이 책에서 이야기하는 3만 권 독서의 비밀은 바로 어린 시절에 하는 독서이다. 대학교를 졸업할 때까지 3만 권의 독서가 가능하려면 아이가 어릴 때 더 많은 책을 읽어야 한다는 것이다.

생각해 보면, 어린아이들이 읽는 책은 성인이 읽는 책에 비해 두께도 얇고 글밥도 적어서 긴 시간을 투자하지 않아도 책 한 권을 금방 읽을 수 있다. 게다가 아이가 어릴수록 스스로 책을 읽기보다는 엄마가 아이에게 책을 읽어주는 경우가 많기 때문에 엄마의 의지만 있다면 얼마든지 아이가 많은 양의 독서를 경험할 수 있도록 도울 수 있다. 아이를 키우는 엄마라면 유아들이 읽는 책을 본 적이 있을 것이다. 유아에게 그림책 한 권을 읽어주는 데에는 몇 분 정도밖에 걸리지 않기 때문에 유아기에 책을 많이 읽는다면 생각보다 많은 양의 독서가 가능할 수도 있다. 아이가 어릴 때 많은 양의 책을 읽을 수 있도록 지도하고, 아이가 자라는 과정에서도 지속적인 독서가 가능하다면 3만 권의 독서를 달성할 수도 있다. 성인이 되어서는 하루에 책 한 권 읽기도 힘들지만, 아이가 어리다면 하루에 수십 권의 책도 읽을 수 있다.

그런데 나는 한 가지 의문이 생겼다. 어린 시절에 읽는 동화책 한 권과 성인기에 읽는 수준 높은 책 한 권의 의미가 과연 같다고 할 수 있을까? 어른이 읽는 책은 내용도 풍부하고 수준이 높은 데에 반해 아이들이 읽는 책은 글이 적고, 그림만 가득하다.

'아이가 읽은 책과 어른이 읽은 책을 같다고 할 수 있을까?'

나의 의문은 《하루 나이 독서》를 읽으면서 자연스럽게 해결되었다. 이 책에서는 영국과 미국에서 실험한 결과를 토대로 나이별 독서량과 그 편익효과에 대해 자세히 소개하고 있다. 영유아 시절 하루에 열

권의 책을 읽어주었다고 할 때 청소년기에 나타나는 편익효과는 무려 영국은 7.3배, 미국은 16배에 달한다고 한다. 이 연구 결과에 따르면 어린 시절에 읽는 책 한 권은 성인이 되어 읽는 책 한 권에 비해 어마 어마한 가치가 있다는 것이다.

이 연구 결과는 나의 고정관념과 정반대되는 것이었다. 어릴 때 읽는 책이 어른이 되어 읽는 책보다 더 큰 가치와 의미가 있다면 아이가 어릴 때 적극적으로 책을 읽혀야 한다는 것이다. 그렇기 때문에 아이가 하루라도 어린 오늘 당장 아이와 함께 책 읽기를 시작해야 한다. 아이 둘을 키우다 보니 아이들이 어릴수록 책을 더 많이 읽어줄 수 있다는 것을 알 수 있었다. 아이가 어려 활동량이 적은 시기에 엄마는 아이 곁에서 함께 독서할 수 있는 기회를 쉽게 만들 수 있다. 아이 스스로 책을 읽거나 그림을 보지 않더라도 엄마가 이야기책을 읽어주어 듣는 독서를 경험시킬 수 있다. 유아기에 아이들이 읽는 책은 대부분 글의 양이 많지 않고, 그림의 비중이 커 책 한 권을 읽는 데에 소요되는 시간과 에너지가 적다. 하지만 아이가 자랄수록 점점 더 글의 양이 많은 책을 읽게 되기 때문에 책 한 권을 읽는 데에 사용되는 시간과 에너지가 늘어나게 된다.

영어책도 마찬가지이다. 일반적으로 영어독서는 영어 그림책으로 시작한다. 글보다 그림의 비중이 큰 영어 그림책은 엄마가 책을 읽어주는 데에도 부담이 덜할 뿐 아니라, 아이도 책 읽기를 어렵지 않게 느낄 수 있기 때문에 이 시기에 조금 더 적극적으로 아이의 독서를 끌어줄 필요가 있다. 영어 그림책 읽어주기는 글밥이 적고 내용도 단순하기 때문에 큰 어려움 없이 할 수 있다. 이 밖에도 아이가 어릴 때부터 영어책을 읽어주면 좋은 이유가 많다.

첫 번째, 어린 시절부터 아이에게 영어책을 읽어주면 큰 아이들에 비해 더 쉽게 책을 읽어줄 수 있다. 아이들이 클수록 주변에는 독서를 방해하는 유혹이 많아진다. 아이들이 휴대폰이나 패드와 같은 스마트 기기를 사용하게 되면서 게임이나 유튜브 영상, 다양한 앱 등에 노출된다. 책을 읽는 것보다 훨씬 더 자극적이고 재미있는 것을 한 번 경험하면 아이들은 책 읽는 것을 어려워하거나 지루하다고 느낄 수 있다. 하지만 책 읽는 것의 즐거움을 아는 아이는 게임이나 유튜브 영상 등에 노출되더라도 책과 멀어질 정도로 빠져들지 않는다. 그렇기 때문에 하루라도 일찍 아이에게 책을 읽어주어 영어책 읽기를 아이의 습관으로 만들어 가는 것이 중요하다 아이가 영어책을 읽는 즐거움을 어린 시절부터 느낄 수 있도록 적극적으로 도와주도록 하자.

두 번째, 어린아이에게 매일 책 읽어주기를 반복하면 올바른 책 읽기 습관을 갖게 된다. 책 읽기가 습관이 되면 억지로 책을 읽히려고 하지 않아도 아이 스스로 책을 찾아 읽기 때문에 아이를 쫓아다니며 책을 읽으라고 잔소리하지 않아도 된다. 어린 나이부터 올바른 책 읽기 습관을 갖는다면, 이 아이는 평생 도움이 될 값진 습관 하나를 얻는 것이다. 어린 시절의 독서 습관은 어른이 될 때까지 그 아이에게 풍부한 독서 경험을 선물할 것이고, 그로 인해 아이가 얻게 될 것은 무궁무진해진다.

세 번째, 한글독서와 영어독서를 함께 시작하면 두 언어 모두 비슷한 읽기 레벨을 가질 수 있다. 영어독서를 늦게 시작하면 한글독서와 영어독서의 읽기 레벨에 차이가 많이 벌어진다. 한글책에 비해 영어책의 수준이 너무 낮아 영어독서에 대한 흥미가 떨어지는 경우가 종종 있다. 하지만 한글책 독서와 영어책 독서를 비슷한 시기에 시작하면 비슷한 수준으로 한글과 영어 읽기 레벨이 올라갈 수 있다.

네 번째, 나이가 어릴수록 실제로 읽은 책의 양이나 내용에 비해 아이에게 나타나는 독서의 효과가 더 크다. 어릴 때부터 누적된 독서의 양은 어른이 되어 아무리 많은 양의 독서를 한다고 해도 한 번에 따라잡기 어려울 만큼 많다. 어릴 때부터 지속적으로 독서를 한 사람은 그만큼 단단하고 뿌리 깊은 독서의 힘이 생긴다. 독서의 힘은 아이에게 밑거름이 되어 앞으로 아이가 성장할수록 더 많은 부분에서 빛을 발하게 될 것이다.

📖 엄마와 아이가 함께하는 영어독서

독서와 공부가 같다고 생각하는 사람들도 있겠지만 독서와 공부는 그 결이 조금 다르다. 나이가 들면서 목적에 따라 독서가 공부가 될 수도 있겠지만, 아이들이 하는 책 읽기, 특히 어린 시절의 영어독서는 공부라기보다는 취미활동이 되어야 하고, 더 나아가서는 하나의 좋은 습관으로 자리 잡아야 한다.

아이가 책과 친해지면 아이는 마치 좋아하는 TV 프로그램이나 영상물을 시청하는 것처럼 책 읽는 것을 즐거워한다. 누가 억지로 시켜서 하는 것이 아니라 스스로 독서를 즐길 줄 알게 되는 것이다. 독서의 즐거움을 한 번도 경험해 보지 못한 아이들은 이해되지 않겠지만, 독서에 대한 즐거움을 경험한 아이들은 독서를 절대 공부라고 생각하지 않는다. 이런 아이들은 심심할 때 독서를 하고 심지어 피곤할 때도 독서를 하며 휴식을 취한다. 이들에게 독서시간은 일종의 힐링시간과도 같다. 아이가 독서를 즐겁고 재미있는 것으로 받아들이는 것은 아이를 키우는 부모에게는 상상만으로도 행복한 일이다.

그렇다면 아이에게 독서의 즐거움을 알게 하려면 어떻게 해야 할까? 일단 가정에서부터 아이와 함께 즐거운 독서 경험을 쌓아가야 한다.
어린 시절부터 편안한 분위기 속에서 엄마와 함께 책을 읽어 본 아이는 독서시간을 행복하고 기분 좋게 인식한다. 하지만 가정에서 엄마와 책을 읽어 본 경험이 없는 아이가 첫 독서의 경험을 학교나 학원에서 하게 된다면 어떨까? 아마도 독서를 재미있는 것, 기분 좋은 것으로 받아들이기 힘들 것이다. 어쩌면 그 아이는 독서를 지루한 것, 외로운 것, 어려운 것 등으로 받아들일 수 있다. 한글로 하는 독서도 이와 같은데 아이들은 영어로 하는 독서를 과연 어떻게 받아들일까?

아이의 영어교육을 위해 시간과 돈을 투자하는 엄마들은 많지만, 의외로 아이와 함께 영어책 한 권을 읽는 엄마는 드물다. 아이들에게 영어독서는 학습을 위한 수단이 아닌 즐거운 경험으로 자리 잡아야 초등학교, 중학교, 고등학교를 거쳐 성인이 될 때까지 지속적으로 영어독서를 해 나갈 수 있다.

엄마와 아이가 함께 영어책 읽기를 하다 보면 이와 관련하여 다양한 것을 함께할 수 있다. 책에 대해 대화를 나누는 것, 아이가 읽어 보고 싶은 책들에 관심을 갖고 함께 찾아보는 것, 아이가 엄마에게 영어책을 읽어주는 것, 엄마가 재미있게 읽은 책을 아이에게 이야기해 주는 것 등등…. 아이와 함께할 수 있는 영어책에 대한 모든 경험이 이에 해당한다. 영어와 관련된 다른 사교육에 비해 엄마표 영어독서가 좋은 이유는 아이가 책과 관련된 다양한 경험을 엄마와 함께 쌓아 갈 수 있다는 것이다. 엄마표 영어독서는 엄마가 선생님이 되어 가르침을 주고, 아이는 학생이 되어 배움을 받는 관계가 아니기 때문에 선생님에게 받는 수업과는 다른 경험을 해 볼 수 있다.

아이들은 자신이 재미있게 읽은 책의 내용을 공유하고 엄마로부터 공감 받는 것을 좋아한다. 어른들도 재미있는 영화를 보거나 좋아하는 것이 생기면 친한 사람과 함께 그것에 대해 이야기하고 싶어진다. 아이들도 마찬가지이다. 아이들이 책에 대해 이야기한다면 기꺼이 관심을 갖고 들어주자. 엄마가 자신의 이야기를 잘 들어주면 아이는 더 신이 나서 책에 대해 이야기하게 되고, 이런 시간을 즐거워하게 된다. 아이와 책에 대한 이야기를 자주 나누면 일상 대화보다 조금 더 다양한 주제로 대화를 할 수 있게 된다. 엄마는 책과 관련된 내용을 토대로 아이에게 평소 들려주고 싶었던 메시지를 전달할 수 있고, 아이도 엄마와 조금 더 깊이 있는 생각을 나눌 수 있다. 책을 주제로 한 엄마와의 대화를 통해 아이는 조금 더 성숙한 사고를 할 수 있게 되고, 엄마와의 친밀도도 높일 수 있다.

아이가 영어책에 관심을 갖도록 하기 위해서는 엄마가 먼저 영어책에 관심을 보여야 한다. 아이가 읽을 책은 아이 스스로 선택할 수 있도록 하는 것이 좋지만, 엄마도 어린이 영어책에 관심을 갖고 그에 대한 정보를 아는 것이 좋다. 재미있어 보이거나 아이들이 좋아할 만한 책들을 적극적으로 알아보는 자세를 갖는 것이 중요하다.

어린이용 영어책에 관심을 갖다 보면 아이에게 꼭 읽히고 싶은 책을 발견하기도 한다. 어떻게 하면 아이에게 거부감 없이 책을 읽힐 수 있을까?

평소에 엄마가 추천해 주는 책들을 잘 읽는 아이들도 있지만, 본인이 고른 책 외에는 관심을 보이지 않는 아이들도 있다. 우리 집 아이들도 내가 추천해 주는 책보다는 본인들의 관심이 있는 책 위주로만 읽으려고 하는 경향이 있다. 이런 아이들에게 어떤 책을 무조건 읽어 보라고 권하면 읽지 않을 수 있다. 그때 내가 주로 사용했던 방법은 우선 읽히고 싶은 책들을 여러 권 준비한 후 그중에 어떤 책을 먼저 읽어줬으면 좋겠는지 아이들에게 고르도록 한다. 엄마가 미리 정해 놓은 범위 안에서 아이가 선택할 수 있도록 하는 것이다. 아이는 본인에게 최종 선택권이 있기 때문에 큰 불만 없이 책을 고른다.

아이에게 읽히고 싶은 책이 있을 때 사용할 수 있는 다른 방법은 그 책을 아이의 눈앞에 무심하게 두는 것이다. 엄마가 읽던 책인데 너무 재미있어서 엄마부터 다 읽고 너에게 읽을 기회를 주겠다고 한다. 혹시라도 아이가 책을 보려고 하면 엄마가 읽으려고 하는 책이니까 엄마가 먼저 읽고 난 후에 읽으라고 한다. 아이들은 못하게 하면 더 하고 싶은 심리가 있는데 이 경우 그런 심리가 발동하여 책을 더 읽고 싶어 하기도 한다.

또 다른 방법은 책의 오디오북을 활용하는 것이다. 읽히고 싶은 책의 오디오북이 있다면 집에서 자주 틀어 놓는다. 오디오를 먼저 들려준 다음에 이 책에 나오는 주인공이 어떻게 생겼는지 궁금하다는 등의 이야기를 하면 아이는 종이책에 그려진 그림이 궁금해져서 책을 보고 싶다고 할 수 있다.

영어독서는 아이 혼자 숙제하듯이 해야 하는 활동이 아니다. 엄마
가 항상 관심을 가지고 아이와 함께해 줄 때, 아이는 독서를 더 즐겁
게 받아들일 수 있고 독서가 생활 속에 녹아들 수 있다.

책은 어디서 구하지?

중고서점에서 보물찾기

언젠가 영재들의 생활을 보여주는 TV 프로그램에서 영어 영재인
아이의 이야기를 접했다. 그 여자아이는 외국에 한 번도 나가 본 경험
이 없었지만, 원어민 수준의 영어를 구사했고 두꺼운 원서들을 막힘
없이 읽었다. 영어권 국가에서 살아보거나 공부해 본 경험이 없는 그
아이는 수준 높은 영어를 어떻게 구사하게 되었을까? 그 아이의 부모
는 인터뷰에서 아이의 영어 실력 향상을 위해 본인들이 유일하게 투
자하는 것은 도서 구입 비용뿐이라고 했다. 그 아이의 부모는 아이와
함께 일주일에 한두 번씩 중고서점에 들러 아이가 읽을 만한 원서를
사주었다고 했다. 실제로 아이가 중고서점에서 책을 구입하는 모습이
담긴 장면이 기억에 남는다. 또한, 그 아이는 중고서점에 있는 원서들
을 싹쓸이하다시피 해서 한 번에 20만 원 이상 결제한 영수증도 보여
줬다. 그땐 아이가 과연 저 많은 원서를 다 읽을 수 있을까?하고 생각

했다. 그리고 나도 언젠가 아이를 데리고 중고서점에 가 보고 싶다는 생각이 들었다.

그때의 기억이 나 나는 아이와 함께 영어독서를 시작하기로 마음먹은 후 아이가 읽을 만한 책을 구입하기 위해 중고서점에 가기로 했다. 내가 아이와 처음 방문한 중고서점은 분당에 있는 알라딘 중고서점이었다. 서점 안에는 예상했던 것보다 많은 양의 어린이 원서들이 진열되어 있었는데, 꽤 다양한 종류의 책들이 있었고 책 상태도 비교적 깨끗해서 마음이 놓였다. 서점에는 앉아서 독서를 할 수 있는 공간이 마련되어 있었는데 원하는 책을 자유롭게 골라 자리에 와서 읽어 볼 수 있다는 점이 참 마음에 들었다. 책을 읽어 본 뒤 소장을 원하는 책이나 더 읽어 보고 싶은 책은 저렴한 가격으로 구입까지 할 수 있으니 이보다 더 좋은 곳이 어디 있을까 싶었다.

중고서점

나는 중고서점을 처음 방문했던 날부터 아이들과 매주 그곳에 들러 시간을 보내기 시작했다. 아이들이 좋아할 만한 그림 동화책이나 리더스북을 찾아 한쪽에 앉아 아이들에게 조용히 읽어주기도 했고, 아이들이 소장하고 싶어 하는 책들은 대부분 구매했다. 아이들은 마치 보물을 찾아내듯 책을 찾는 데에 집중했고, 그 덕분에 전보다 더 다양하고 많은 책을 읽어 볼 수 있었다.

중고서점은 새 책에 비해 매우 저렴한 가격으로 책을 구입할 수 있는 점이 정말 매력적이다. 우리는 중고서점을 방문할 때마다 집에서 읽을 만한 책을 적게는 10권, 많게는 20권 이상씩 구입했다. 중고서점에서 판매하는 영어 리더스북의 가격은 1,000원대, 챕터북도 1,000~3,000원으로 저렴했기 때문에 부담 없이 구입해서 읽힐 수 있었다. 아이들은 집으로 돌아오는 차 안에서 구입한 책들을 하나씩 꺼내 읽곤 했다. 이때 차에서 책을 읽던 경험으로 아이들에겐 자투리 시간을 활용해서 독서하는 좋은 습관이 생긴 것이다.

엄마표 영어독서를 시작했던 시기가 첫째 아이의 여름방학이었고, 아이가 학원도 다니지 않았기 때문에 시간적 여유가 충분했다. 그 덕분에 아이는 생각보다 오랜 시간 동안 독서를 할 수 있었다. 중고서점은 나와 아이의 최고의 놀이터가 되었고, 그곳에서 우리는 무수히 많은 1,000원짜리 보물들을 발견할 수 있었다. 그때 구입한 많은 책은 지금도 우리 집 거실의 책장에 꽂혀 있고, 아이들은 가끔씩 예전에 읽었던 책들을 꺼내 보고는 한다.

초등학교 도서관과 동네 도서관 활용하기

내가 책을 구했던 다른 장소 중 하나는 바로 아이가 다니던 초등학교와 동네에 있는 도서관이었다. 나는 종종 아이의 하교시간에 맞추어 학교에 있는 도서관에서 아이와 만나곤 했다. 학교 도서관 한쪽 편에는 영어 원서들이 있었는데 아무도 보지 않는지 책들이 대부분 새것 같았고, 오디오 CD까지 함께 있는 책들도 상당히 많았다. 그곳에서 아이와 책을 보고 있으니 마치 도서관의 영어 원서 코너가 우리 아이의 전용 책장이 된 것 같았다. 이렇게 깨끗한 원서들을 내 아이가 마음껏 읽을 수 있다니…. 나는 이런 좋은 기회를 잘 활용하고 싶었다.

당시 학교 도서관에는 엄마가 책 읽어주기 봉사를 하면 도서 대출 가능 권수를 늘려주는 제도가 있었다. 원래는 한 번에 세 권까지만 대출이 가능해서 아쉬웠는데 이런 제도가 있다는 것을 알게 되어 반가운 마음에 봉사 신청을 했다. 그 후로 나는 학교 도서관에 자주 들러 아이가 읽을 만한 한글책과 영어책을 자주 빌려왔다.

아이에게 다양한 영어책을 읽히기 위해 나는 학교에 있는 도서관 외에도 동네 도서관, 옆 동네 도서관 등 아이와 함께 여러 도서관을 방문하며 엄마표 영어독서를 지속해 나갔다. 매번 같은 분위기의 도서관을 가면 아이가 싫증을 낼 수도 있기 때문에 번갈아 가면서 도서관을 방문하니 아이도 나도 도서관 방문이 더 즐거웠다. 그리고 도서관마다 가지고 있는 원서의 종류가 달라서 여러 도서관을 다니는 것이 다독에 많은 도움이 되었다. 도서관만 잘 활용해도 엄마표 영어독서에 필요한 원서들을 얼마든지 확보할 수 있다. 다만 한 번에 빌릴 수 있는 대출 권수가 정해져 있기 때문에 도서관을 자주 방문해서 책을 반납해야 하는 번거로움이 있다. 하지만 아이가 책을 많이 읽는다면 이런 번거로움은 얼마든지 감수할 수 있다.

영어 원서 전문서점 활용하기

요즘엔 원서를 판매하는 온라인 서점이나 영어 원서 전문서점을 쉽게 찾을 수 있다. 온라인에서는 종종 세일을 해서 책을 저렴하게 구입할 수 있는 기회도 많다. 중고서점과 도서관만큼 자주 방문하지는 않았지만, 가끔 책을 구경하러 영어 원서 전문서점에도 가 봤었고, 원서를 판매하는 온라인 서점에서도 종종 좋은 가격에 책을 구입했다. 영어책을 전문적으로 판매하는 서점에서는 주로 시리즈물을 구입했다. 중고서점에서는 한 번에 시리즈물 전체를 구입할 수 없는 경우가 더 많아 아이가 너무 읽고 싶어 하는 시리즈물이 있을 땐 영어 원서 전문서점에서 구입했다.

📖 어떤 책을 읽혀야 할까?

영어책 읽기를 처음 시작하는 아이라면?

아이와 영어독서를 시작하는 단계에서는 먼저 그림책부터 읽을 것을 추천한다. 아이의 나이와 관계없이 영어책을 접해 본 경험이 별로 없는 경우엔 다양한 그림책을 읽어 보는 것이 좋다. 이것은 어른의 경우에도 해당된다. 그림책은 독서에 대한 부담을 없애주고, 글밥이 짧기 때문에 책 한 권 읽는 것은 별것 아니게 느껴진다. 그리고 페이지마다 그려져 있는 그림들은 책의 내용을 이해하는 데에 도움을 주기 때문에 아이에게 영어 그림책을 읽어주면 글을 잘 이해하지 못하더라도 그림을 보며 내용을 짐작할 수 있다. 책 읽어주기를 통해 비슷한 단어나 문장을 자주 접하게 될 경우에는 그 이야기의 대략적인 내용뿐만 아니라 단어나 문장의 뜻까지 정확하게 이해할 수도 있다.

책을 읽어주는 엄마의 입장에서도 모르는 단어가 있어도 그림을 통해 상황을 이해하며 읽어줄 수 있어서 좋다. 아이와 함께 적극적으로 영어책 읽기를 시작하면서 나도 아이들에게 영어 그림책을 많이 읽혔다. 페이지 가득 그림이 그려져 있고 단어만 몇 개 있는 그림책부터 글이 20줄 이상 되는 그림책까지 다양한 그림책을 읽으면서 아이들은 영어책을 더욱 좋아하게 되었다. 영어독서를 어렵지 않게 하고 있는 지금도 아이들은 그림책 읽는 것을 참 좋아한다.

영어책 읽기에 어느 정도 재미가 붙은 아이라면?

그림책이나 동화책을 많이 읽어서 어느 정도 영어책 읽기에 재미가 붙은 아이라면 그림책과 함께 리더스북을 읽히는 것이 도움이 된다. 리더스북은 보통 A4 용지 반 정도의 사이즈로 책의 두께가 비교적 얇은 편이다. 책 표지에는 책의 읽기 단계에 따라 번호가 적혀 있다. 리더스북은 제작하는 출판사마다 레벨 체계가 조금씩 다르지만 보통 3~5단계로 나누어져 있다. 리더스북은 한 페이지당 글이 한두 줄 정도 되는 수준의 책부터 챕터북으로 넘어가기 전의 아이들이 읽을 수 있는 수준의 책까지 있다. 내가 아이들에게 많이 읽혔던 《I Can Read!》 리더스북의 단계를 예로 들어보면 다음과 같다.

《I Can Read!》 리더스북	
My First	Ideal for sharing with emergent readers 책을 처음 읽는 아이들이 읽기에 이상적인 단계
1단계	Simple sentences for eager new readers (읽기에 열성적인 새로운 독자를 위한) 간단한 문장으로 이루어진 단계
2단계	High-interest stories for developing readers (읽는 능력이 발전하고 있는 독자를 위한) 흥미로운 스토리로 이루어진 단계
3단계	Complex plots for confident readers (읽기에 자신감이 붙은 독자를 위한) 복잡한 플롯으로 이루어진 단계
4단계	The perfect bridge to chapter books 챕터북 단계로 가기 전 읽기에 적합한 단계

리더스북은 각 단계별로 문장의 형태나 사용하는 단어의 수준이 비슷하기 때문에 아이가 같은 단계의 리더스북을 여러 권 읽을 경우 비슷한 단어와 문장 구조를 반복적으로 접하게 된다. 그러면 아이는 어

느새 그 단어와 문장 구조에 익숙해지고, 결국 자기 것으로 만들 수 있다. 리더스북을 각 단계별로 여러 권 읽히면 아이의 리딩 레벨을 체계적으로 높이는 데 많은 도움이 된다.

리더스북은 비교적 얇고 가벼워서 어디든 가지고 다니면서 읽기에 좋은 책이다. 아이와 외출할 때 몇 권씩 가지고 다니면서 자투리 시간이 생길 때마다 읽을 수 있도록 지도하면 좋다. 가족 여행을 갈 때도 리더스북을 여러 권 챙겨 가면 여행지에서도 영어독서를 쉬지 않을 수 있다.

내가 첫째 아이와 함께 영어독서를 시작했을 때 아이는 리더스북 2단계를 재미있게 읽는 정도의 리딩 레벨이었다. 그래서 나는 아이와 함께 도서관이나 중고서점에 갈 때마다 리더스북 2단계에 해당하는 책들을 모두 찾아서 아이가 읽을 수 있도록 했다. 이때부터 아이는 기본적인 문장 구조를 어렵지 않게 익히기 시작했고, 점점 복잡한 구조의 문장을 이해할 수 있는 수준으로 발전해 나갔다. 리더스북은 다양한 출판사에서 출판되고 있는데 그중 몇 가지를 나열하면 다음과 같다.

《Step into Reading》, 《Scholastic Readers》, 《I Can Read!》
《Ready to Read》, 《All Aboard Reading》 등등….

이 중 아이가 특별히 재미있게 읽었던 책은 《I Can Read》의 《Amelia Bedelia》 시리즈이다. 이 책은 리더스북 2단계로 1단계에 비해 비교적 재미를 느낄 만한 스토리 라인이 있고, 한 페이지당 글이 5~12줄 정도 된다. 이 책은 첫째 아이와 둘째 아이가 모두 좋아해 아직까지도 가끔씩 읽는다. 《I Can Read!》 2단계 시리즈 중 슈퍼히어로 시리즈도 아이가 참 재미있게 여러 번 읽었다.

아이가 한창 슈퍼히어로에 관심이 있을 때 중고서점에서 이 책을 발견했다. 아이는 10권이 넘는 책을 사 달라고 했다. 슈퍼히어로에 관심이 없던 나는 이 책을 아이가 얼마나 볼까 싶어 여기에서 다 읽어보고, 그래도 재미있어서 집에 가져가고 싶으면 사주겠다고 했다. 아이는 알겠다 하고는 한쪽에 앉아 책을 읽기 시작했다. 얼마 후 아이는 책의 모든 시리즈를 다 읽었는데도 책이 갖고 싶다며 나에게 사 달라고 했다. 나는 약속대로 책을 사주었는데 집으로 돌아온 아이는 그 책을 읽고 또 읽었다. 몇 번 읽지 않고 쌓아둘 거라 생각했는데 의외였다. 내가 봤을 땐 내용도 재미없고 그림도 예쁘지 않아 아이가 싫어할 것 같았는데 아이의 생각은 나와 달랐다. 역시 책은 아이가 읽고 싶은 걸 사줘야 한다는 것을 다시 한번 느꼈다. 엄마가 알고 있는 아이의 취향과 아이의 진짜 취향은 다를 수 있다는 것을 알아야 한다.

리더스북을 어느 정도 읽은 아이라면?
리더스북과 그림책을 충분히 읽은 아이라면 그다음 단계는 챕터북이다. 챕터북은 한글책으로 말하면 문고판 도서와 같은 개념으로, 소설보다는 내용이 단순하지만 챕터가 여러 개로 나뉘어 있고 페이지별로 그림보다는 글의 비중이 더 많은 어린이 도서이다.

챕터북은 종류가 많아 아이의 취향에 맞게 선택하면 된다. 그림책이나 동화책에 비해 그림이 적고 글이 많기 때문에 처음엔 아이가 부담스러워할 수도 있지만, 책을 읽기 시작하면 이야기에 푹 빠져들어 재미있게 읽을 수 있다.

챕터북 이전 단계에서 읽기가 충분히 이루어진 상태라면 챕터북도 재미있게 읽을 수 있다. 챕터북을 막 읽기 시작한 아이들이 많이 읽는 책으로는 《Magic Tree House》, 《Junie B. Jones》, 《Rainbow Magic》, 《The Zack Files》, 《Winnie the Witch》, 《Arthur》, 《The Magic School Bus》, 《Horrid Henry》 시리즈 등이 있다.

아이들마다 좋아하는 책의 스타일이 다르기 때문에 아이에게 다양한 챕터북을 소개해 주고 자신에게 맞는 시리즈를 선택해서 읽도록 하면 된다. 챕터북에는 오디오북이 포함된 경우가 있는데 챕터북을 처음 접하는 경우라면 오디오북을 들으며 읽어 보는 것도 좋다.

첫째 아이가 영어학원을 그만두고 책을 읽기 시작한 지 2주쯤 되었을 때, 첫째 아이보다 한 살 많은 지인의 딸이 1학년 때부터 챕터북을 읽었다는 말을 들었다. 챕터북은 아이들이 좋아하는 동화책과는 완전히 다르다. 신문지 같은 종이에 글자도 작고, 그림도 흑백인 경우가 많다. 어른인 내가 봐도 읽기가 조금 망설여지는 형태의 책을 과연 어린아이들이 읽을까 하는 생각에 내 아이의 독서 목록에서 항상 제외했다.

그런데 내 아이와 같은 또래의 다른 아이들이 챕터북을 읽는다고? 나는 또래 아이들이 재미있게 읽는 책이라면 우리 아이도 흥미를 느낄 수 있지 않을까 하는 생각이 들었다. 그림책을 보다가 갑자기 챕터북으로 넘어간다는 것이 불가능할 것 같았지만 시도는 해 봐야겠다고 생각했다. 나는 먼저 인터넷 검색을 통해 지인의 딸이 읽었다는 챕터

북 중 《Magic Tree House》라는 책을 찾아보았다. 책 이름을 검색해 보니, 많은 블로그에서 이 책을 재미있게 읽고 있는 저학년 아이들의 경험담들을 볼 수 있었다. 게다가 유치원생들 중에서도 이 책을 재미있게 읽었다는 후기도 더러 볼 수 있었다.

《Magic Tree House》 챕터북

또 나만 몰랐던 건가? 내가 그동안 너무 그림 위주의 책만 골라 읽혔던 건 아닌지, 괜한 편견에 우리 아이의 기회를 빼앗은 건 아닌지 갑자기 생각이 많아졌다.

나는 그날 즉시 아이와 함께 중고서점에 가서 《Magic Tree House》

시리즈 중 첫 번째 책과 한글 번역본을 구입했다. 나도 영어로 된 챕터북은 처음이라 아무래도 한글 번역본을 참고해서 읽으면 내용을 이해하는 데에 도움이 될 것 같았다. 늘 리더스북과 동화책 위주로 책을 구입하다가 갑자기 챕터북을 사려니 가격이 궁금해졌다. 영어 챕터북의 가격대는 오디오북이 포함된 책은 2,000~3,000원대였고, 오디오북이 포함되지 않은 책은 1,000원대도 있었다. 괜히 챕터북을 읽어 보자고 했다가 책을 싫어하게 되는 건 아닌지 걱정이 되기도 했지만, 그래도 마음먹은 김에 한 번 시도해 보기로 했다.

집으로 돌아와 나는 아이에게 먼저 한글 번역본을 한 챕터 읽어주었다. 책의 내용이 꽤나 흥미진진했던 터라 아이는 귀를 기울여 이야기를 듣기 시작했다. 한 챕터가 끝나고 두 번째 챕터는 영어책으로 읽어주었다. 책을 읽어주다 보니 생각했던 것보다 읽기가 어렵지 않았다. 그림 동화책에 비해 글밥이 많고 가끔 생소한 단어들도 있었지만, 문장이 어렵지 않아 아이가 읽기에도 크게 무리가 되지 않을 것 같았다. 그래서 나는 아이에게 책을 읽어주는 대신 아이와 함께 그 책을 읽어 보기로 했다.

아이와 나는 한 줄, 한 줄 돌아가며 읽기, 따옴표 안의 글은 아이가 읽기 등 여러 가지 방법을 활용하여 한 챕터를 읽어냈다. 한 챕터가 끝난 후 아이의 반응을 보자 빨리 다음 장으로 넘어가고 싶은 눈치였다. 그동안 아이가 읽었던 영어책은 그림이 주가 되어 이야기를 이끌어갔던 책이어서 내용이 단순한 편이었다. 그런데 이야기 중심의 책을 만나니 아이에게는 처음 경험해 보는 즐거움이 되었던 것 같다.

아이와 나는 한 챕터씩 한글 번역본과 영어책을 번갈아가며 책 한 권에 해당하는 내용을 다 읽어냈고, 아이는 두 번째 에피소드도 궁금하다며 서점에 가자고 나를 재촉했다. 아이가 이런 책을 읽을 수 있을까? 보기만 해도 지루해 보이고 어려워 보이는 책을 아이가 부담스러워하지는 않을까? 그동안 이런저런 염려들로 아이에게 챕터북을 소개해 주지 않았던 것은 내가 가지고 있던 편견 때문이었던 것 같다.

아이들에게 책에 대한 부정적인 감정들이 생기는 이유는 아이들 스스로보다는 엄마의 반응에 의한 경우가 더 많을 수 있다고 생각한다. '이런 책은 우리 아이와 맞지 않아.', '이런 책은 우리 아이에게 너무 어려워서 못 읽을 게 뻔해.' 등의 부정적인 생각으로 아이와 책이 가까워질 수 있는 기회를 뺏고 있는 건 아닌지 생각해 봐야 할 것 같다. 그리고 같은 레벨의 책을 충분히 읽었다면 다음 레벨의 책에 도전해 볼 수 있도록 아이를 격려하는 것이 필요하다. 리더스북의 각 단계를 충분히 읽어 아이의 읽는 속도가 빨라졌다면 이젠 조금 더 긴 호흡의 책에 도전할 차례이다. 준비가 되었다면 두려워하지 말고 도전해 보도록 도와주자.

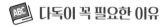 **다독이 꼭 필요한 이유**

영어독서를 처음 시작하는 아이에게 다독은 반드시 필요하다. 이 시기에는 여러 종류의 그림 동화책과 리더스북을 최대한 많이 읽어 보는 것이 좋다. 그림 동화책과 리더스북 1, 2단계의 책들은 문장이 단순하고 글밥이 적어 가벼운 마음으로 여러 권 읽어낼 수 있다. 그림 동화책이나 리더스북 초기 단계의 책을 여러 권 읽다 보면 반복적으로 등장하는 단어나 문장을 쉽게 발견할 수 있다. 같은 단어나 문장을 다양한 책 속에서 다른 이야기로 만나면 그것을 외우려고 노력하지 않아도 어느 순간부터 저절로 기억할 수 있게 된다. 처음 봤을 때는 이해되지 않았던 단어나 문장을 다른 책에서 보았을 때 어떤 뜻인지 알게 되는 경우도 많다. 이러한 경험이 반복되면 아이는 그 단어와 문장을 완전히 자기 것으로 만들 수 있다.

나도 첫째 아이와 영어독서를 시작하던 시기에 아이에게 비슷한 수준의 책을 여러 권 읽도록 했다. 비슷한 수준의 단어와 문장으로 쓰인 다양한 이야기를 읽으면서 아이가 알게 되는 단어의 수가 점점 더 많아졌고, 문장을 통으로 이해하는 능력도 생겼다. 아이가 단어를 많이 알게 될수록 스스로 책 읽는 것을 즐기고 책 읽기에 더욱 속도를 낼 수 있게 되었다.

처음엔 아이들이 그림에 의존하여 책을 읽지만 책을 많이 읽을수록 점점 글만으로도 내용을 이해할 수 있게 된다. 그리고 그림 중심의 책에서 글 중심의 책으로 관심이 서서히 옮겨간다. 챕터북은 그림책이나 리더스북에 비해 책이 두껍고 내용도 복잡하다. 그림책만 읽던 아이가 챕터북을 읽게 되면 처음에는 재미있어 하다가도 금방 힘들어하거나 싫증을 내기도 한다. 아이가 긴 호흡의 책을 처음 접하다 보니 아무래도 적응하는 데 시간이 오래 걸릴 수 있다. 이때는 아이에게 한 권을 쭉 읽히지 말고 챕터별로 나누어 읽히는 것도 좋은 방법이다. 그리고 아이가 원한다면 짧은 스토리로 된 그림책이나 리더스북을 병행하여 읽도록 하는 것이 좋다. 아이가 《Magic Tree House》를 읽기 시작했을 때 나는 아이에게 챕터북과 함께 리더스북과 그림 동화책도 읽도록 했다. 짧은 책을 여러 권 읽는 활동은 아이에게 완독의 즐거움을 자주 느끼게 해 주어 아이가 영어책 읽기에 자신감을 갖도록 한다.

그 밖에도 온라인으로 책을 읽을 수 있는 각종 앱과 사이트를 활용하여 아이가 여러 장르의 다양한 책을 읽을 수 있도록 도왔다. 그때 활용했던 앱 중에 하나가 라즈키즈(Raz-Kids)라는 영어독서 앱이다. 이 앱에는 굉장히 많은 양의 책이 레벨별로 잘 정리되어 있다. 미국의 학교 중에는 실제로 이 앱을 학습에 활용하는 경우도 있다고 한다. 라즈키즈를 집에서 개인적으로 사용하고 싶으면 앱을 다운로드한 후 온라인으로 1년 사용권을 구입해야 한다. 1년 사용권은 다른 온라인 영어독서 학습 사이트에 비해 굉장히 저렴한 편이라 부담 없이 구입할 수 있다. 그 이외에도 나는 무료 학습 기간을 제공하는 여러 학습 사이트를 활용해 아이에게 다양한 스타일의 책과 다양한 장르의 책을 접할 수 있도록 했다.

한 번은 동네에 있는 몰에서 스마트 학습 기기를 2주 동안 무료로 사용하는 서비스에 참여하게 되었다. 무료 기간만 사용하고 그만둘 생각이었지만 생각보다 좋은 구성의 프로그램에 살짝 마음이 흔들렸다. 그 프로그램에는 영어독서를 할 수 있는 공간이 있었는데 아이에게 2주 동안 마음껏 사용할 수 있으니 최대한 많이 읽어 보라고 했다. 아이는 새로운 학습 기기와 프로그램이 마음에 들었는지 틈나는 대로 들어가 영어책을 읽었다. 이렇게 다양한 방법으로 아이에게 다독을 시켰는데 아이는 이때 매일매일 하루 최소 10권 이상의 책을 읽었다. 노는 시간 틈틈이 짧은 책들을 읽거나 들을 수 있도록 했고, 저녁 시간 즈음엔 나와 나란히 앉아 차분히 챕터북을 읽어 볼 수 있도록 지도했다. 아이의 일상 속에 책 읽기를 틈틈이 끼워 넣으니 아이는 책 읽기를 놀이 중간중간의 휴식 정도로 느끼게 되었고, 이때부터 아이의 독서 습관은 서서히 자리 잡기 시작했다.

B
효과 만점 엄마표
영어독서 노하우 대방출

 고민은 그만! 이젠 달려보자!

많은 엄마들이 어떤 방법으로 엄마표 영어독서를 시작해야 하는지 고민을 한다. 아이와 이뤄나갈 성공적인 아웃풋을 기대하면서 가장 효과적인 방법으로 시작하고 싶은 마음이 클 것이다. 그러나 엄마표 영어독서에는 특별한 방법이 존재하지 않는다. 가장 확실하고 좋은 방법은 더 이상 미루지 말고 지금 당장 영어책 한 권을 읽어주는 것이다. 무슨 일이든 시작 전에 고민하는 시간이 길어지면 첫발을 내딛기가 더 어렵다. 때로는 아무 생각 없이 시작하는 것이 더 효과적이다.

예를 들어, 내일 학교에서 볼 영어 단어 쪽지시험 공부를 한다고 생각해 보자. 공부를 시작하기 전에 '어디서 공부를 하는 것이 좋을까?',

'어떤 노트에 하는 것이 좋을까?', '어떤 펜을 사용하는 것이 좋을까?', '어떤 단어부터 외울까?'를 고민하면 정작 해야 할 공부는 못한 채 시간만 보내게 된다. 엄마표 영어독서를 시작할 때에도 너무 많은 고민과 준비를 하면 시간만 흘러가고 시작은 더 늦어질 뿐이다. 도서관 혹은 중고서점이나 다른 곳에서 아이가 읽을 만한 영어책을 찾아 준비했다면 이제는 아이와 함께 책을 읽으며 첫걸음을 내디뎌 보자.

엄마표 영어독서를 처음 시작하는 시기엔 대부분의 아이들이 아직 영어독서에 경험이 없는 상태일 것이다. 다양한 영어책을 접해 본 경험이 없는 아이들은 영어책에 관심도 거의 없고, 어떤 영어책이 재미있는지, 어떤 영어책을 읽고 싶은지 잘 모르기 때문에 엄마도 아이가 어떤 책을 좋아할지 혹은 싫어할지 알 수 없다. 한글책을 잘 읽어 왔던 아이라면 좋아하는 한글책과 비슷한 장르나 분위기의 책을 선택하여 읽으면 된다. 하지만 한글책 읽기의 경험도 많지 않은 경우라면 일단은 아이와 함께 다양한 영어책을 읽어 보는 것이 중요하다.

지금부터 해야 하는 일은 아이와 함께 아동용 영어책이 있는 도서관에 가 보는 것이다. 집에 영어책이 어느 정도 준비된 경우라면 우선 집에 있는 책부터 하나씩 읽어 보면 되지만, 그렇지 않다면 아이와 함께 영어책이 있는 도서관에 가 볼 것을 추천한다. 도서관에 가서 어린이 영어 도서 코너에 어떤 영어책들이 준비되어 있는지 한 번 살펴보자. 아이와 함께 가장 먼저 찾아봐야 하는 책은 글이 적고 그림이 많은 그림 동화책이다. 그림 동화책 중에서 재미있어 보이는 책들을 고른 뒤 펼쳐서 그림도 살펴보고 아이와 이야기도 나눠 보자. 그리고 그 동화책들을 아이에게 읽어주자.

영어독서도 한글독서와 마찬가지로 글보다 그림의 비중이 높은 책으로 시작하는 것이 좋다. 영어독서를 시작하는 아이들은 글자와 소리만으로 글의 내용을 이해할 수 없기 때문에 그림을 보며 책의 내용을 이해한다. 글만으로도 내용을 이해할 수 있는 시기가 되기 전까지는 그림의 비중이 높은 책을 보여주어 아이가 책의 내용을 이해하며 책에 흥미를 느낄 수 있도록 해야 한다. 책의 그림을 보고, 엄마가 읽어주는 영어 소리를 듣는 것을 반복하다 보면 어느 순간 책에 쓰인 글자까지 눈에 들어온다. 아이에게 책을 읽어줄 때는 천천히 최대한 과장된 톤으로 읽어주자. 아이의 관심을 끌어낼 수 있도록 최대한 재미있게 읽어주어야 한다. 아이들이 읽는 그림 동화책에는 대화체 문장이 많이 나오는데 대화를 나누는 캐릭터의 목소리를 실감 나게 표현하면서 읽어주는 것이 좋다. 과장된 목소리로 책을 읽어주면 아이가 조금씩 반응하며 무슨 말인지 잘 알아듣지 못해도 엄마의 재미있는 목소리에 관심을 보인다. 그리고 이야기에 등장하는 캐릭터가 나누는 대화를 들으며 글의 분위기를 짐작할 수 있다.

어린 시절부터 엄마가 영어책을 읽어주었던 아이들은 본인들이 소리 내어 책을 읽는 것에도 자신감을 얻는다. 엄마가 하는 만큼 아이도 따라오게 된다. 아이와 도서관에 자주 방문하여 다양한 영어책을 읽다 보면 아이도 자신의 취향이 생긴다. 특별히 좋아하는 장르가 생기기도 하고, 특정 그림체에 관심이 생기기도 한다. 평소 잘 알던 분야나 관심이 많았던 분야와 관련된 책을 발견하면 그 책을 좋아하게 될 수도 있다. 아이가 관심을 보이는 책들을 유심히 살펴보자. 그 안에서 아이의 취향을 발견할 수 있다.

도서관에 있는 어린이 영어 도서들은 대부분 깨끗한 경우가 많다. 관리를 잘해서 깨끗할 수도 있지만 아이들이 대여를 많이 하지 않기 때문이기도 하다. 아이와 도서관에 가면 한글 도서 코너에는 아이와 부모들이 많지만, 영어 도서 코너에는 아무도 없었다. 이렇게 깨끗한 상태의 영어책들을 무료로 마음껏 읽을 수 있다는 것은 정말 행운이다. 이 행운을 꼭 잡아 아이와 도서관에 있는 영어책들을 모두 읽어보는 것을 목표로 삼아보자.

자투리 시간을 활용하면 영어독서가 쉬워진다

영어책 읽기는 영어를 배우려는 아이들에게 매우 중요한 활동이기 때문에 영어독서를 위한 시간을 따로 확보해 놓는 것이 가장 좋다. 하지만 아이들의 스케줄이 너무 많거나 다른 이유로 도저히 책 읽을 시간을 확보할 수 없는 경우에는 하루 일과 중 숨어 있는 자투리 시간을 활용하여 영어독서를 시작해 보자. 생활 속에 숨어 있는 자투리 시간을 잘 활용하면 생각보다 효과적으로 영어독서를 할 수 있다. 집집마다 생활 패턴이 다르기 때문에 활용할 수 있는 자투리 시간도 모두 다를 것이다.

우리 집의 경우를 예로 들면, 영어독서에 가장 많이 활용되는 자투리 시간은 차로 이동하는 시간이다. 아이가 영어독서를 시작하게 된 이후로 내 차엔 항상 영어 오디오 CD가 준비되어 있고, 아이들이 읽을 만한 책도 한두 권씩 준비되어 있다. 아이들이 차를 타면 자연스럽게 영어 오디오북을 듣게 되고, 오디오북에서 나오는 스토리의 종이책이 옆에 있기 때문에 그 책을 펴서 그림도 보고 읽어 보기도 했다. 이동거리가 짧아도 상관없었다. 잠깐이라도 듣는 게 안 듣는 것보다는 낫다고 생각했기 때문에 차로 이동할 때에는 단 몇 줄이라도 오디오북을 듣거나 책을 읽혔다. 어느 순간부터 아이들은 차를 탈 때 내가 말하지 않아도 읽을 책을 스스로 챙겼다. 매일매일 자투리 시간을 쪼개 책을 읽다 보면 어느새 습관이 된다.

우리 집 아이들이 책 읽기에 가장 집중하는 자투리 시간은 머리를 말리는 시간이다. 아이들이 자기 전 샤워를 한 후 머리를 말려주는데 이 시간 동안 아이들은 각자 조용히 책을 읽는다. 두 아이의 머리를 말리려면 시간이 꽤 걸리는데, 이 시간 동안 아무것도 하지 않는다면 멍하게 시간을 보내기 쉽다. 잠자리에 들기 전 머리를 말리면서 책을 읽으니 머리를 다 말린 후 침대까지 독서가 이어지는 경우가 많아 우리 집 아이들은 매일 밤 자연스럽게 잠자리 독서를 하게 되었다. 침대에 앉거나 엎드려 자유롭게 책을 읽는 시간은 아이들이 하루 중 좋아하는 시간이다. 잠자리 독서를 하면 분주한 마음으로 하루를 마무리하는 대신 조용하고 평온한 기분으로 하루를 마무리할 수 있다.

머리를 말리는 동안 영어책을 읽는 아이

　우리 집은 이런 자투리 시간을 활용하여 아이들의 독서시간을 조금 더 확보한다. 다른 집들도 독서시간으로 활용할 수 있는 자투리 시간이 있을 것이다. 곳곳에 숨어 있는 보물 같은 자투리 시간을 잘 찾아내어 영어독서에 활용해 보자. 무심코 지나가 버릴 수 있는 짧은 시간들이 모이면 어느새 영어책 한 권을 읽을 수 있는 시간이 된다. 쓸모없이 버려지는 1분 1초를 무시하면 영어책 읽을 시간을 영영 만들 수 없을지도 모른다. 잠을 자기 전 잠깐, 학교에 가기 전 잠깐, 차로 이동하는 잠깐. 이 잠깐을 무시하면 안 된다. 이런 자투리 시간들이 모여서 아이의 영어책 읽기 습관이 잡히고 많은 양의 영어독서가 가능해진다.

🔤 반복독서의 힘

어떤 엄마들은 아이가 같은 책을 다시 읽는 것을 부정적으로 생각한다. 이왕이면 다른 책을 읽지 왜 같은 책만 자꾸 읽으려고 하는지 도무지 이해할 수 없다는 것이다. 여러 종류의 책을 읽어야 아이의 배경지식도 넓어지고, 글을 이해하는 능력도 좋아질 것 같은데 아이는 자기가 좋아하는 장르에만 푹 빠져 있다. 심지어 같은 장르 중에서도 다른 책은 거들떠보지 않고 한 책만 고집해서 읽기도 한다. 이런 경우 엄마들은 슬슬 아이가 걱정되기 시작한다. 다양한 책을 읽어서 아이의 리딩 레벨도 높이고 싶고, 아이가 다양한 종류의 책을 읽었으면 한다. 엄마들의 이런 마음이 이해되지 않는 건 아니다. 나도 같은 이유로 불안했던 경험이 있기 때문에 누구보다도 그런 마음을 잘 안다. 하지만 반복독서는 결코 걱정할 것이 아니라 아이가 독서를 하며 반드시 경험해 봐야 하는 일이다. 아이들은 반복독서를 통해 책에 몰입하는 경험을 하고, 아이의 관심과 생각이 그 책과 관련된 영역으로까지 확장되어 깊이 있는 독서를 경험할 수 있다.

우리 집 첫째 아이도 한 책에 꽂혀 계속 그 책만 읽을 때가 종종 있다. 아이가 2학년 때의 일이다. 《Magic Tree House》, 《Rainbow Magic》, 《The Zack Files》 등의 챕터북 외에 조금 더 긴 호흡의 책을 읽혀 보고 싶은 마음에 《The Land of Stories》라는 책을 아이에게 소개했다.

서점에서 책을 읽는 아이들

　이 책은 서점에서 우연히 발견했는데《백설공주》,《신데렐라》,《잭과 콩나무》등의 세계명작동화의 주인공들을 캐릭터로 사용해 새로운 이야기를 만들어낸 판타지 소설이다. 당시 세계명작동화에 관심이 많던 첫째 아이가 흥미를 느낄 만한 내용을 담고 있다고 생각했기 때문에 아이에게 이 책을 추천했다. 처음 그 책을 본 아이는 거들떠도 보지 않았다. 책의 두께가 그동안 읽었던 챕터북들에 비해 상당히 두꺼웠고 글자도 굉장히 작았다. 물론 그림도 거의 없었다. 얼핏 보기에 본인이 읽을 만한 책이 아니라고 느꼈던 것 같다.

　몇 달 후, 아이와 서점에 들렀을 때 다시 한번 책을 보여주며 "엄마랑 한 번 읽어 볼까?"라고 슬쩍 물어봤더니 아이는 그러겠다고 대답했다. 아이가 읽겠다고 하면 나는 책을 바로 구입해준다. 왜냐하면 아이의 마음이 바뀌기 전에 얼른 함께 읽어 봐야 하기 때문이다. 시간이 지나면 아이의 마음이 변할 수도 있으니 이럴 땐 서둘러야 한다.

책을 구입한 후 집으로 돌아온 아이는 볼일을 본다며 화장실에 새로 구입한 책을 가지고 들어가더니 첫 장을 읽기 시작했다. 그러고는 30분 이상 화장실에서 책을 읽었고, 화장실 밖으로 나와서도 그 책을 손에서 놓지 않았다. 아이에게 책이 재미있냐고 물어봤더니 아이는 너무 재미있어서 멈출 수가 없다고 했다. 아이에게 이렇게 두꺼운 소설류를 읽게 한 건 처음이어서 아이가 잘 읽을 수 있을까 생각했는데, 예상외로 아이는 그 책을 정말 좋아했다. 그날부터 아이는 학교에 갈 때도, 화장실에 갈 때도, 차로 이동을 할 때도 그 책을 손에서 놓지 않았다. 아이는 가끔 나에게 책을 읽어주기도 했고, 종알종알 책에 대해 이야기해 주기도 하면서 그 시리즈물에 점점 더 빠져들었다. 아이의 《The Land of Stories》에 대한 사랑은 한 달이 지나도, 두 달이 지나도, 일 년이 지나도 계속됐다. 물론 중간중간 다른 책도 조금씩 읽기는 했지만, 아이는 대부분의 독서시간을 《The Land of Stories》를 읽는 데에 사용했다. 처음에는 아이가 책에 푹 빠져 있는 모습이 좋아 보였지만 시간이 지날수록 슬슬 걱정되기 시작했다.

'아이가 너무 이 책만 읽는 거 아닌가?'
'아니 어떻게 1년이 넘도록 이 책만 읽을까?'
'슬슬 다른 책을 찾아봐야 하나?'

하지만 《The Land of Stories》에 대한 아이의 관심은 그 작품을 쓴 작가에게로 이어졌고, 작가가 쓴 다른 책에도 관심을 갖기 시작했다.

그리고 그 책에 나오는 인물들이 주인공으로 등장하는 오리지널 동화에도 관심을 갖게 되면서 아이의 관심 분야는 점점 더 확장되어 갔다.

아이가 1년간 재미있게 읽은 《The Land of Stories》　　　　해외 서점에 진열되어 있는 《The Land of Stories》

　　그런 아이의 모습을 보면서 아이들이 한 책을 계속 읽는다고 절대로 걱정할 일이 아니라고 생각하게 되었다. 오히려 한 책에 이렇게까지 빠져 깊이 파고들 수 있다는 것은 환영해야 할 일이라는 생각이 들었다. 책을 기계적으로만 읽는다면 책이 주는 이런 놀라운 경험을 하기 어렵다. 자신이 정말로 좋아하는 책을 만났을 때 아이들은 그 책 속에 완전히 빠져들어 반복적으로 독서를 한다. 그 책의 캐릭터들이 주는 메시지에 귀를 기울이고 그 이야기를 쓴 작가에 관심이 생긴다. 또한, 그 작가의 글에 매료된 아이는 그 책에 사용된 표현 및 문장과 닮은 글을 쓰게 된다.

《The Land of Stories》를 무한 반복해서 읽었던 시간이 지나고, 그 이후에 아이는 《그리스 로마 신화》를 거쳐 《Percy Jackson》이라는 시리즈에 빠져들어 또 1년간 그 책에 푹 빠져 지냈다. 그 책의 작가 릭 라이어던(Rick Riordan)의 작품 중 관심 있는 책을 모두 읽은 후 아이는 지금

아이가 요즘 재미있게 읽고 있는
《Keeper of the Lost Cities》 시리즈물

《Keeper of the Lost Cities》라는 시리즈물을 읽고 있다.

아이가 나이를 먹을 때마다 한 번씩 강하게 다가오는 책들이 있는 것 같다. 어떤 책에 한 번 빠져들면 그 책과 관련된 모든 것에 전문가가 될 때까지 책을 읽고 또 읽는다. 그리고 작가의 다른 작품으로까지 관심이 확장되어 관련된 책들을 읽게 된다. 이것이 반복독서의 힘이다.

리딩 레벨이 올라갔을 때 반복독서의 효과를 보려면 영어독서를 시작하는 시기부터 아이들의 반복독서를 지지해 주어야 한다. 책을 반복해서 읽으려고 할 때 부정적인 반응을 보이지 말고 아이의 의견을 존중해 주자. 아이는 반복독서를 통해 그 책을 온전히 자기 것으로 만들고 독서를 즐기는 중이다. 아이가 경험하는 독서의 즐거움을 함부로 빼앗지 않도록 주의하자.

📖 영화와 함께 책 활용하기

첫째 아이가 초등학교 2학년이 되었을 때의 일이다. 영어독서를 시작한 지 1년쯤 되었을 때였는데, 나는 아이에게 로알드 달의 책을 읽히고 싶어 로알드 달의 작품 여러 권이 들어 있는 도서 세트를 구입했다. 그리고 아이에게 비교적 쉽고 글이 적은 책부터 하나씩 읽히다가 로알드 달 작품 중 가장 유명한 《Charlie and the Chocolate Factory》를 읽을 차례가 되었다. 아이는 당시 여러 시리즈의 챕터북을 다양하게 읽어 본 후였는데, 주니어 소설은 처음이어서 아이가 잘 읽으려고 할지 걱정되었다. 주니어 소설은 챕터북에 비해 글밥이 많고 책도 두꺼웠다. 그림도 거의 없어 얼핏 보면 아이 책이 맞나 싶을 정도였다.

이 책을 아이에게 어떻게 읽혀야 하나 고민하던 중에 그 책을 영화화했다는 것이 기억났다. 이 영화는 2005년에 개봉하였고, 조니 뎁(Johnny Depp)이 주연을 맡았다. 영화는 안 봤지만 포스터가 강렬해서 기억에 남았다. 첫째 아이가 태어나기 한참 전에 만들어진 영화지만, 신비롭고 기발한 소재의 영화를 아이가 좋아할 것 같았다. 그리고 아이가 영화를 재미있어 한다면 책에도 관심을 보일 거라고 생각했다.

나는 영화의 한 부분을 아이와 함께 시청해 보았다. 아이는 평소 보지 못했던 엉뚱하고 기발한 영화에 흥미를 느끼는 듯했다. 나는 아이에게 이 영화가 책으로도 있다고 하면서 슬쩍 책을 보여줬다. 일단 표지부터 보여주며 영화 속 인물들과 책 속 캐릭터들의 생김새를 비교했다. 그리고 영화 속 장면이 책에는 어떻게 표현됐는지 살펴보자고 하며 아이와 읽어 보았다. 영화에서 보았던 장면을 책에서 찾아 보니 책이 조금 더 쉽게 읽히는 것 같았다. 아이는 영화와 다르게 표현되어 있는 부분을 찾아내며 흥미로워하기도 했다. 만약 영화를 보여주지 않고 책을 먼저 읽으라고 했다면 아이가 이 정도로 책의 내용에 관심을 보이지 않았을 것 같다. 영화로 보았던 부분을 책으로 다 읽은 후 이번에는 책의 처음 부분을 먼저 읽고 영화를 보며 어떻게 다른지 비교해 보기로 했다. 책을 먼저 읽고 영화와 비교하는 것도 아이는 상당히 흥미로워했다. 이렇게 영화와 책을 번갈아가며 보면서 아이와 함께 책 한 권을 다 읽었다. 물론 하루 만에 다 읽은 것은 아니다. 영화도 보고 책도 읽어야 했기 때문에 며칠에 걸쳐 조금씩 진행했다. 아이에게 조금 어려울 것 같던 책이었는데 영화 덕분에 아이가 더 재미있게 책을 읽을 수 있었다. 이렇게 책 한 권을 다 읽고 나니 아이는 소설 형태의 책에도 두려움을 갖지 않게 되었다. 두께만 두껍고 글자만 작아졌을 뿐 내용을 읽어 보면 어렵지 않고 재미있다는 것을 안 것이다.

그 후로도 나는 아이에게 새로운 책을 읽힐 때 그 책이 영화로도 있는지 확인해 보았다. 거꾸로 영화를 볼 때 그 영화가 책으로도 있는지 확인하는 습관이 생겼다.

책 읽기에 영화를 활용하는 방법은 간단하다. 첫 번째는 내가 위에서 했던 방식대로 영화의 일부분을 보고, 책을 읽는 것을 반복해 보는 것이다. 두 번째는 책을 끝까지 읽은 후 독후활동으로 영화를 감상하는 것이고, 세 번째는 영화를 먼저 감상한 후 책을 읽는 것이다.

월트 디즈니의 애니메이션들은 대부분 그에 해당하는 책들이 출간된다. 아이들이 좋아하는 동화책 버전부터 주니어 소설에 이르기까지 다양한 형태로 나와 있는데, 영화를 본 후 책으로 읽어 보기를 추천한다. 로알드 달의 책 중에도 영화화한 것들이 많은데, 챕터북을 많이 읽은 초등학생의 경우 로알드 달의 책을 읽고 영화를 보면 여러 면에서 영어학습에 많은 도움이 될 수 있다.

종이책 독서만 독서일까?

요즘은 아이들에게 영어책을 읽히기 정말 좋은 시대이다. 언제 어디서나 유명한 원서를 쉽게 구할 수 있고, 다양한 앱을 통해서도 원하는 원서를 읽고 들을 수 있다. 아이들에게 꼭 종이책만 읽혀야 할 필요는 없다. 물론 읽기에 가장 기본이 되는 것은 종이책이라고 생각하지만, 때에 따라선 다른 형태로 독서하는 것도 아이에게 필요할 수 있다.

우리 집 아이들의 경우도 기본적으로는 종이책으로 영어독서를 하지만, 가끔은 앱을 통한 독서도 하고 PDF로 되어 있는 책을 읽기도 한다. 아이들이 종이책 읽기와 함께 활용하고 있는 몇 가지 독서방법을 소개한다.

첫 번째로 소개할 독서방법은 앱을 활용한 독서이다. 앞서 언급했 듯이 나는 아이들이 어렸을 때부터 라즈키즈라는 앱을 통해서 영어독 서를 시켰다. 이 앱은 휴대폰이나 태블릿에 앱을 설치한 후 온라인에 서 이용권을 구매해야 사용할 수 있다. 제공되는 책의 종류도 다양하 고 각 레벨별, 장르별로 정리가 잘되어 있어서 아이들이 단계별로 책 을 읽을 수 있고, 좋아하는 분야의 책을 선택해서 읽기도 쉽다. 책을 다 읽은 후에는 책의 내용과 관련된 북 퀴즈를 풀어 볼 수 있어서 아 이가 책을 잘 이해했는지를 체크할 수 있다. 이 앱은 영어유치원이나 국제학교, 미국의 학교에서도 책 읽기 교재로 활용하는데, 지금 우리 아이들이 다니고 있는 국제학교에서도 라즈키즈 앱을 활용해 독서를 하기도 한다. 라즈키즈의 가장 큰 장점은 다른 도서 앱에 비해 시각적 으로 덜 화려하다는 것이다. 책을 읽는 아이들의 입장에서는 조금 심 심하고 지루할 수 있지만, 너무 화려하고 자극적으로 디자인된 앱보 다 책 읽기에 더 집중할 수 있다고 생각된다.

아이들이 즐겨 보는 또 다른 도서 앱은 에픽(Epic)이다. 에픽도 여러 국제학교에서 교육용으로 활용하는 앱으로, 우리 집 아이들이 다니는 학교에서도 에픽을 사용한다. 에픽은 라즈키즈에 비해 시각적으로 더 화려하게 디자인되어 있고, 책 외에도 다양한 종류의 콘텐츠를 볼 수 있도록 구성되어 있다. 오디오북도 굉장히 실감 나고 재미있는 목소 리로 되어 있어 아이들이 재미를 느끼기에 충분하고, 컬러풀한 페이지 디자인도 아이들의 관심을 집중시킨다.

이때 염두에 두어야 할 것은 아이들이 이런 앱을 종이책보다 먼저 접하게 될 경우 종이책을 읽지 않으려고 할 수 있다는 점이다. 앱을 통한 독서는 종이책으로 하는 독서보다 쉽고 재미있기 때문에 아이들이 좋아한다. 먼저 종이책으로 독서 습관을 잘 잡은 후 종이 책과 앱과 함께 활용하면 좀 더 좋은 효과를 볼 수 있다.

두 번째로 소개할 독서방법은 오디오북을 통해 듣는 독서이다. 종이책 없이 오디오로 듣는 것도 책을 읽는 것만큼이나 효과적이다. 듣는 독서의 좋은 점 중 하나는 오디오에 집중하면서 머릿속으로 책 내용에 해당하는 이미지를 상상할 수 있다는 것이다. 책을 보며 오디오북을 들을 때는 책에 나와 있는 텍스트와 이미지에 집중하기 때문에 머릿속으로 그 장면을 그려보는 것이 어렵지만, 책 없이 듣는 독서를 하면 온전히 이야기에만 집중할 수 있기 때문에 그 장면을 상상하며 듣는 것이 가능하다.

듣는 독서는 아이의 영어 듣기 실력을 향상시키기 위해서도 꼭 필요한 활동이다. 엄마가 읽어줄 때 정확하게 발음하지 못해도 오디오북에서 들리는 원어민의 발음을 통해 정확한 영어 발음을 익힐 수 있다. 아이들은 자주 듣는 말투나 톤을 따라 하는 걸 좋아한다. 오디오북을 자주 들려주면 그 오디오북에서 나오는 속도와 발음을 따라 하며 책을 읽게 된다. 아이의 영어 발음을 원어민에 가깝게 하고 아이의 영어 듣기 능력을 키워주고 싶다면 오디오북을 자주 들려주자.

세 번째 독서방법은 유튜브 영상을 보면서 하는 독서이다. 유튜브 채널 중에 어린이들에게 영어 동화책을 읽어주는 외국 채널이 많다. 그중 우리 집 아이들이 가장 재미있게 보고 들었던 채널은 〈Storyline Online〉과 〈Story Time at Awnie's House〉이다. 〈Storyline Online〉은 유명 배우와 유명인들이 나와 그림 동화책을 읽어주는 채널이다. 책을 읽어주는 사람이 대부분 연기자라 목소리 톤이나 발음이 실감 나서 귀에 쏙쏙 들어온다. 어른인 내가 들어도 참 흥미롭다. 〈Storyline Online〉은 유튜브 채널 이외에 웹 사이트도 있다. 웹 사이트에는 각 책에 대한 정보가 있고, 학교 선생님과 부모님이 아이와 할 수 있는 여러 가지 독후활동과 교육 커리큘럼이 PDF 파일로 정리되어 있다. 이 활동들은 영어 학습자의 이해력과 말하기 및 쓰기 능력을 강화하기 위해 초등 전문 교육자가 개발하였다고 한다. 무료로 다운로드하여 볼 수 있으니 아이와 활용해 보면 좋을 것 같다(https://storylineonline.net).

〈Story Time at Awnie's House〉는 어니(Awnie)라는 크리에이터가 그림 동화책을 읽어주는 채널이다. 어니가 책을 읽기 시작하면 화면은 그림책 페이지가 클로즈업되어 그림과 글자를 함께 볼 수 있다. 어니는 밝고 친근한 목소리와 활기찬 에너지로 책을 읽어주어 어린이들이 재미있게 들을 수 있도록 한다. 특히 책을 읽어주기 전 어니가 항상 반갑게 인사해 주는데 인사를 들을 때마다 나를 기다리고 있는 선생님을 만나는 것 같은 기분이 든다. 아이들도 같은 느낌을 받지 않을까? 이 채널은 매주 새로운 책 영상을 꾸준히 업로드하기 때문에 아이와 지속적으로 활용하기 좋은 채널이다.

하루에 한 쪽이라도 좋다. 매일 독서는 선택이 아닌 필수!

엄마표 영어독서를 시작하면서 나는 나만의 기준을 한 가지 정했다. 하루에 단 한 쪽이라도 좋으니 아이가 매일 영어책을 읽을 수 있도록 하는 것. 이런 기준이 있었기 때문에 아이는 하루도 책과 떨어지는 날이 없었다. 마음만 먹으면 무슨 일이 있어도, 어디에 있어도 책을 한 쪽 정도는 읽을 수 있다. 하루에 한 쪽 정도는 사실 마음먹을 거리도 되지 않는다. 그냥 읽으면 되는 거니까…. 그런데 많은 사람이 그걸 어려워한다. 정말 쉬운데 그걸 못하는 경우가 많은 것 같다. 오히려 너무 쉽기 때문에 하루 종일 미루고 미루다가 못하게 되는 경우도 있고, 하려고 하다가도 '겨우 한 쪽을 읽어서 뭐 해?'라는 생각에 하지 않고 넘어가는 날도 있을 것이다. 하지만 그 '겨우'가 모여 엄청난 것을 이룰 수 있다. 아무것도 아닌 것처럼 보이는 짧은 영어 글귀들이 쌓여서 아이에게 엄청난 자산이 된다. 그리고 영어독서를 했던 그 매일이 모여 영어독서 습관이 자리를 잡게 된다.

아주 사소한 행동을 매일, 꾸준히 오랜 기간 동안 반복했을 때 그 사소한 행동이 어느새 습관이 되는 경우를 누구나 경험해 봤을 것이다. 그 어떤 것도 꾸준히 오래 하는 것을 당해 낼 수는 없다. 영어독서도 마찬가지이다. 꾸준히 오래 지속하다 보면 기대도 하지 않았던 결과가 찾아온다.

　　주변에서 아이와 영어독서를 하는 엄마들 중에 이런저런 이유로 하루이틀 쉬어가는 것을 대수롭지 않게 생각하는 분들을 보게 된다. 생각해 보면 아이와 무엇을 지속적으로 한다는 것은 어려운 일이다. 아이를 키우다 보면 예상치 못했던 상황이 계속 일어나기 때문이다.
　　엄마들은 이런 생각들을 할지도 모른다.

아이가 엄청 아픈 날….
열도 나고 기운도 없는 아이에게 영어독서를 시켜야만 할까?

모처럼 가족 여행을 떠나게 되었을 때….
여행지에서까지 아이에게 영어독서를 시켜야 할까?

내가 컨디션이 너무 안 좋은 날….
내 몸도 챙기기 힘든데 아이에게 영어독서까지 시켜야 할까?

아이의 친구들이 놀러 와 늦게까지 놀다 가는 날….
다른 친구들도 있는데 꼭 영어독서를 시켜야 할까?

명절날 할머니, 할아버지 댁에 놀러 갔는데….

거기서도 영어독서를 시켜야 할까?

이 밖에도 아이가 영어독서를 쉬어야 할 것 같은 날은 많다.

'이런 날까지 꼭 영어독서를 시켜야 해?'
'하루 정도 안 읽고 넘어간다고 큰일 나겠어?'

엄마들은 대수롭지 않게 매일 독서를 포기하고 어쩔 수 없는 상황이었다며 나름대로 합리화한다. 하지만 엄마표 영어독서를 하기로 마음먹었다면, 그걸 통해 이루고 싶은 어떤 목표가 있다면 하루 정도라는 생각은 깨끗하게 지워버리는 것이 좋다.

우리가 하루라도 물을 마시지 않고 지낼 수 없듯이 독서도 매일 해야 하는 것이다. 단 한 쪽이라도…. 그것도 어렵다면 단 한 줄이라도…. 꾸준히 해야 영어독서를 일상의 작은 습관으로 만들 수 있다.

영어독서는 아이에게 있어서 세수하는 것, 밥 먹는 것과 같이 아무 스트레스 없이 매일 할 수 있는 일이 되어야 한다. 우리는 매일매일 하고 있어도 자신이 그런 일들을 하고 있는지 기억조차 나지 않을 만큼 사소한 일들을 해내고 있다. 영어독서도 아이에게 커다란 이벤트가 되어서는 안 된다. 아무렇지도 않게 책을 꺼내 읽을 수 있어야 한다. 아이가 영어독서를 큰마음을 먹고 해야 하는 일로 인식하면 영어

책 한 권 읽는 것이 너무 어렵고 부담스러워질 것이다. 영어책 읽기를 습관화하려면 습관이 자리 잡기 전까지 엄마가 아이의 매일 독서를 위해 공을 들여야 한다. 어떻게 해서든 아이가 매일 영어책을 읽을 수 있도록 도와야 한다.

열도 나고 기운도 없는 아이에게 영어책을 읽으라고 한다면 과연 아이가 영어책을 읽을 수 있을까? 이때는 아이 스스로 책을 읽을 수 없는 상황이다. 그렇다면 영어독서를 할 수 없는 걸까? 아니다. 당연히 영어독서를 할 수 있다. 아이가 아픈 날엔 아이가 쉴 때 엄마가 곁에 앉아서 영어책을 읽어줄 수 있다. 엄마가 읽어주기 어렵다면 아이와 함께 오디오북을 들을 수 있다. 영어독서를 반드시 글을 읽으면서 할 필요는 없다. 눈으로 글자를 읽지 않고, 듣는 것만으로도 아이는 매일 독서를 이어 나갈 수 있다. 컨디션이 좋으면 눈으로 글자를 보며 독서를 하겠지만, 컨디션이 좋지 않을 때는 듣는 독서가 더 효과적일 수 있다.

그렇다면 반대로 엄마의 컨디션이 안 좋은 날엔 아이에게 어떻게 영어책을 읽힐 수 있을까? 내 몸 하나도 챙기기 힘든데 아이가 영어책을 읽는 것까지 신경 써야 하는 걸까? 엄마표 영어독서를 하기로 마음먹은 이상 엄마가 아픈 날에도 당연히 아이의 영어독서는 계속되어야 한다. 이런 날엔 아이가 스스로 책을 읽어준다면 가장 좋지만, 아직 영어독서가 자리 잡히지 않은 아이라면 스스로 영어책을 읽으려고 하지 않을 것이다.

만약 아이가 혼자 영어책을 읽을 수 있다면 아이에게 오디오북 서비스를 요청해 보자. 엄마가 아파서 누워 있어야 하는데 영어책이 너무 읽고 싶다고 하면서 오늘은 엄마에게 책을 읽어줄 수 있겠냐고 부탁하는 것이다. 늘 엄마가 나에게 책을 읽어주었는데 오늘은 엄마가 듣기만 한다고? 아마도 아이는 이 새로운 경험을 흥미롭게 생각할 것이다. 그리고 아픈 엄마를 위해 무언가 도움을 주었다는 생각에 만족감을 얻게 될 것이다.

만약 아이가 아직 영어책을 혼자 읽지 못한다면 아이에게 엄마와 함께 오디오북을 듣자고 제안할 수 있다. 엄마와 함께 누워서 오디오북을 들어도 좋고, 옆에 앉아서 그림책을 보여 달라고 부탁해도 좋다.

아이는 엄마가 아플 때에도 엄마와 함께할 시간이 필요하다. 이 시간을 통해 아이와 영어독서를 하며 시간을 보낼 수 있다. 잊지 말자. 읽는 독서가 어려울 땐 듣는 독서를 하면 된다.

친구들이 집에 와 늦게까지 놀다 가는 날에는 어떻게 영어독서를 할 수 있을까? 친구들이 집으로 돌아간 뒤 책을 읽을 시간이 있다면 자기 전에 짧게나마 영어책을 읽을 수 있지만 친구들이 집에서 자고 가는 경우엔 어떻게 할까? 그땐 친구들과 함께 책 읽는 시간을 가져보자. 엄마가 아이들에게 '지금은 영어독서 시간이라 다 같이 책을 읽고 다시 놀이를 하면 어떨까?'라고 제안을 해 보자. 엄마가 아이들에게 책을 읽어주거나 그게 어렵다면 오디오북을 틀고 엄마가 그림책을 넘겨 가며 보여줘도 좋다. 친구들과 함께 영어독서를 하는 것은 아이에게 새로운 경험으로 다가올 것이다. 또 친구들이 놀러 왔는데 영어독서를 한 것은 아이에게 어떤 상황에서도 영어독서를 해야 함을 인식시켜준다. 친구들과 함께 있을 때 영어책을 읽어주는 유튜브 영상을 보여주는 것도 좋다. 독서의 방법은 무엇이든 상관없다. 독서가 끊어지지 않으면 된다. 오디오북이든, 책을 읽어주는 영상이든 여러 가지 방법을 활용하여 매일 독서를 이어 나가자.

모처럼 가족 여행을 떠나게 되었을 때 여행지에서 아이에게 책을 읽힐 수 있을까? 엄마표 영어독서를 하는 상황이라면 당연히 여행지에도 책을 챙겨가야 한다. 여행지에 가서도 밥을 먹고, 잠을 자는 것처럼 책도 아이의 일상에 함께 들어가야 한다. 여행 가방을 챙길 때부터 아이에게 여행지에서 읽고 싶은 책을 몇 권 챙기라고 한다. 이때 엄마도 아이와 함께 읽을 수 있는 책들을 조금 더 챙긴다. 여행지에서 놀기 바쁜데 도대체 언제 책을 읽히냐고 반문하는 엄마들도 있겠지만, 여행지에서 하루 종일 놀기만 하는 것은 아니다. 잠시 숙소에서 쉬는 시간이 생길 수도 있고, 배가 아파 화장실에 오래 있게 되는 경우도 생길 수 있다. 자기 전에 침대에서 편안히 책을 읽을 수도 있고, 차로 이동하면서 책을 읽을 수도 있다. 언제 어디서든 자투리 시간은 생기기 마련이다.

시간을 따로 정해 놓고 독서를 해도 좋지만 특수한 상황이라 시간을 내기 어렵다면 자투리 시간을 활용해 책을 읽으면 된다. 자투리 시간을 활용하면 독서 습관이 자리 잡는 데 더 도움이 된다. 아이가 놀다가 피곤하여 쉬는 시간이 생기면 책이 생각날 수 있기 때문이다. 곳곳에 숨어 있는 자투리 시간을 찾아내 영어독서에 활용해 보자.

나는 가족 여행을 갈 때 아이들이 읽을 책과 노트, 펜을 가지고 간다. 영어책은 매일 영어독서를 이어 나가기 위해 준비하는 것이고, 노트와 펜은 그림을 그리거나 글을 쓰는 용도로 준비한다. 우리 아이들은 밖에서 신나게 놀다가도 호텔에 돌아오

레스토랑에서 책을 읽는 아이

면 조용히 쉬고 싶어 했다. 그때 푹신한 침대에 누워 챙겨간 책을 읽는다. 아이들은 오랜 시간은 아니지만 독서를 하며 휴식을 취한다. 그렇게 에너지를 충전한 후 또 놀이를 한다. 나는 엄마표 영어독서를 시작했던 초기에 조금은 극성스럽게 매일 영어독서를 이어 나갔지만, 아이들에게 스트레스를 주며 강요를 한 건 아니다. 어떤 방법을 동원해서라도 아이들에게 책 읽을 수 있는 시간을 확보해 주었고, 기회를 마련해 주었다. 그때는 조금 힘들고, 귀찮게 느껴지기도 했지만 지금 와서 돌아보면 그때의 정성이 모여 아이들의 독서 습관이 조금씩 자리 잡기 시작했던 것 같다. 덕분에 지금은 아이들 스스로 매일 독서를 이어 나가고 있다.

🔤 한글책과 영어책

요즘 아이들은 어린이집에 다닐 때부터 한글을 공부하고, 유치원에 입학하면 혼자 책 읽는 경우도 많은 것 같다. 그에 비해 우리 집 첫째 아이는 한글을 굉장히 늦게 공부했다. 어렸을 때 한글을 가르쳐 보려고 여러 번 시도했었지만, 아이가 따라주지 않아 억지로 시키지 않기로 마음먹었다.

그런데 초등학교에 입학해야 하는 날이 다가오니 점점 불안해지기 시작했다. 한글을 모르는 상태로 초등학교에 입학하게 되면 학교에서 알림장도 적어올 수 없을 테고 받아쓰기도 할 수 없을 텐데 우리 아이만 아무것도 못하게 될 것 같아 더 미루지 않고 한글을 가르쳐야겠다고 생각했다.

어릴 때는 아무리 가르쳐 주려고 해도 어려워하던 한글을 일곱 살이 되자 너무나 쉽게 익혔다. 지인이 추천해 준 EBS 〈한글이 야호〉를 보면서 한글을 모두 익힌 것이다. 내가 해 준 것이라고는 글자 순서대로 영상을 보여주고, 다시 보여 달라는 영상을 다시 보여준 것 밖에 없다. 이때 나는 너무 이른 나이에 학습을 시작하는 것보다 아이가 받아드릴 준비가 되었을 때 시작하면 더 효과적인 공부도 있다는 것을 깨달았다. 그렇게 아이가 한글을 떼고 나니 이제는 책을 읽혀야겠다고 생각되어, 매일매일 아이에게 두세 권 정도의 책을 읽어주었다. 몇 개월 정도 지나자 처음에는 책을 가져와 읽어 달라고 하던 아이가 스스로 책을 보며 글자를 더듬더듬 읽기 시작했다.

어느덧 초등학교에서의 첫 여름방학이 다가왔고 나는 아이와 엄마표 영어독서를 시작했다. 영어책 읽기를 시작했을 당시 아이가 읽던 영어책과 한글책의 수준은 비슷했다. 그래서 아이는 특별히 영어책이나 한글책을 가리지 않고 손이 가는 대로 꺼내 읽으려고 했던 것 같다. 아이가 읽을 책을 고르는 기준은 단순했다. 그림이 예쁘거나 내용이 재미있을 것 같은 책. 기준은 이 두 가지였다.

당시 아이가 주로 읽었던 영어책은 《a Little Golden Book》 시리즈였다. 《a Little Golden Book》은 유명한 세계명작동화나 월트 디즈니 동화, TV 시리즈에 나오는 캐릭터들을 주인공으로 하는 다양한 이야기로 구성되어 있는데 한 페이지의 글밥은 5~10줄 정도였다. 아이가 읽던 한글책도 《a Little Golden Book》과 마찬가지로 세계명작동화 시리즈가 가장 많았고, 그 밖에 이솝우화, 명화 이야기 등의 책도 있었다.

난 아이가 한글책과 영어책의 균형을 잘 맞추어 읽었으면 좋겠다고 생각했다. 그래서 영어책을 읽는 만큼 한글책을 읽도록 지도했고, 재미있게 읽은 어린이 원서의 한글 번역본이 있는 경우 그 책도 함께 읽게 해 보았다. 나는 아이가 한글독서와 영어독서를 비슷한 시기에 시작하게 된 것에 무척 만족했다. 한글독서와 영어독서를 비슷한 시기에 시작하면, 아이는 한글책과 영어책 그 어느 쪽에도 거부감을 느끼지 않고 책을 읽을 수 있다. 아이가 읽는 한글책과 영어책의 수준 차이가 너무 심하면, 아이는 더 쉽게 읽을 수 있는 언어로 된 책에만 흥미를 느끼고, 다른 언어로 된 책에 대해서는 흥미를 잃을 수도 있다. 이미 한글독서가 자리를 잡은 상태에서 영어독서를 시작하는 경우라면 어쩔

로알드 달의 《George's Marvellous Medicine》을 한국어 번역판인 《조지, 마법의 약을 만들다》와 비교하여 살펴볼 수 있다.

수 없지만, 아직 한글독서와 영어독서가 비슷한 수준이라면 균형을 잘 맞추어 읽기 레벨을 성장시키는 것도 좋은 방법이라 생각한다.

영어독서를 시작한 많은 엄마들이 한글책과의 병행이 꼭 필요한가에 대해 의문을 갖는다. 이에 대한 답은 이렇다. 한국어를 주언어로 사용하는 아이가 영어로 된 책만 읽고 한글책을 멀리하면 안 된다. 한국에서 공부할 아이라면 더더욱 한글책 읽는 수준이 영어책 읽는 수준을 뛰어넘어야 한다. 아무

영어 원서를 한글로 번역해보는 아이

리 영어를 잘해도 한국에서 공부하고 학교에 다니려면 반드시 한국어와 한글이 기본이 되어야 한다. 그리고 영어 실력의 향상을 위해서라

도 한글책 읽기 레벨에 반드시 신경 써야 한다. 주로 사용하는 언어의 읽기 능력이 더 이상 올라가지 않는다면 외국어 읽기 능력 또한 모국어 읽기 능력의 수준에 머무르기 쉽다. 한글독서를 하지 않아도 어느 정도까지는 영어 실력이 올라갈 수 있겠지만, 일정 수준 이상의 상위 레벨로 올라가기에는 한국어 읽기 능력의 향상이 전제되어야 한다.

한국어를 주언어로 사용하고 한국어를 사용하는 환경에서 살고 있는 아이가 한국어 실력 이상의 외국어 실력을 갖기는 거의 불가능하다고 할 수 있다. 먼저 지속적인 한글책 읽기를 통해 기본적인 읽기 능력을 갖추고, 독서를 통해 여러 가지 배경지식과 기본적인 언어 능력을 충분히 쌓을 수 있어야 한다. 물론 영어를 주언어로 사용하는 환경에서 생활하는 아이가 영어로 수업하는 학교에 다닌다면 상황이 달라질 수 있겠지만, 한국에서 학교를 다니며 영어 공부를 하는 한국 아이들이라면 반드시 영어독서와 함께 한글독서도 병행해야 한다.

영어독서를 꾸준히 하던 아이들 중에 영어 읽기 레벨이 갑자기 오르지 않는 경우를 종종 볼 수 있다. 이 경우 아이가 한글독서를 잘하고 있는지 꼭 체크해 볼 필요가 있다. 한글독서에 구멍이 났다면 그 구멍을 찾아 메우고 난 후 다음 단계로 넘어가야 한다.

 아이와 함께 책을 읽는 방법

아이에게 책을 읽어주다 보면 재미있게 읽어주려고 아무리 노력해도 아이가 금방 싫증을 내거나 집중하지 못하는 경우가 생긴다. 또 어떤 아이들은 엄마가 일방적으로 책을 읽어주는 것을 싫어하는 경우도 있다. 그럴 땐 아이 스스로 책을 읽으면 좋겠지만 본인 혼자 책 읽는 것을 어려워하거나 귀찮아서 하지 않

서점에서 책을 읽는 아이

는 아이들도 있다. 이처럼 아이와 함께 책을 읽다 보면 여러 가지 어려운 상황이 생긴다. 아이가 계속 비협조적이면 엄마표 영어독서를 포기하고 싶은 마음이 생기기도 한다. 하지만 여기서 포기한다면 아이는 영어책과 친해지게 될 기회를 영영 잃어버릴 수도 있기 때문에 아이의 상황과 성향에 맞는 여러 가지 책 읽기 방법들을 생각한 후 계속 독서를 이어 나가야 한다.

우리 집 아이들이 혼자 책 읽는 것을 지루해하거나 힘들어할 때 내가 활용했던 소소한 방법들을 공유해 보려고 한다.

첫 번째, 특정 단어를 찾아내며 읽는 방법이다. 이 활동은 아직 영어 문장을 잘 읽지 못하는 아이에게 적합한 활동이 될 수 있다. 아이

에게 한 단어를 정해 주고 그 단어가 나오면 소리 내어 읽으라고 한다. 예를 들어, like라는 단어가 나오면 like를 아이가 소리 내어 읽는 것이다. 이 방법은 낱말을 익히는 데 많은 도움이 된다. 실제로 나는 아이들이 한글을 배울 때에도 이 방법을 활용했다. 아주 단순한 방법이지만, 아이들은 은근히 집중하며 단어가 나올 때마다 소리 내어 읽곤 한다.

두 번째, 아이와 엄마가 한 문장씩 돌아가면서 읽는 방법이다. 아이가 어느 정도 책을 읽을 수 있는데, 자꾸 읽어 달라고 한다면 함께 읽기를 제안해 보는 것이 좋다. 엄마가 한 문장 읽고 아이가 한 문장 읽는 것을 반복하는 것이다. 한 문장씩 번갈아 가면서 읽기를 하면 읽을 차례가 빨리 돌아오기 때문에 아이가 책에 더욱 집중하게 된다.

세 번째, 따옴표 안의 글은 아이가 읽고 해설 부분은 엄마가 읽는 방법이다. 아이가 한 문장씩 번갈아 가며 읽는 것을 부담스러워하는 경우에는 엄마가 해설 부분을 읽고 아이가 따옴표 안의 글만 읽는 방법도 좋다. 해설보다 대화가 더 많은 책이라면 엄마가 따옴표 안의 문장을 읽는다. 아이에게 따옴표 안의

친구의 엄마와 함께 책을 읽는 첫째 아이

문장을 읽을 것인지, 해설 부분을 읽을 것인지 선택하도록 한 다음 아

이와 함께 읽는다.

네 번째, 아이와 엄마가 한 페이지씩 번갈아 가면서 읽는 방법이다. 나는 아이와 챕터북을 읽기 시작하면서 이 방법을 많이 활용했다. 아이가 조금 긴 글을 읽기 시작하면서 한 문장씩 번갈아가며 읽는 것보다 한 페이지씩 혹은 한 챕터씩 번갈아가며 읽는 것을 선호하게 되었다.

다섯 번째, 아이와 책 읽는 모습을 촬영하는 방법이다. 때론 아이와 재미있는 이벤트를 하면서 책을 읽는 것도 좋다. 나는 아이와 가끔 책 읽는 모습을 촬영하곤 했다. 아이는

아이와 함께 재미있게 책을 읽으며
그 모습을 카메라로 찍기

휴대폰 카메라를 셀카 모드로 전환하여 자신의 모습을 보며 촬영하는 걸 참 즐거워했다. 아이와 읽을 책을 정한 뒤 나란히 앉아 책을 소리 내어 읽고 그 모습을 휴대폰으로 찍는다. 간단한 활동이지만 아이들이 무척 즐거워한다.

여섯 번째, 아이에게 오디오북 서비스를 시키는 방법이다. 이 방법은 아이가 소리 내어 책을 읽는 활동을 조금 더 재미있게 하기 위해 생각해 낸 방법이다. 이 활동에서 아이는 오디오북의 역할을 하는데 목소리를 다양하게 낼 수 있도록 옵션을 정해 두면 더 흥미롭다. 예를 들어, 1번은 아줌마 목소리, 2번은 아저씨 목소리, 3번은 아기 목소

리, 4번은 괴물 목소리 등 목소리 옵션을 만들고, 엄마가 번호를 말하면 아이가 각 번호에 해당하는 목소리로 책을 읽어주는 것이다. 이렇게 목소리를 바꿔 가며 책을 읽으면 아이는 평소보다 더 즐겁게 책을 읽을 수 있다. 나는 가끔 몸이 힘들어 아이 스스로 책을 읽도록 하고 싶을 때 오디오북 서비스를 해 달라고 하고, 용돈을 주기도 한다. 그러면 아이들은 온 힘을 다해 열정적으로 책을 읽어준다.

아이가 있는 곳엔 영어책도 늘 함께

아이가 영어책을 좋아하고 자주 읽게 하려면 아이 주변에 영어책이 늘 보일 수 있도록 해 주어야 한다. 아이들은 눈에 자주 보이는 것에 더욱 관심을 갖기 때문에 집안 곳곳에 영어책을 두어 아이들 눈에 잘 띄게 하는 것이 좋다.

우리 집 거실 한쪽에는 큰 책장이 있는데 아이들과 내 책으로 가득 채워져 있다. 아이들이 어릴 땐 책이 많지 않았는데, 커 갈수록 구입하는 책들이 많아지면서 거실 한쪽이 책으로 가득 채워졌다. 우리 집의 책장이 방에서 거실로 나오게 된 것은 아이와 독서를 조금 더 적극적으로 해 보기로 마음먹으면서부터이다. 책장을 거실로 옮긴 후 신기하게도 아이가 책에 더 관심을 보이기 시작했다. 그때부터 나는 거실을 온 가족이 함께 책 읽는 장소로 바꾸었다. 그 후로 우리 집 거실

인테리어는 항상 책장과 책이 중심이 되었다. 엄마들 중에는 거실에 책장을 놓는 것이 싫어서 방에 두는 경우도 있을 것이다. 나도 반드시 거실에 책장을 두어야 한다고 생각하지는 않는다. 책장이 거실에 있다고 아이들이 책을 더 많이 읽는 것도 아니고, 방 안에 있다고 책을 읽지 않는 것도 아니기 때문이다.

하지만 책장이 방 안에 있다면 아이가 책을 접할 수 있는 횟수가 적어질 수 있다. 만약 책장이 방 안에 있다면 아이의 동선을 따라 집 안 곳곳에 영어책을 두어 아이가 돌아다니며 책을 볼 수 있도록 하는 것이 좋다. 책장에만 꽂혀 있는 책은 아무 힘이 없다. 아이가 책을 한 번이라도 더 펼쳐 볼 수 있도록 최대한 아이에게 책을 노출시켜 보자.

우리 집에는 거실, 아이 방, 화장실 앞, 안방에 크고 작은 책장이 있고 아이들이 읽을 수 있는 책이 꽂혀 있다. 안방에는 책장이 없었는데 아이들에게 잠자리 독서를 시키기 위해 작은 책장을 들여놓았다. 안방에 책장을 들여놓고 책을 꽂아 놓으니 아이들이 잠자리에 들기 전에 예전보다 조금 더 적극적으로 책을 읽기 시작했다.

혹시 아이가 책장에서 책을 꺼내 보지 않는다면 집 안 곳곳에 책을 펼쳐 두는 방법을 시도해 보자. 나도 예전에 아이들이 노는 곳 주변에 책을 펼쳐 놓아 보았다. 아이들은 놀이를 하다가도 책이 눈에 띄면 한 번씩 페이지를 넘겨 보곤 했다. 책을 처음부터 끝까지 온전히 읽지 않더라도 책에 조금씩 관심을 갖게 하는 것이 중요하다. 집에 아무리 좋은 책이 있어도 아이가 보지 않는다면 무슨 소용이 있을까? 쇼핑몰에서는 손님의 눈에 잘 띄는 곳에 상품을 진열해 두어 구매로 이어지게 한다. 우리는 그것이 구매를 부추기기 위한 계산된 진열이라는 것을 잘 알고 있지만, 그 상품들을 보면 자신도 모르게 진열된 상품으로 손이 가기도 한다.

집에 있는 책들이 아이의 선택을 받으려면 소비자의 눈에 띄도록 진열된 상품처럼 아이의 눈에 잘 보이도록 책을 이곳저곳에 두어야 한다. 아이가 아침에 일어나 영어독서를 하게 하려면 식탁 옆에도 아이가 읽을 만한 재미있는 영어책을 한두 권 놓아두자. 아이가 관심을 보이지 않는다면 그 책을 펴 놓거나 다른 책을 놓아두기도 하면서 아이의 관심을 끌 수 있는 방법을 계속 연구해 보자.

아이들이 어릴 때 잡지꽂이처럼 생긴 책장이 있었다. 그 책장은 표지가 앞으로 보이도록 책을 꽂아 둘 수 있게 디자인되어 있었는데, 아이 방에 들여놓고 일주일에 한 번씩 책을 바꿔서 꽂아 주었다. 처음에는 별로 관심을 갖지 않던 아이가 책을 계속 바꿔서 꽂아 놓자 조금씩 관심을 보이기 시작했다. 아이들은 작은 변화에도 민감하게 반응하기 때문에 아이들의 이러한 특성을 잘 활용해서 책을 꽂아 놓는 위치도 자주 바꿔주면 좋다.

아이들은 자신의 손이 닿는 곳에 있는 책을 가장 많이 꺼내 읽기 때문에 같은 위치에 꽂혀 있는 책들만 계속 꺼내 보기도 한다. 아이가 그 위치에 있는 책들을 어느 정도 다 읽었다면 이젠 다른 책들과 자리를 바꾸어 꽂아 보자. 그러면 아이들은 그 자리에 꽂힌 책들을 읽을 것이다. 아이들은 생각보다 단순해서 엄마가 어떤 의도를 가지고 책을 놓아두는지 잘 알아채지 못한다. 물론 아이들이 자랄수록 눈치가 빨라져서 엄마의 의도를 알아차릴 수도 있지만, 유치원에서 초등학교 저학년 정도의 아이들은 엄마가 원하는 방향으로 아이의 행동을 유도할 수 있다. 아이에게 특별히 읽히고 싶은 책이 있다면 아이의 시선이 많이 머무는 곳에 그 책을 무심히 놓아두자.

🔠 아침독서를 습관으로 만들기

성공하는 사람들의 아침 습관에는 몇 가지 공통점이 있다. 그들은 누구보다 일찍 아침을 시작하고 아침에 자신만의 생각을 정리하는 시간을 가지며 독서를 한다. 아이들이 읽는 위인전에도 공통적으로 등장하는 성공 습관이 있는데, 그것은 위인들의 어린 시절엔 항상 책이 함께했다는 것이다. 어린 시절부터 책을 즐겨 읽었거나 부모에게 적극적으로 독서교육을 받은 경우가 많다. 아이들과 위인전을 읽을 때마다 새삼 느끼는 것은 어린 시절 가정의 분위기나 부모의 양육 태도가 아이에게 많은 영향을 미칠 수 있고, 그로 인해 아이의 인생이 완전히 달라질 수 있다는 점이다. 그리고 책을 가까이하는 아이로 자라게 하기 위해서는 부모의 노력이 필요하다는 것도 느낄 수 있었다.

아이가 책에 관심을 보이지 않으면 부모도 아이에게 책 읽히는 것을 중요하게 생각하지 않는 경우를 종종 본다. 부모들의 이러한 태도는 아이가 싫다고 하는데 억지로 책을 읽힐 필요는 없다는 생각에서일 것이다. 하지만 아이가 책에 관심을 보이지 않는다는 이유로 책을 가까이할 수 있는 기회조차 만들어 주지 않는 것은 부모로서 무책임한 태도라고 생각한다. 책이 아이의 삶에 얼마나 좋은 영향을 주는지 아는 부모라면 최소한 아이가 독서를 제대로 경험해 볼 수 있는 기회를 제공해야 한다. 부모가 책에 관심이 많고 책 읽는 것을 즐긴다면 아이도 그 모습을 보고 자연스럽게 책과 친해지겠지만, 부모가 책을 좋아하지 않는다면 좀 더 적극적으로 아이에게 책을 경험할 수 있는 기회를 만들어 주는 것이 필요하다.

나는 아침독서가 아이들의 습관이 될 수 있도록 해주고 싶었다. 내가 매일 아침에 책을 읽는 모습으로 아이들을 맞이하면 좋겠지만, 바쁜 아침시간에 앉아서 책을 읽으며, 일어나는 아이들을 맞이하기는 쉽지 않다. 그래서 생각해 낸 것이 아이들에게 자연스럽게 책을 읽을 수 있는 분위기를 만들어 주는 것이었다. 엄마가 모범이 되어 보여 줄 수 있다면 그보다 더 좋은 방법이 없겠지만, 그렇지 못할 경우에는 다른 방법을 활용해야 한다. 하루의 시작을 독서로 한다면 아이의 뇌는 활발하게 움직일 것이고, 무의미하고 분주한 아침시간을 보내지 않을

것이다. 내가 아이들에게 아침독서 분위기를 만들어 주기 위해 꼭 지
켰던 것들을 소개한다.

첫째, 아침시간에는 텔레비전이나 영상을 틀지 않는다. 아침에 일
어나서 습관적으로 텔레비전을 켜는 경우가 있다. 내가 어렸을 때 우
리 집도 마찬가지였다. 텔레비전에서 나오는 아침 방송을 들으며 하루
를 시작했던 시간들이 어렴풋이 기억난다. 내가 어느 정도 컸을 때부
턴 자발적 의지로 아침독서를 했던 적도 있었지만, 습관으로까지 자리
잡지는 못했다. 만약 집의 아침 풍경이 조용히 독서하는 분위기였다면
아침독서가 일찍부터 습관화되었을 것이다.

둘째, 소리로만 들을 수 있는 영어 오디오북을 틀어 놓는다. 이때
중요한 건 오디오만 들려야 한다는 점이다. 아침부터 애니메이션 형
태의 책을 보여주는 건 피하자. 아침엔 조금 덜 자극적인 매체를 활용
하는 게 좋다. 움직이는 애니메이션이 들어간 디지털 북을 보여주는
것보다는 소리로만 들을 수 있는 오디오북을 들려주자. 아침에 일어
나 아침 식사를 하거나 등교 준비를 할 때 들리는 오디오북에 아이는
집중하게 된다. 처음엔 아무 의미 없이 들리는 소리로 인식할 수 있지
만, 매일 반복하다 보면 아이는 어느새 그 이야기에 집중하며 듣게 되
고, 그 이야기가 나오는 종이책을 보고 싶어 하기도 한다. 아침시간
은 어른들에게도, 아이들에게도 중요한 시간인데 많은 엄마와 아이들
이 하루의 첫 시간을 분주하고 의미 없이 보내는 경우가 많다. 아침에
일어나 식사를 준비하면서 오디오북을 틀어 놓는 작은 행동 하나에서

아이와 엄마의 아침시간은 바뀌게 된다.

나는 아이들이 일어나 등교 준비를 할 때 식탁에 앉아 책을 읽도록
지도한다. 한국에서부터 오디오북으로 하루를 시작하는 것이 습관이
된 아이들은 아침독서에 거부감이 없다. 이제는 아침마다 오디오북을
틀지 않아도 자신이 읽고 싶은 책을 가져다가 읽는 아이들로 성장했다.

아침독서 시간에는 아이의 읽
기 능력에 도움이 되는 책만 읽
을 필요는 없다. 책을 읽는 행위
자체에 의미를 부여하면 된다.
우리 집 아이들은 두 아이의 나
이 차이만큼 읽는 책의 레벨에
도 차이가 있다. 첫째 아이는 평
소 즐겨 읽는 책이 있어 아침에

언니가 동생에게 책 읽어주는 모습

도 그 책을 이어서 읽는 경우가 많고, 둘째 아이는 아직 긴 호흡의 책
에 익숙한 편이 아니어서 자기가 읽고 싶은 짧은 스토리를 여러 권 읽
는다. 어떤 책이라도 아이가 선택했다면 읽도록 놔두자. 아이의 레벨
보다 낮은 레벨의 책이라도 상관없고, 조금 읽기 버거워 보이는 책이
라도 괜찮다. 코믹북을 제외한 책이라면 어떤 책이라도 좋다.

아이가 아침독서를 하면 아이의 읽기 능력과 더불어 학습능력도 올
라간다. 아무 준비가 되지 않은 상태로 학교에 가는 것과 뇌를 운동한

후 학교에 가는 것은 천지 차이일 것이다. 하루의 시작을 어떻게 하느냐에 따라 아이의 하루가 달라진다. 하루 중 가장 맑은 정신으로 집중력을 발휘할 수 있을 때 책을 읽는다면 아이의 뇌는 더 활발하게 움직일 수 있다.

나는 아이들에게 몸이 건강하고 늙지 않으려면 신체 운동을 통해 근육을 키워야 하는 것처럼, 뇌도 늙지 않으려면 운동을 통해 뇌에 근육을 키워야 한다고 이야기한다. 뇌의 근육을 키우기 위한 운동은 독서이다. 아이들에게 책 읽는 행위를 통해 뇌가 움직이고 이걸 꾸준히 반복하다 보면 근육이 생기게 된다고 설명해 주면, 아이들은 자신의 뇌를 운동시키기 위해 책을 꼭 읽어야겠다고 마음먹는다.

아침에 일어나 간단한 운동을 하고 짧은 시간이라도 독서를 한다면 몸과 뇌 모두 건강하게 하루를 시작할 수 있다. 아이들도 자신의 몸과 뇌에 대해 관심이 많다. 그리고 어제보다 더 나은 자신이 되기 위해 노력하는 것을 좋아한다. 방법을 모를 뿐 엄마가 자꾸 일깨워주고 가르쳐 준다면 아이도 그 방법을 따라 하게 될 것이다.

아침에 일어나서 짧게는 5분, 길게는 30분 이상 독서하는 습관을 길러준다면 아이의 인생엔 커다란 변화가 나타난다. 아이들에게 돈으로도 살 수 없는 값진 습관을 만들어 주자. 아이는 평생 부모에게 고마워할 것이다.

반대로 아이들이 아침독서 습관을 기를 수 있도록 도와주지 않는다면 아이는 평생 부모를 원망할 수 있다. 아이들은 아직 자기의 힘만으로는 습관을 형성하기 어렵기 때문에 부모의 지도와 도움이 꼭 필요하다. 아이가 힘들어하거나 귀찮아한다고 습관을 제대로 잡아주지 않는다면 나중엔 더 많은 시간과 에너지를 소비하며 습관을 잡아야 한다. 아직 어릴 때 아이가 좋은 습관을 더 많이 기를 수 있도록 적극적으로 도와주자.

아침마다 하는 영어독서를 통해 얻을 수 있는 것은 비단 영어 실력만이 아니다. 이것은 아이의 인생에서 순간순간 빛을 발하게 될 좋은 습관 하나를 얻게 되는 일이다. 아이는 매일매일 자신과의 약속을 지킴으로써 성취감을 느낄 수 있고, 매일 성장하는 자신의 모습을 보며 밝은 미래를 꿈꾼다. 꾸준한 영어독서를 통해 얻게 되는 영어 읽기 능력은 덤으로 받는 선물과 같다.

영어 영재는 인내를 통해 만들어진다

엄마들은 영어독서를 잘하는 아이들을 영어 영재라고 생각하는 경향이 있다. 아이가 영어책을 잘 읽는 것은 언어에 타고난 재능이 있기 때문이라고 믿으며 그 아이가 노력하고 투자했던 시간은 전혀 알지 못한다.

엄마들이 그런 생각을 하게 된 데에는 나름의 이유가 있을 것이다. 성공적으로 엄마표 영어독서를 하고 있는 엄마들의 노하우를 그대로 따라 해 보았지만 생각했던 것만큼 아이가 잘 따라주지 않거나 아이에게 아무 성과도 나타나지 않는다고 느끼면 그런 생각을 할 수 있다.

아이에게 매일 책을 읽어주고 오디오북도 들려줬지만 달라지는 게 없는 것 같아 시간만 낭비하는 것처럼 느껴질 수 있다. 또한, 도대체 얼마나 많이 읽어줘야 아이 스스로 영어독서를 할 수 있는 건지 답답한 마음이 들기도 할 것이다. 그래서 영어독서를 잘하는 아이들을 영어 영재라고 생각하고, 독서를 통해 영어를 잘하게 되려면 언어에 소질이 있어야 한다는 근거 없는 생각을 할 수도 있다. 더 나아가 내 아이는 아무리 노력해도 저 아이들 만큼 못할 것 같다는 생각까지 하는 것이다.

이런 생각에 사로잡힌 엄마들은 영어독서를 잘하는 다른 집 아이들이 큰 노력 없이 쉽게 잘한다고 착각하지만, 엄마표 영어독서를 성공적으로 하는 엄마들도 어려움이 있다. 왜냐하면 영어독서는 언어에 뛰어난 재능이 있거나 엄마 말을 잘 듣는 아이들만 잘하는 것이 아니기 때문이다. 다른 엄마들이 인정해 주는 의미 있는 아웃풋이 나오기 전까지 아이와 하루하루 노력하고 인내하며 견디었던 시간들이 그들에게도 분명히 있다. 그런 시간들이 쌓이고 쌓여 마침내 아웃풋으로 나오는 것이다.

영어 영재는 타고나는 것이 아니라 만들어진다고 생각한다. 아이가 언어에 소질이 있기 때문에 영어책을 잘 읽는 것이 아니라, 아이가 영어책을 많이 읽다 보니 영어에 소질이 생긴 것이다. 그래서 어렸을 땐 영재 소리를 듣지 못했던 아이가 크면서 영재 소리를 듣게 되는 경우도 생기는 것 같다. 이 세상의 평범한 아이들은 모두 영어 영재가 될 수 있다는 것이다. 하지만 이것이 가능하려면 아이에게 책을 읽히기 위한 엄마의 정성과 인내가 꼭 필요하다.

우리 아이는 영어에 소질도 없고 관심도 없어서 영어책 읽기가 불가능하다고 지레짐작하기보다는 일단 아이의 성향을 잘 생각해서 어떻게 하면 아이에게 책을 읽어줄 수 있을지 방법을 연구해 보자. 아이에게 책

서점에서 책을 읽는 아이들

을 여러 번 읽어줬는데도 아이의 영어 실력에 아무 변화가 없다고 속상해하지 말자. 영어독서의 아웃풋은 금방 나타나지 않는다. 오랜 기간 꾸준히 지속하면 자신도 모르는 사이에 조금씩 성장하는 모습이 보인다. 아웃풋에만 초점을 맞추고 조급한 마음으로 영어독서를 하면 오래 지속할 수 있는 힘을 잃게 된다. 눈에 보이는 변화가 없어도 실망하지 말고 꾸준히 인내하며 노력해 보자.

아이들마다 아웃풋이 나타나는 시기는 모두 다르므로 절대 아웃풋에 집착하지 말자. 지금은 씨앗을 심는 시기이지 씨앗을 거두는 시기가 아니다. 어떻게 하면 더 많은 씨앗을 심을지에 대해 고민하자. 어떻게 하면 아이에게 더 많은 영어책을 읽힐 수 있을지, 어떻게 하면 아이가 좀 더 영어책을 좋아하게 할 수 있을지에 집중해야 하는 시기임을 잊지 말자.

나는 첫째 아이에게 좀 더 많은 책을 읽혀 보고 싶은 마음에 아이와 함께 외출할 땐 항상 책을 챙겨 다녔다. 우리는 주로 차로 이동했기 때문에 이동시간을 활용해서 아이에게 책을 읽히면 좋겠다고 생각했다. 그래서 내 차에는 항상 아이가 좋아하는 책과 오디오 CD를 준비해 놓았다. 가까운 거리를 이동할 때는 차에 머무르는 시간이 아주 짧지만, 그 시간을 그냥 보내는 것보다는 영어책을 읽을 수 있는 시간으로 활용하는 게 좋겠다고 생각했다. 때때로 아이가 재미없다며 듣기 싫다고 한 적도 있지만, 나는 그때마다 "엄마가 듣고 싶어서 틀어놓은 거야. 내용이 궁금해서 조금 더 들어봐야겠어."라며 양해를 구하기도 했다. 나는 매일 아이가 좋아할 만한 책의 오디오북을 찾아 틀어놓았다. 차에 탈 때마다 반복적으로 영어 오디오북을 듣다 보니 신기하게도 언제부턴가 아이가 차에 타면 자연스럽게 종이책을 펴고 책의 본문을 보며 오디오북을 듣기 시작했다.

아이가 챕터북 《Magic Tree House》를 막 읽기 시작했을 때였다. 차에는 항상 《Magic Tree House》 오디오북이 있었고, 이동 중에 아이는 자연스럽게 그 책의 내용을 들었다. 그러던 어느 날 갑자기 아이가 오디오북과 같은 속도로 책의 문장들을 말하기 시작했다. 처음엔 책을 보며 읽는 줄 알았는데 놀랍게도 아이가 그 책을 외우고 있는 것이었다. 게다가 오디오북의 속도는 당시 아이의 영어 실력에 비해 상당히 빠른 편이었는데 그 속도로 외우다니 정말 믿기지가 않았다. 다른 엄마들은 영어 챕터북을 줄줄 외우는 우리 아이를 보고 영재가 아니냐고 했지만 아이가 차에서 오디오북을 듣고 또 들었던 시간이 없었더라면, 이런 놀라운 경험을 하지 못했을 것이다. 엄마들이 생각하는 영어 영재는 타고나는 것이 아니라 만들어지는 것이다.

생각하는 것보다 조금 더 집요하게

엄마표 영어독서를 시작하기에 앞서 엄마들이 간과하지 말아야 할 점은 먼저 내 아이에 대해 잘 파악해야 한다는 것이다. 엄마들은 흔히 자기 자식은 엄마인 본인이 가장 잘 알고 있다고 생각한다. 하지만 엄마이기 때문에 오히려 편견을 가지고 아이를 바라볼 수도 있다. 엄마표로 아이와 영어독서를 하기 위해서는 아이에 대해, 아이가 좋아하는 것에 대해 지금보다 더 세심한 관찰과 관심이 필요하다. 아이의 관심사를 알려면 아이와 일상적인 대화를 자주 나눠 봐야 한다. 아이와 대화를 나누다 보면 가장 많이, 그리고 자주 이야기하는 것이 있다.

바로 그 이야기의 주제가 아이의 최대 관심사이다.

예를 들어, 아이가 요즘 아이스크림이 먹고 싶다는 이야기를 많이 한다면 그 아이는 지금 아이스크림에 관심이 많은 상태이다. 그럼 이제부터 아이스크림과 관련된 책을 찾아봐야 한다. 아이스크림의 역사, 정보, 만드는 법 등의 내용이 있는 책을 포함하여 아이스크림 그림이나 사진이 들어간 책, 아이스크림이 주인공인 동화책, 주인공이 아이스크림을 먹는 책, 주인공이나 책 속의 캐릭터가 아이스크림을 좋아하는 책, 아이스크림을 만드는 방법이 있는 책 등등 아이스크림과 관련된 책은 모두 찾아본다.

카페에서 책을 읽는 아이들

이런 책을 찾아보려면 인터넷 검색을 활용할 수도 있지만, 일단 아이와 함께 책을 직접 찾아볼 수 있는 중고서점이나 도서관에 방문해 보는 걸 추천한다. 아이가 함께 가지 못하는 상황이라면 엄마가 대신 가서 아이스크림과 관련된 책을 최대한 많이 찾아온다.

처음엔 아이와 함께 아이스크림 그림을 보면서 아이의 관심을 유발한다. "우리 이 책 다 읽고 아이스크림 사 먹을까?"라는 제안을 할 수도 있고, 실제로 아이스크림 가게에 가서 아이스크림을 먹으면서 책을 읽어줘도 좋다. 먼저 아이가 좋아할 만한 책의 주제를 찾고, 아이가 좋아할 만한 분위기를 조성해 주려는 노력이 필요하다.

"꼭 그렇게까지 해서 아이에게 영어책을 읽혀야 돼? 그럴 바에 나는 그냥 학원에 보내는 편이 낫겠어."

이렇게 생각하는 엄마도 분명 있을 것이다. 아이에게 책을 읽히기 위해서 이런 귀찮은 노력까지 해야 한다면 못하겠다고….

아이가 책 읽는 습관을 갖도록 하는 것은 엄마의 선택이다. 이런 노력을 할 에너지가 없는 엄마도 있을 테니, 어떤 선택이 옳고 어떤 선택이 틀렸다고는 할 수 없다. 모두 같은 방법으로 같은 목표를 향해 달릴 필요는 없다. 모든 것은 본인이 선택하기에 달려 있지만, 나는 아이에게 영어독서의 매력에 빠질 수 있는 기회 정도는 주는 게 좋다고 생각한다. 엄마표 영어독서 초기의 어려움과 귀찮음을 조금만 극복하면 상상도 못했던 일들이 현실이 되기 때문이다. 내가 들인 시간과 노력에 비해서 아이가 누리게 될 신기한 경험들은 비교 불가할 정도로 위대하다. 뭐든 처음이 가장 어려운 법이다. 조금만 참고 계속 시도하다 보면 나중에는 처음에 들였던 노력과 에너지의 일부만으로도 이룰 수 있는 것들이 많다. 아이와 함께 놀라운 여정을 경험하고 싶다면 이 집요함과 극성에 조금 더 집중하길 바란다.

아이의 리딩 레벨을 한 단계 높이는 방법

아이의 영어 리딩 레벨을 한 단계 높이기 위해 가장 먼저 해야 하는 일은 아이의 레벨에 맞는 책과 한 단계 높은 레벨의 책을 100권 정도 읽는 것이다. 정확하게 100권을 다 읽어야만 리딩 레벨이 올라간다는 것이 아니라, 같은 단계의 책을 그 정도로 많이 읽어야 다음 단계의 책으로 넘어갈 수 있다는 의미이다.

아이가 학원을 다닐 때는 주로 AR 1점대 후반과 AR 2점대 초반의 책들을 읽었다. 아이의 리딩 레벨을 AR 2점대 중반 정도로 올리기 위해서는 AR 2점대 초반의 책들과 AR 2점대 중반의 책을 많이

《Junie B. Jones》 챕터북

읽어야 했다. 그래서 나는 아이에게 리더스북 2단계와 3단계에 해당하는 책을 여러 권 읽도록 지도했다. 도서관과 중고서점을 수시로 방문하여 최대한 많은 양의 리더스북을 읽혔다. 그리고 라즈키즈 앱을 활용해서도 책을 읽을 수 있도록 했다. 이 시기에는 리더스북과 함께

챕터북도 여러 권 읽히기 시작했는데 그때 아이가 주로 읽었던 챕터북은 《Magic Tree House》와 《Junie B. Jones》였다.

아이가 같은 단계의 책을 충분히 여러 권 읽었다면 아이의 리딩 레벨은 자연스럽게 올라간다. 단, 챕터북 이상을 읽는 아이가 항상 오디오북을 들으면서 책을 읽으려고 한다면 아이가 제대로 책을 이해하며 읽고 있는지, 오디오에 끌려가며 본인이 읽고 있는 것으로 착각하는 것인지 확인해 볼 필요가 있다.

아이들 중에는 본인이 읽고 있는 책이 본인의 레벨보다 높은데도 잘 모르는 경우가 많다. 물론 레벨에 맞는 책만 읽어야 하는 것은 아니지만, 책을 즐기면서 읽는 것이 아니라 아무 의미 없이 기계적으로 읽는다면 아이의 리딩 레벨 향상에 도움이 되지 않을뿐더러 아이가 책에 흥미를 느끼는 것에도 안 좋은 영향을 미칠 수 있다.

이런 경우는 특히 오디오북을 틀어 놓고 눈으로만 책을 읽는 아이들에게서 많이 나타난다. 아이가 책을 제대로 읽고 있는지 알아보려면 오디오북이 없는 상태에서 그 책을 소리 내어 읽을 수 있는지를 확인해야 한다. 만약 아이가 오디오의 도움 없이는 책을 잘 읽지 못한다면 그 책은 아이의 수준에 맞지 않는 것이다. 이럴 땐 오디오북을 들으며 하는 독서와 레벨에 맞는 책 읽기를 병행하는 것이 좋다. 아이의 리딩 레벨이 어느 정도 되는지 구체적으로 알고 싶다면 영어 도서관이나 학원 등에서 하는 레벨 테스트를 받아 본다. 하지만 테스트를 보지 않더라도 아이와 함께 책을 읽어 보면서 아이의 리딩 레벨을 알 수 있는 방법이 있다.

아이가 읽고 있는 책의 레벨이 아이에게 맞는지 알아보려면 먼저 아이에게 본문의 내용을 읽어 보도록 한 다음 모르는 단어를 체크해 본다. 챕터북을 기준으로 한 페이지에서 모르는 단어가 거의 없다면 그 책은 아이가 읽기에 너무 쉬운 책이다. 모르는 단어가 3~5개 정도라면 아이가 읽기에 적당한 책이고, 한 페이지에서 모르는 단어가 너무 많다면 아이가 책을 읽고 이해하는 데에 어려움을 느낄 수 있다. 리딩 레벨을 향상시키고 싶을 땐 아이의 수준에 맞는 책과 약간 높은 수준의 책을 반복해서 읽히는 것이 효과적이다.

아이가 읽고 있는 책의 AR 레벨을 알아보고 싶다면 www.arbookfind. com에서 책의 제목을 검색해서 확인해 볼 수 있다.

 충동구매를 하려면 중고서점에서 하자!

아이를 학원에 보내지 않고 집에서 영어독서를 하면 비용이 절약될 줄 알았다. 학교나 동네 도서관에서 영어책을 빌려 오고, 가끔 마음에 드는 책 정도만 사주면 되겠다고 생각했다. 그런데 아이와 영어독서를 하면 할수록 아이에게 읽힐 책이 더 많이 필요했다. 아이는 빌려보는 책도 좋아했지만 소장하고 싶어 하는 책도 점점 많아졌다.

엄마표 영어독서를 하면 만만치 않은 책값 때문에 의외로 학원 수강료 못지않은 비용이 들어가기도 한다. 영어독서를 하려면 기본적으로 아이가 읽을 책이 항상 준비되어 있어야 하는데 도서관에서만 빌려 보기에는 부족하기 때문에 영어독서를 꾸준히 하기 위해서는 도서를 계속 구입해야 한다. 학원에 보내는 비용에 준하는 금액이 도서 구매 비용으로 지출될 수도 있다. 아이가 읽을 책을 무조건 새 책으로만 구입한다면 만만치 않은 책값에 조금씩 부담스러워질 수 있다. 이때 활용하기 좋은 책 쇼핑 장소가 중고서점이다.

나는 한국에 있을 때 아이와 함께 중고서점 나들이를 자주 했다. 아이가 읽을 영어책들을 마음껏 살 수 있는 곳이 필요했는데 중고서점이 적당했다. '다른 사람들이 읽고 나서 다시 내놓은 책을 구입하면 찜찜하지 않을까?', '아이 책인데 새 책을 사 주는 게 더 좋지 않을까?'라는 생각을 하는 엄마들도 많을 것 같다.

아이에게 깨끗하고 예쁜 새 책을 사주고 싶은 마음은 어느 부모나 똑같다. 하지만 어쩌다 한두 권 사주는 게 아니라 끊임없이 책을 사줘야 하는 상황이라면 어떨까? 게다가 한두 번 읽고 흥미가 떨어져 더 이상 읽지 않는 책도 있고, 아이의 책 읽기 레벨이 올라가면 그 전 단계에서 읽었던 쉬운 책은 더 이상 읽지 않기도 한다. 무작정 제값을 지불하고 책을 구입한다면 아이가 더 이상 읽지 않는 책들이 무척 아깝게 느껴질 것이다. 읽지 않는 책은 중고서점에 팔면 된다고 생각할 수도 있지만 중고서점에 책을 되팔면 처음 구입했던 금액과는 비교도 되지 않을 정도의 헐값에 책을 팔아야 한다. 이런 점들을 생각해 보면 굳이 새 책을 구입해서 읽힐 필요가 있나 하는 생각이 든다. 새 책 한 권을 구입할 수 있는 돈으로 중고책 여러 권을 살 수 있다면 책값도 절약되고, 아이가 읽을 수 있는 책의 양도 많아진다. 이런 일을 가능하게 해 주는 곳이 바로 중고서점이다.

중고서점에서 판매하는 책의 대부분은 포장이 되어 있지 않아 안의 내용을 살펴본 후 구매를 결정할 수 있다. 일반서점에서 책을 고를 때 가장 난감한 상황은 책의 내용을 살펴보지 못한 채 구입해야 하는 경우이다. 이미 잘 알고 있는 책이라면 상관없지만 잘 모르는 책을 표지만 보고 구입하는 것은 망설여진다. 최소한 책의 목차라도 보고 결정하고 싶지만, 일반서점에 있는 책의 경우 특히 원서는 비닐 포장이 되어 있는 경우가 많아 책의 내용을 살펴볼 수 없다. 책을 구입한 후 마음에 들어 잘 읽는다면 괜찮지만, 만에 하나라도 원하는 내용이 책에 없다면 어떨까? 책의 내용이 마음에 들지 않아 그대로 방치한다면 책값을 낭비한 꼴이 된다.

중고서점의 책들은 이미 누군가에 의해 한 번 이상 구매가 이루어졌던 책이기 때문에 대부분 포장되어 있지 않아 마음껏 책을 펼쳐 책의 구성을 꼼꼼하게 체크한 후 구입할 수 있다. 심지어 책을 끝까지 읽어 본 후 구입을 하지 않아도 된다. 나는 아이들과 중고서점에 가면 먼저 읽고 싶은 책을 마음껏 읽어 보는 시간을 갖는다. 구입하고 싶은 책을 발견하면 바구니에 따로 담아 놓고 또 다른 책을 고른다. 만약 읽어 보지 않는 책을 구입하려고 한다면 반드시 책의 목차를 살펴보고 본문의 글을 조금이라도 읽어 보고 구입한다.

중고서점에서 책을 읽는 아이들

중고서점에는 아이들의 영어책 이외에도 어른들이 읽을 만한 책이 많다. 아이도 독서가 필요하지만 엄마도 독서가 필요한데 아이의 책을 구입하느라 엄마의 책을 사지 못하는 경우가 많다. 그런데 중고서점에 가면 아이들이 책을 고르고 읽는 동안 내 책을 고를 수 있어서 좋다. 그리고 아이에게 책을 읽는 엄마의 모습을 보여줄 수 있는 기회도 만들 수 있다. 이때를 잘 활용해서 아이에게 엄마도 독서에 대한 열정이 있다는 것을 알려주자. 혹시 아이는 읽으려고 하지 않는 책인데 엄마가 아이에게 꼭 읽히고 싶은 책이 있다면 "이건 엄마가 읽으려고 사는 책이야."라고 알려주며 책을 구입한다. 집에 가서 엄마가 그 책을 읽는 모습을 보여주고 아이에게 책이 너무 재미있다고 추천해 보자. 책의 내용을 조금씩 읽어주며 너무 재미있어서 깜짝 놀랐다고 호들갑을 떨면 아이도 그 책에 조금씩 관심을 보일 수 있다.

내가 중고서점에서 책을 구입하는 것을 좋아하는 또 다른 이유 중 하나는 원하는 책을 찾을 때마다 새로운 보물을 발견하는 기분이 들기 때문이다. 인터넷 검색을 통해서 책을 구입하거나 일반서점에서 책을 구입할 때와는 조금 다른 느낌이다. 나는 아이와 새로운 시리즈의 책을 읽어 보려고 할 때 가장 먼저 중고서점에 방문해서 책을 찾아 보았다. 먼저 아이에게 그 시리즈에 해당하는 모든 책을 찾아보자고 한다. 그러면 아이는 보물찾기를 하듯 책을 찾는다. 중고서점의 특성상 시리즈물 전권이 모두 있는 경우는 드물다. 온라인 서점이나 영어원서 전문서점에서 전집을 한 번에 구입할 수도 있지만, 개인적으론 재고의 유무가 확실하지 않은 중고서점에서 시리즈를 한 권씩 구입하는 걸 더 좋아한다.

아이들은 어렵게 구한 것에 더 애착을 갖는다. 아이뿐 아니라 어른들도 쉽게 구할 수 있는 물건보다는 어렵게 구한 물건에 더 큰 가치와 의미를 부여한다. 쉽게 구한 물건은 오랜 시간 공을 들이고 열정을 쏟아서 구한 물건에 비해 애정을 덜 갖게 되고, 소장의 기쁨도 오래가지 못한다. 나는 책도 이와 같다고 생각한다. 아이가 조금 관심을 보인다고 시리즈 전권을 한꺼번에 모두 구입해 주는 것보다는 하나씩 발견해서 읽는 재미를 주는 것이 더 좋을 수 있다.

나는 아이가 챕터북을 읽기 시작하면서 중고서점에 다녔다. 아이에게 《Magic Tree House》라는 시리즈를 읽히기 위해 중고서점에서 아이와 함께 그 시리즈의 책들을 찾아보았다. 《Magic Tree House》 시리즈 중 우리가 처음으로 구매한 책은 첫 번째 책이었다. 같은 책이 여러 권 있었는데 비교적 덜 낡아 보이는 책을 구입해서 집으로 돌아와 아이와 함께 그 책을 읽기 시작했다. 생각보다 내용이 흥미진진해서 한 권을 다 읽고 나니, 아이도 나도 다음 내용이 궁금해져서 중고서점에 가서 그다음 에피소드를 찾아봤다. 그렇게 두 번째, 세 번째, 네 번째 책을 구입해서 읽어 보고 어떨 땐 한꺼번에 두세 권을 사오기도 했다. 아이는 서점에서 그 시리즈의 책을 찾아내는 걸 재미있어 했다. 그러나 찾는 책이 없으면 아이는 무척이나 아쉬워했고 더욱더 그 책을 읽고 싶어 했다. 그럼 난 아이를 데리고 다른 중고서점에 가 보았다. 그렇게 읽고 싶은 책을 찾아 이곳저곳을 돌아다녀 보는 것도 아이에게 책에 대한 열정을 심어주는 좋은 계기가 될 수 있다.

중고책을 고르며 책을 읽는 아이　　　　　중고서점에서 책을 고르며 즐거워하는 아이들

아이와 발품을 팔며 하나둘씩 모은 책이 우리 집 책장에 가득 채워져 있다. 어렵게 모은 책이라 더 애착이 간다. 중고서점은 "읽고 싶은 거 다 골라!"라며 아이에게 '큰소리 뻥!' 치기에 좋은 곳이다. 아이들과 정신없이 책을 고르다 보면 어느새 큰 바구니 하나 가득 책이 담긴다. 그중에는 한글책도 있고, 영어책도 있고, 그림책도 있고, 활동집도 있다. 일반서점에 가면 꼭 필요한 책 위주로 구입하는데, 이곳에서는 아이들이 원하는 책을 모두 사줄 수 있어서 좋다. 이렇게 가족이 모두 원하는 책들을 잔뜩 구입해도 가격은 5만 원을 넘기지 않는다. 나는 중고서점에서 아이들과 마음껏 충동구매를 즐겼다. 쓸데없는 것을 사느라 충동구매하는 것보다는 책을 충동적으로 사는 것이 훨씬 낫다고 생각했다. 이런 충동구매 덕분에 아이들은 더 다양한 책을 볼 수 있었고 책과 많이 가까워졌다.

도서관을 내 아이의 개인 서재처럼 활용하자

아이와 영어독서를 하면서 중고서점만큼 자주 다녀야 하는 장소는 도서관이다. 동네 도서관과 학교 도서관을 잘 활용하면 돈을 들이지 않고도 영어책 읽기를 충분히 할 수 있다. 여러 책들을 자유롭게 펴 볼 수 있고 원하면 대여도 가능하기 때문에 도서관은 아이들이 좋아하는 책을 찾을 수 있는 최고의 장소이다. 이런 좋은 곳을 활용하지 않는다는 것은 말이 되지 않는다. 아이들과 수시로 도서관에 가서 영어책을 구경해 보자.

나는 동네에 있는 도서관 두세 곳과 첫째 아이의 학교에 있는 도서관을 적극적으로 활용했다. 일주일에 두세 번 정도는 학교 도서관에 들러 아이가 읽을 만한 영어책들을 빌려 왔다. 학교 도서관에는 영어책 코너가 있었는데 아이들이 아무도 이용하지 않아 책들이 거의 새 책이나 마찬가지였다. 이 좋은 책들을 아무도 활용하지 않아 안타까웠지만, 덕분에 내 아이가 깨끗한 영어책을 마음껏 읽을 수 있어 좋았다. 당시 아이는 챕터북을 많이 읽어야 할 시기였는데 대부분의 챕터북은 모두 학교 도서관에서 빌려서 읽었다. 지금 생각해 보면 학교 도서관을 첫째 아이의 전용 도서관같이 이용했던 것 같다.

내가 동네에서 자주 다니던 도서관이 있었다. 일주일에 한두 번은 그곳에 들러 아이와 시간을 보냈다. 도서관에 들어가면 일단 아이가 자유롭게 읽고 싶은 책을 읽도록 한다. 영어책이든 한글책이든 동화책이든 소설책이든 상관없이 아이가 고른 책을 마음껏 읽게 해 준다. 그동안 나는 아이가 읽을 만한 책이 있는지 도서관 구석구석을 돌며 책을 살펴본다. 아이가 책을 충분히 읽고 나면, 나는 아이에게 집에 빌려 가고 싶은 책을 몇 권 찾아보라고 한다. 아이는 그림이 예뻐 따라 그려보고 싶은 책을 빌리기도 하고, 도서관에서 재미있게 읽었던 책을 다시 한번 빌리기도 한다. 아이가 고른 책과 내가 고른 책을 모두 대여해서 집으로 돌아가는데, 도서관에 한 번 갈 때마다 항상 대여

가능한 책의 권수를 모두 채워 빌려왔다.

　나는 도서관마다 아이들과 나 그리고 남편의 이름을 모두 등록해서 빌릴 수 있는 책의 양을 최대한 많이 확보해서 도서관에 갈 때마다 공격적으로 책을 빌렸다. 영어책뿐만 아니라 한글책도 많이 읽히고 싶었기 때문에 한글책과 영어책의 비중을 비슷하게 빌렸다. 도서관에서 책을 빌리면서 가장 좋았던 점 중 하나는 돌려줄 날짜가 정해져 있다는 것이었다. 돌려줄 날짜가 정해져 있다는 것이 왜 좋다는 것일까? 이해가 잘되지 않는 분들도 있을 것이다. 돌려줄 날짜가 정해져 있다는 것은 그 날짜가 되기 전에 반드시 그 책을 읽어야 한다는 뜻이다. 구입한 책은 아무 때나 읽어도 되기 때문에 미루고 읽지 않는 경우가 생기지만, 도서관에서 빌려온 책은 반납일이 정해져 있기 때문에 그 전에 반드시 책을 읽어야 한다는 부담감이 있다. 이 부담감이 나와 아이에게 책을 읽도록 하는 동기부여가 되었다. 아이들이 가장 열심히 책을 읽었던 시간은 바로 도서를 반납해야 하는 날짜가 다가왔을 때이다. 이제 반납해야 하기 때문에 아이들은 어떻게든 그 책을 읽어 보려고 했다. 내 입장에서도 빌려온 책들은 다 읽고 돌려주고 싶다는 마음이 생기기 때문에 아이들이 스스로 읽지 않으면 읽어주기를 통해서라도 책을 꼭 읽도록 했다. 그리고 좋아하는 책이 있을 경우에는 반납하기 아쉬운 마음에 그 책을 여러 번 반복해서 읽어 보기도 했다.

　책을 구입해서 읽는 경우엔 꼭 기억하고 싶은 내용이나 그림이 나오면 페이지에 표시해 둘 수 있지만, 빌린 책은 반납을 해야 하기 때문에 이런 행동이 불가능하다. 그래서 우리 집 아이들은 빌려온 책을 읽을 때 마음에 드는 내용이나 그림을 노트에 적거나 그려 놓는 경우가 종종 있다. 이처럼 책을 구입하는 것과 빌려보는 것을 적절히 활용하면 아이가 독서와 관련된 더 다양한 경험을 할 수 있다. 도서관에 가서 책을 빌리는 것을 생활화하자. 도서관에 드나드는 것이 내 집의 방문을 드나드는 것처럼 편해지면, 도서관에 있는 수많은 책을 나와 내 아이의 책장에 꽂혀 있는 책처럼 활용할 수 있게 될 것이다.

도서관은 우리 가족 최고의 나들이 장소

나는 아이들과 동네에 있는 세 군데의 도서관을 이용했다. 내가 여러 곳의 도서관을 다녔던 이유는 도서관마다 빌려볼 수 있는 책의 종류와 저마다 가지고 있는 특징이 달랐기 때문이다. 어떤 도서관 앞에는 공원이 있어 책을 읽다가 산책이나

카페에 앉아 그림 그리는 아이

운동을 하면서 시간을 보낼 수 있었다. 또 어떤 도서관에는 작은 카페가 있었는데 아이들이 그곳의 핫초코를 좋아해서 책을 빌린 후 꼭 그

곳에 들러 핫초코를 마시곤 했다. 또 다른 도서관에는 도서관 안에 흔들그네가 있었는데 아이들은 그 그네에 앉아 노는 것을 좋아했다.

이처럼 도서관마다 갖고 있는 특징이 모두 다르기 때문에 여러 도서관을 다니며 아이와 즐거운 시간을 가져보는 것도 의미가 있다. 아이들과 여러 도서관을 다니면서 시간을 보내다 보니, 아이들은 도서관을 단순히 책을 읽거나 빌리러 가는 곳으

도서관 앞에서 뛰어노는 아이들

로만 인식하기보다는 엄마와 즐겁게 놀고 책도 볼 수 있는 장소로 생각하기 시작했다. 아이들이 도서관을 즐거운 장소로 생각하면 자연스럽게 그곳에 있는 책과도 가까워진다.

도서관에 가기 싫어하는 아이들이 있다면 그 아이들이 왜 도서관에 가기 싫어하는지를 잘 살펴보아야 한다. 책이 읽기 싫어서인지, 분위기가 싫어서인지, 다른 활동을 하고 싶어서 그런 것인지 이유를 잘 파악해야 해결책을 찾을 수 있다. 만약 아이가 책을 읽기 싫어서 가기 싫어하는 것이라면 도서관에 가서 다른 활동을 하도록 한다. 나는 아이들과 도서관에 갈 때 그곳에서 그림을 그릴 수 있도록 항상 종이와 연필을 준비했다. 우리 집 아이들은 그림 그리는 것을 무척 좋아하기 때문에 도서관에서 예쁜 그림이 있는 책을 보면서 따라 그리거나 본

인이 그리고 싶은 그림을 그리곤 했다.

도서관에서 색연필로 그림을 그리는 아이들

　도서관에 가면 엄마와 놀 수 없어서 싫은 아이도 있을 것이다. 그런 아이에겐 도서관에 엄마와 책을 읽으러 간다는 것보다는 놀러 간다는 기분을 느낄 수 있도록 해 주어야 한다. 도서관 앞에 공원이 있다면 공원에서 시간을 보내도 좋고, 아이와 함께 달콤한 간식을 먹어도 좋다. 어느 정도 아이의 기분이 좋아지면 그때 잠깐 도서관으로 들어가 책만 빌려서 나온다. 꼭 도서관 안에서 책을 읽거나 오랜 시간을 머무르지 않아도 된다는 것을 느낄 수 있게 해 주자. 아이가 빌리고 싶은 책이 없다고 하면 엄마가 대신 몇 권 빌려 집으로 돌아가 읽어주면 된다.

　나는 아이들이 도서관 안에서 오래 머무는 것을 싫어하는 날엔 책만 빌린 후 카페에 앉아 이야기하거나 책을 읽기도 했다. 아이들은 엄마와 카페에 가는 것을 참 즐거워했다. 도서관 안에서는 분명히 책을 읽기 싫어했는데 카페에 가면 책을 꺼내 읽기도 했다.

도서관에 갔다고 책에만 관심을 가져야 하는 건 아니다. 아이들의 인식 속에 도서관에 가면 즐거운 시간을 보낼 수 있다는 생각을 심어줘야 한다. 아이들과 자주 가는 도서관 근처에 아이들이 좋아할 만한 무언가를 찾아보자. 엄마표 영어독서 초기에 가장 중요한 활동은

패스트푸드점에서 책을 읽고, 그림을 그리며 음식을 기다리는 아이들

아이와 함께 책과 관련된 즐거운 경험을 많이 하는 것이다. 엄마와 함께했던 즐거운 경험들은 앞으로 아이가 해 나갈 독서 여정에 큰 도움이 된다. 그리고 책에 대한 기분 좋은 느낌은 아이가 계속 책을 읽을 수 있는 동기가 되어 줄 것이다.

🔤 영어 실력은 집에서도 얼마든지 키울 수 있다

흔히 엄마들은 아이가 영어를 잘하려면 영어학원에서 배워야 한다고 생각한다. 이런 생각을 하는 이유는 학원에 가서 인풋을 해줘야 아웃풋이 나온다고 생각하기 때문인 것 같다. 하지만 꼭 학원에 가야만 인풋을 할 수 있는 것은 아니다. 집에서도 얼마든지 영어 인풋을 해줄 수 있다. 특히 요즘처럼 온라인상에 갖가지 자료들이 넘쳐 나는 시대엔 집에서 영어 실력을 키우기가 더 쉬워졌다.

엄마들이 영어학원을 선호하는 이유 중 다른 하나는 원어민 선생님

들에 대한 강한 신뢰 때문일 것이다. 아이가 원어민을 자주 만나서 영어 발음을 직접 듣고 대화도 나누다 보면 영어 실력이 향상될 거라 생각한다. 매일 원어민의 발음을 듣고 원어민과 많은 대화를 나눈다면 영어 실력도, 영어 발음도 좋아질 것이다. 하지만 원어민에 대한 경험이 실제 만남을 통해서만 가능한 것이 아니다. 원어민의 발음이 들어간 영상이나 오디오북 등으로도 원어민에 대한 경험을 충분히 할 수 있다. 아이들이 좋아하는 영상을 영어 버전으로 반복해서 보여주고 들려준다면, 발음이나 억양이 점점 그 안의 캐릭터들을 닮아 간다. 영어학원에 가서 1시간 동안 수업을 들을 때 듣는 원어민의 말보다 영어 영상이나 오디오를 통해 20분 동안 듣는 원어민 말의 양이 훨씬 더 많을 수 있다.

영어학습에서 또 하나 빼놓을 수 없는 것이 영어 지문을 읽고 영어로 글을 쓰는 능력이다. 이 능력은 어떻게 하면 키울 수 있을까? 학원 선생님이 이 능력을 키워줄 수 있을까? 나의 대답은 'NO'이다. 영어를 읽고 쓰는 능력은 아이의 힘으로 영어책과 지문을 많이 읽고 영어로 글을 많이 써 보아야만 향상될 수 있다.

실제로 둘째 아이는 집에서 영어 실력이 향상된 케이스이다. 2020년 봄, 코로나가 심각해져서 말레이시아는 강력한 이동 제한령을 내렸다. 아이들이 학교도 갈 수 없었고, 바깥출입도 못하던 때였다. 당시 아이들이 말레이시아의 국제학교에서 수업을 들었던 기간은 방학을 제외하고 5개월 남짓이었다. 첫째 아이는 한국에서부터 해 왔던 영어독서의 도움으로 영어 실력이 많이 향상된 상태였지만, 유치원에 다니던 둘째 아이는 아직 영어가 많이 서툴렀다. 아이들은 하루 종일 집에만 있었고 오전엔 온라인으로 학교수업을 들었

아이들이 영어책 한 권씩 완독한 기념으로 열어준 파티

다. 집에 있는 시간 동안 난 아이들에게 매일 영어책을 읽혔고, 넷플릭스나 유튜브를 활용하여 아이들이 원하는 영상을 보여주곤 했다. 외국에 나와 있었지만 외국임을 전혀 느낄 수 없는 집 안에서 수개월의 시간을 보냈다. 다른 집 엄마들은 아이들이 영어를 많이 사용하지 않다 보니 영어를 점점 잊어버리고 있다며 걱정했다. 외국인을 만나는 것도 아니고 온라인으로 잠깐씩 듣는 수업만으로는 영어 실력이 향상되기에 턱없이 부족하다고 했다. 하지만 우리 집 아이들은 오히려 이 기간 동안 영어 실력이 눈에 띄게 향상됐다. 집에 있는 기간 동안 아이들은 영어독서를 통해 영어로 쓰인 글을 매일 접했고, 영상을 통해 미국인의 발음을 매일 접했다. 하루 종일 책을 읽거나 영상을 본 것은 아니다. 놀다가 지루할 때 책을 읽었고, 영상도 하루에 한 시간 이상은 보여주지 않았다. 하지만 매일 반복되는 영어독서와 영어 음성 듣기는 아이들에게 큰 변화를 가져 왔다. 아이들은 원어민과의 직접적인 접촉 없이도 그 전과 비교해서 말하기, 읽기, 듣기, 쓰기의 모든 부분에서 실력이 향상되었다.

나는 이 시기에 우리 집 아이들에게 나타난 변화를 통해 꼭 외국에 나가 생활하지 않더라도 아이들의 영어 실력은 향상될 수 있다는 데 확신을 갖게 되었다. 아이들의 영어 실력은 학원을 다닌다고 향상되는 것도 아니고, 외국에 나가 국제학교를 다니며 생활해야만 향상되는 것도 아니다. 영어 실력은 반복된 영어책 읽기와 반복된 영어 듣기로 충분히 향상시킬 수 있다.

영어독서만으로 2% 부족할 때?

아이의 발음이 걱정이라면?

아이에게 좋지 않은 엄마의 영어 발음을 자꾸 노출시키면 아이가 그 발음을 따라 하게 될까 봐 불안해하는 엄마들이 많다. 하지만 아이들과 함께 영어책 읽기를 직접 경험해 본 결과 아이들의 발음은 절대 엄마의 발음을 닮지 않는다는 것을 알게 됐다. 그동안 아이들에게 영어책을 많이 읽어주었지만 아이들은 내 발음을 따라 하지 않았다. 그 결정적인 이유는 엄마의 책 읽어주기 이외에도 아이들에게 원어민 발음을 충분히 노출시켜 주었기 때문이다. 아이들이 내 발음에만 의존해서 영어를 접했다면 아이들의 발음은 아마 내 발음과 매우 비슷할 것이다. 하지만 아이들에게 책을 읽어주면서 원어민의 발음도 들려줬기 때문에 아이들은 어떤 발음이 정확한 발음인지 제대로 인지할 수 있었다.

원어민과의 만남 없이 원어민의 발음을 배울 수 있는 방법에는 어떤 것들이 있을까?

미국이나 캐나다, 영국 등의 영어권 국가에 살면서 원어민들과 어울려 생활한다면 생각보다 빠르게 영어 발음이 원어민과 유사해질 것이다. 하지만 원어민과 가깝게 지낼 수 없는 환경에서 미국이나 영국 본토의 발음을 배우고 익히는 건 어렵다. 그런데 방송 등을 통해 한국에서만 나고 자랐는데도 영어를 원어민 수준으로 잘하는 사람들을 보게 된다. 그들이 원어민과 비슷한 수준의 영어를 구사할 수 있었던 이유를 살펴보면 몇 가지 공통점을 발견할 수 있다.

첫째, 그들은 어려서부터 영어를 접했다.
둘째, 그들은 영어 음성이 나오는 영상물을 즐겨 보았다.
셋째, 그들은 따라 하기를 좋아했다.

대학 시절 알게 된 친구가 있다. 그 친구는 해외 경험이 없었음에도 불구하고 영어 발음이 거의 원어민과 비슷했다. 어쩜 그렇게 발음이 좋으냐는 물음에 친구는 어려서부터 부모님이 집에서 영어로 된 영상을 자주 틀어주셨다고 했다. 영상이 재미있어서 자꾸 보다 보니 영상의 대사를 따라 하게 되었고, 자신의 영어 발음이 영상 속 원어민들의 발음과 많이 닮게 되었다는 것이다. 이런 비슷한 사례는 영어를 수준급으로 구사하는 유명 연예인들에게서도 종종 볼 수 있다.

아이들은 모방을 잘한다. 특히 음성에 민감해서 사람들의 말을 어른보다 더 잘 따라 한다. 자주 듣는 음성의 경우는 더 비슷하게 말할 수 있게 된다. 아이들은 학교 선생님이나 개그맨 혹은 만화영화 속 캐릭터의 음성, 심지어 친한 친구들의 말투를 따라 하기도 한다. 아이에게 원어민의 발음을 배우게 하고 싶다면 방법은 하나이다. 원어민의 음성을 자주 듣게 해 주면 된다. 우리 집 아이들이 원어민의 발음이나 억양을 배우는 과정에서 도움이 되었던 방법들을 소개해 보도록 하겠다.

첫 번째 방법은 오디오북의 활용이다. 책을 읽을 때 오디오북에서 나오는 원어민의 음성을 들을 수 있게 해 주면 아이가 발음을 배우는 데 많은 도움을 받을 수 있다. 오디오북을 들으면 들을수록 아이는 그 책을 읽을 때만큼은 그 오디오북의 음성과 속도를 따라 하면서 읽게 된다. 아이가 거부하지 않는다면 같은 책을 여러 번 듣게 하는 것도 발음을 익히는 데 매우 효과적이다. 오디오북을 들을 때에는 오디오만 틀어 놓고 들어도 좋고, 책을 펴 놓고 들어도 좋다. 아이가 좋아하는 책의 오디오를 자주 들려주자.

두 번째 방법은 영어 음성의 유튜브 채널을 시청하는 것이다. 너무 오랜 시간 영상을 시청하는 것은 아이에게 좋지 않은 영향을 끼칠 수 있으니 하루에 정해진 시간 동안만 시청할 수 있도록 지도하는 것이 중요하다. 유튜브에는 아이들이 좋아할 만한 콘텐츠들이 무궁무진하다. 그중에서 아이의 관심사에 맞는 채널을 찾아 아이에게 꾸준히 보여준다. 우리집 아이들은 인형놀이하는 채널을 좋아했다. 나는 유튜브에서 인형이 나오는 채널을 검색해 보았고, 검색한 영상 중 영어 음성으로 인형놀이하는 콘텐츠를 선택했다. 간혹 자막만 나오고 영어 음성이 거의 없는 외국 콘텐츠들이 있는데 이것은 도움이 되지 않는다. 꼭 영어 음성이 많이 나오는 콘텐츠를 선택해야 한다. 아이들마다 관심사가 다르므로, 아이들이 관심 있어 하는 주제의 콘텐츠 중 영어 음성이 있는 콘텐츠를 잘 선택해서 아이들에게 보여주자.

세 번째 방법은 영화나 애니메이션을 영어 음성으로 시청하는 것이다. 어릴 때부터 영어 음성에 익숙하지 않았던 아이들은 잘 알아듣지 못해 재미없거나 답답하게 느낄 수도 있다. 그래도 꾸준히 영어 음성으로 된 영화나 애니메이션을 시청할 수 있도록 하고, 아이들이 영어 음성에 익숙해질 때까지는 한국어 음성의 영상 시청을 조금 제한할 필요가 있다. 아이들은 잘 알아듣지 못하는 영어 음성의 영상보다는 잘 알아듣는 한국어 영상을 시청하고 싶어 한다. 어른들도 마찬가지로, 알아듣지 못하는 언어의 음성으로 영상을 시청하고 싶은 사람은 없을 것이다. 하지만 영어권 나라가 아닌 곳에서 영어 음성에 익숙해지려면 이 방법이 꼭 필요하다.

우리 집 아이들도 한국에 있을 때 한국어로된 애니메이션을 시청하고 싶어 할 때가 많았다. 하지만 한 번, 두 번 한국어 음성의 영상을 보여주면 영어 음성의 영상은 보고 싶어 하지 않을 거라는 것을 잘 알기 때문에 아이들이 좋아하는 영화나 프로그램은 되도록 영어 음성으로 보여줬다. 대신 교육적인 프로그램은 한국어로 시청할 수 있도록 했다. 아이들이 특히 재미있어 하는 콘텐츠는 영어로, 아이들에게 유익한 프로그램은 한국어로 보여주는 것을 추천한다. 영어 음성이 익숙해지기 전까지는 콘텐츠의 내용이 재미있어야 아이의 흥미를 유발할 수 있다. 가급적이면 아이들이 이해하기 쉽고 관심 있는 영어 음성의 콘텐츠를 보여주자. 이때 한글을 읽거나 이해할 수 있는 아이들의 경우엔 한글 자막을 켜지 않고 보여주는 것이 효과적이다.

아이들에게 영상을 보여줄 때 반드시 주의해야 할 점이 있다. 영어 음성에 노출시킨다는 목적으로 아이들에게 너무 오랜 시간 동안 영상을 시청하도록 하는 것은 바람직하지 않다. 영상을 오래 본다고 효과가 극대화되는 것이 아니라는 걸 알아야 한다. 적당한 시간 동안만 보도록 지도하는 게 중요하다. 나는 보통 한 번에 10~20분 정도의 영상을 시청하도록 했다. 아이들이 더 보고 싶어 할 경우 일정 시간 동안 쉬는 시간을 갖고 10~20분 정도의 영상을 시청할 수 있도록 허락해 주었다. 영상 시청시간에 대한 규칙을 정하고, 그 규칙을 반복적으로 지키게 되면 아이는 영상을 더 보여 달라고 떼를 쓰지 않는다. 허용되는 것과 허용되지 않는 것의 경계를 명확히 하고, 아이가 혼란스러워 하지 않도록 일관성 있는 모습을 보여주자.

영화를 제외한 많은 어린이 프로그램은 10~20분 정도이기 때문에 한 에피소드를 시청하는 데에는 이 정도의 시간이면 충분하다. 아이가 영상 시청에 너무 재미를 붙이면 영상에 비해 정적이고 단순한 종이책과 멀어지기 쉽다. 종이책에 비해 자극적이고 화려한 매체는 독서에 방해가 됨을 잊지 말아야 한다. 아이가 독서와 멀어지지 않도록 항상 주의를 기울이자.

엄마 차는 콘서트장

나는 아이들이 영유아일 때부터 차로 이동할 때엔 종종 음악을 틀어주었다. 그땐 어린이 영어 동요를 많이 들려주었는데 주로 아이를 재우기 위해 많이 들려주었던 걸로 기억한다. 아이들이 자라면서 나는 영어 동요와 한글 동요, 애니메이션 주제곡 등 다양한 음악을 틀어주었고, 아이들은 노래를 따라 부르며 즐거워했다.

특히 아이들은 재미있게 본 영화나 애니메이션의 주제곡이 나오면 무척 좋아했다. 어릴 때부터 차에서 음악을 듣는 것에 익숙했던 아이들은 언제부턴가 차에서 노래 부르는 것도 즐거하였다. 아이들의 친구들이 내 차를 타면 우리 집 아이들이 노래 부르는 소리에 놀라기도 하고, 아는 노래는 즐거워하며 합창을 하기도 한다.

첫째 아이가 유치원에 다닐 때부터 아이들은 월트 디즈니의 애니메이션을 좋아했다. 애니메이션을 보는 것도 좋아했지만, 특히 배경음악을 좋아했다. 나는 아이들이 즐겨 보는 애니메이션이 생길 때마다 차로 이동할 때 배경음악을 들려주었다. 첫째 아이가 한창 《모아나》라는 월트 디즈니의 애니메이션에 빠져 있을 때였다. 차를 타면 언제나 《모아나》의 주제곡을 들었는데 아이가 가사를 프린트해 달라고 했다. 그 전에는 노래를 듣고 따라 부르기만 했는데 조금씩 글자를 읽을 수 있게 되자 가사를 보며 불러 보고 싶었던 것 같다. 나는 아이가 원하는 대로 가사를 프린트해 주었다. 아이는 그 가사를 보며 노래를 수도 없이 반복해서 들었고, 결국 그 가사를 모두 외웠다. 그 후로 지금까지 아이는 월트 디즈니 영화를 볼 때마다 영화 속 노래를 반복해서 들으며 노래 가사를 모두 외운다. 때로는 가사를 보며 외우기도 하고, 때로는 가사를 보지 않고 외우기도 한다.

둘째 아이도 언제부턴가 언니와 함께 노래 가사를 외워 따라 부르기 시작했다. 캐릭터를 정해 파트를 나누어 돌아가며 부르거나 함께 부르기도 한다. 나는 우리 집 아이들이 특별한 재능이 있어서 이런 일이 가능하다고 생각하지 않는다. 아이들이 그 복잡한 가사를 놀이처럼 외울 수 있는 것은 모두 무한 반복 듣기의 힘이었다. 아이들은 어른들에 비해 반복적으로 들은 것을 암기하는 능력이 뛰어나다. 나도 차에 함께 타고 있었고 아이들이 듣는 노래를 함께 들었지만 나는 아이들처럼 그 노래 가사를 기억하지 못한다.

아이들은 영어 노래를 반복적으로 들으면서 많은 것을 배웠다. 영어 발음도 배웠고, 노래 가사에 나오는 문장들도 배웠다. 그리고 무엇보다 영어를 즐겁게 느끼고 있다. 영어도 한국어와 마찬가지로 언어이기 때문에 생활 속 여러 부분에서 골고루 체험할 수 있어야 한다. 영어책 읽기를 많이 하는 것이 가장 중요한 영어 공부방법임에는 틀림없지만, 아이들은 좋아하는 활동들을 다양하게 경험하면 영어를 살아 있는 언어로 접할 수 있다. 아이들이 차에서 마음껏 노래를 부를 수 있도록 아이들이 좋아하는 노래를 반복해서 틀어주자. 아이들은 노래를 부르면서 즐겁게 영어를 배우게 된다.

우리 아이들이 즐겨 부르는 노래 중에 월트 디즈니의 《엔칸토》에 나오는 노래들이 있다. 아이들은 영화를 본 뒤 수개월 동안 이 노래에 빠져 있었다. 차에 타면 항상 이 노래들을 반복해서 듣고 또 들었다. 집에서 놀이를 할 때에도 노래를 함께 부르며 놀았고, 캐릭터별로 파트를 정해 부르거나 합창을 하기도 했다. 영화는 몇 번 보지 않았지만 노래는 수만 번 들은 것 같다. 그 덕분에 아이들은 그 주제곡들을 모두 외웠고, 캐릭터들의 톤과 발음까지 모두 흉내를 내며 따라 부른다. 그 노래 덕분에 배운 것들이 너무나 많다. 단어, 문장, 발음 등 이 모든 것을 놀면서 배웠다. 얼마나 신기한 학습방법인가? 아이들이 노래를 반복해서 듣고 따라 부르는 것을 보고 깨달은 것은 처음에는 낯설고 어렵게 느껴졌던 것도 반복을 통해 쉬워지고 익숙해질 수 있다는 것이다. 우리 집 아이들은 반복하면 어려운 것들도 익숙해진다는 것을 노래를 통해 배웠다. 뭐든지 수없이 반복하는 것을 즐기다 보면 온전히 자기 것으로 만들 수 있다.

🔤 나도 크리에이터

아이가 영어독서를 어느 정도 즐기는 단계가 되면 자연스럽게 아이의 입이 간질거리기 시작한다. 영어를 읽고, 영어를 듣는 것을 반복하다 보니 이제는 자꾸만 영어로 말하고 싶어지는 것이다. 영어독서를 하는 아이들은 주로 오디오북을 통해 반복해서 들었던 내용을 실제로 말하게 된다. 영어독서 초기에 읽는 그림책에는 대화 위주의 문장이 많기 때문에 그림책을 많이 읽고 들은 아이들은 대화 형식의 문장을 말로 따라 하는 경우가 많다. 챕터북에는 대화 중심의 문장보다는 서술 문장이 많이 나오는데 이 경우에는 아이들이 오디오북에서 들은 문장을 혼잣말로 중얼거리기도 한다. 이때 말하고 싶은 욕구가 강한 아이는 영어로 말하며 놀기도 한다.

첫째 아이는 영어독서를 시작한 지 6개월 정도 지나자 가끔 영어로 중얼중얼 혼잣말을 하며 놀기 시작했다. 한 번은 아이가 화장실에 있는데 화장실 안에서 대화하는 목소리가 들려왔다. 혹시 동생이랑 같이 들어갔나 싶어서 잘 들어 보니, 대화하는 것이 아니라 아이 혼자서 역할놀이를 하고 있었다. 아이는 영어 비슷한 말을 하고 있었는데 정확한 문장을 구사하면서 노는 것은 아니었지만, 영어로 말하는 것을 흉내 내며 놀고 있었다. 그날 이후로도 아이는 때때로 혼자 영어를 중 얼거리며 놀았다. 동생과 놀다가도 갑자기 영어를 해서 동생을 당황 시키기도 했고, 마트에 가서 갑자기 영어로 말을 걸어 나를 놀라게도 했다. 나는 아이의 그런 모습을 보며 아이가 영어로 소통하고 싶어 한 다는 것을 알 수 있었다. 영어로 말은 하고 싶은데 어떻게 표현해야 하는 건지 잘 몰랐기 때문에 아무렇게나 중얼거리는 것 같았다. 나는 아이가 영어를 제대로 말할 수 있도록 다양한 표현 방법을 알려줘야 겠다고 생각했다.

아이에게 어떻게 도움을 주어야 할지 고민하던 중 원어민이 영어 를 하며 놀이하는 영상을 보여주면 좋을 것 같아 유튜브에서 아이들 이 볼만한 영어 영상들을 검색하기 시작했다. 그러던 중 영어로 인형 놀이를 하는 영상과 장난감을 오픈하며 장난감에 대해 이야기하는 영 상, 두 자매가 서로 만들기나 그리기를 하며 대결하는 영상 등 아이들 이 흥미롭게 볼 수 있는 많은 콘텐츠를 발견했다. 그리고 아이들에게 이 영상들을 조금씩 보여주기 시작했다. 그동안 아이들에게 보여줬던 영어 영상은 주로 애니메이션이었기 때문에 실제 사람들이 자연스럽 게 영어로 대화를 나누거나 말을 하는 모습을 보자 아이들은 굉장히 흥미로워했다. 그러면서 아이는 실제로 놀이를 할 때 그 영상 속 장면 과 말을 따라 하며 놀기 시작했다.

처음에는 양손에 인형을 붙잡고 혼자서 인형놀이를 하기도 했고 동생에게 말을 하며 놀기도 했다. 언니가 영어로 노는 모습이 신기한 듯 둘째 아이는 가만히 지켜보며 재미있어 했다. 언니가 무언가 물으면 무슨 소리인지 잘 몰라도 "Yes."라고 말해 주기도 했다. 우리 집 아이들의 영어 스피킹 실력이 향상된 데에는 여러 가지 이유가 있지만, 아이들의 이런 독특한 놀이방법이 그중 큰 이유를 차지한다고 생각한다.

내가 아이들에게 보여주었던 다양한 콘텐츠 중 아이들의 말문을 폭발적으로 열게 한 채널이 있다. 채널의 이름은 'Cupcake Squad'이다. 이 채널은 여자아이들이 좋아할 만한 다양한 장난감을 활용하여 놀이하는 콘텐츠가 주를 이루고 있다. 아이들이 한창 그 채널의 콘텐츠를 좋아하던 시절 아이들의 최대 관심사는 LOL 인형이었다. LOL 인형은 어른 손바닥보다 작은 크기로 큰 머리와 큰 눈이 매력적이다. 유치원에서 초등학교 저학년까지의 여자아이들에게 인기가 많았던 인형인데 우리 집 아이들도 그 인형을 꽤나 여러 개 가지고 있었다. 아이들은 그 인형으로 인형놀이하는 것을 좋아했다. 'Cupcake Squad' 채널에서 LOL 인형으로 놀이하는 콘텐츠를 본 후 아이들은 그 영상에 나오는 놀이 스타일을 따라 하며 놀았다.

그 콘텐츠는 화면에 인형만 등장하고 사람의 목소리만 나온다. 애니메이션에 비해 잘 짜인 스토리는 아니지만, 아이들은 그 채널의 콘텐츠를 좋아했다. 음성이 영어로 나오기 때문에 잘 알아듣지 못했을 텐데도 아이들은 신경 쓰지 않고 영상을 시청했다. 시간이 흐르고 언제부턴가 아이들은 영상에서 보았던 대로 발음과 목소리를 흉내 내며 자기들이 그 채널의 크리에이터가 된 것처럼 놀이를 했다. 아이들이 영어로 놀이를 시작하면서 스피킹 실력이 폭발적으로 늘기 시작했다. 그동안 보거나 읽기만 했던 것들을 점점 입 밖으로 내뱉기 시작한 것이다.

아이들이 일정 기간 영어독서를 하다 보면 영어를 말하고 싶어 하는 때가 온다. 계속 영어 인풋을 했기 때문에 밖으로 내보내고 싶은 시기가 오는 것은 당연하다. 아이들이 자꾸 영어로 말하고 싶어 할 때 가만히 두고 보지 말고, 말하는 것을 도와주기 위해 노력해야 한다. 그중 한 가지 방법이 원어민이 말하는 모습을 보여주는 것이다. 실제 사람이 대화를 나누거나 어떤 주제를 가지고 말하는 것을 보여주면, 아이가 영어로 말하는 노하우를 배우는 데에 큰 도움이 된다. 사람의 표정이나 말투, 제스처 등을 함께 보면서 영어로 말하는 것을 배우면 말을 따라 하기 더 쉬워진다.

콘텐츠는 아이들이 흉내 내도 좋은 콘텐츠를 찾아서 보여주는 것이 중요하다. 아이들이 적합하지 않거나 불량한 표현을 배울 수 있는 영상은 피해야 한다. 그리고 반드시 엄마와 아이가 함께 영상을 보고, 아이에게 적합한 영상인지 신중히 판단해야 한다.

아이들이 유튜브 영상을 많이 보게 되면 본인도 크리에이터가 되어 영상을 찍어 보고 싶은 생각이 들기도 한다. 그땐 카메라를 앞에 두고 아이가 놀이하는 모습을 찍어 보는 것도 좋은 방법이다. 동생이나 언니가 있는 경우 함께 대화하며 놀 상대가 있기 때문에 영어로 상호작용이 가능하지만, 그렇지 않은 경우엔 혼자 노는 것보다 카메라를 켜 놓고 시청자와 대화를 주고받듯이 놀이를 하면 좋다. 나도 아이들이 놀이를 하거나 만들기를 할 때 아이들 앞에 카메라를 놓아 주기도 한다. 그러면 아이들은 마치 유튜브 크리에이터가 된 것처럼 영어로 설명하며 놀기 시작한다.

아이가 영어책을 읽은 뒤 책에 대한 리뷰를 하거나 과자를 먹은 뒤 과자에 대한 리뷰를 영어로 해 보는 것도 아이의 스피킹 실력 향상에 도움을 줄 수 있다.

간단한 질문으로 아이와 북 토크하기

아이가 책을 읽는 것에만 너무 집중하다 보면 아이의 사고를 확장시킬 기회가 생기지 않는다. 책을 읽을 때마다 매번 아이와 대화를 나눌 필요는 없지만 가끔은 아이와 읽은 책에 대해 이야기를 나눠 보는 시간도 필요하다. 이때 아이와 대화를 나누는 목적은 아이가 책을 제대로 읽었는지를 확인하는 것이 아니다. 아이들이 책을 읽고 나면 나는 종종 이런 질문들을 한다.

"이 책 재미있었니?"

"친구들한테 읽어 보라고 추천해 줄 거야?"

"책에서 어떤 페이지가 가장 좋았어? 그 페이지의 어떤 점이 좋았니?"

"책에 등장하는 캐릭터 중에 가장 싫은 캐릭터는 누구야?"

"네가 그 캐릭터 중에 하나가 된다면 누가 되고 싶니?"

"그 캐릭터가 실제로 네 옆에 나타난다면 기분이 어떨 것 같아?"

"이 책에서 가장 기억에 남는 장면은 어떤 거니?"

아이들에게 책의 내용을 직접적으로 묻기보다는 책 속의 다양한 요소들에 대해 가볍게 대화를 나눠 보는 것이 좋다. 아이는 질문에 대답하면서 읽었던 책에 대해 조금 더 생각할 시간을 가질 수 있다. 아이와 함께 책을 읽었다면 위의 질문에 엄마가 먼저 대답하면서 이야기를 이어 나가면 좋다.

"엄마는 이 책이 재미있었는데 너는 어땠어? 친구들에게도 이 책을 추천해 줄 거야?"

"엄마는 이 페이지에 있는 강아지 그림이 너무 귀여워서 이 페이지가 가장 좋은데 너는 어떤 페이지가 가장 좋아?"

"엄마는 이 책에 나오는 캐릭터 중에 거인이 가장 싫었어. 거인이 동물들에게 너무 불친절했던 것 같아. 너는 어떤 캐릭터가 가장 싫어?"

"엄마는 이 책에 나오는 요정이 되고 싶어. 요정은 원하는 곳으로 날아갈 수 있잖아. 넌 어떤 캐릭터가 되고 싶니?"

"이 책 속에 있는 마녀가 우리 집 앞에 찾아온다면 엄마는 무서워서 문을 열어주지 않을 것 같아. 만약에 이 마녀가 지금 우리 집 앞에 찾아온다면 너는 어떻게 할 것 같아?"

"엄마는 생쥐가 사자를 도와주었던 장면이 가장 기억에 남아. 사자는 자기보다 훨씬 작은 생쥐가 자기를 도와줄 거라고 생각하지 못했잖아. 엄마도 생쥐가 사자를 도와줄 수 있을 거라고 생각 못했거든…. 넌 어떤 장면이 가장 기억에 남아?"

대답을 어려워하는 아이에게는 일방적으로 질문하기보다 엄마가 적절한 예시를 들며 질문하는 것이 도움이 된다. 아이는 어떤 대답을 해야 할지 잘 모르는 상황에서 엄마의 예시를 듣고 어떻게 대답해야 하는지 배울 수 있고, 아이디어가 떠오르지 않았다가도 엄마의 예시를 듣고 좋은 아이디어를 생각해 낼 수도 있다.

아이와 함께 책의 내용을 떠올려 보았다면 이젠 책의 내용을 기본으로, 아이가 창의력을 조금 더 발휘할 수 있는 질문을 해 보는 것도 좋다. 예를 들면 "책 속에서 한 가지 내용을 바꿀 수 있다면 어떤 내용을 어떻게 바꾸고 싶니?", "이 책의 마지막 장에 한 페이지를 더 붙일 수 있다면 어떤 내용이 들어가면 좋을까?" 이런 질문들을 통해 아이는 사고를 확장시킬 수 있고, 상상력을 동원해서 자신만의 이야기를 만들어 낼 수도 있다.

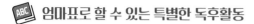 **엄마표로 할 수 있는 특별한 독후활동**

엄마와 아이가 함께 영어독서를 하면 다른 곳에서는 할 수 없는 특별한 활동들을 함께할 수 있다. 책을 읽고 난 후 매번 독후활동을 해야 하는 것은 아니지만, 가끔씩 책을 읽고 책과 관련된 활동을 하는 것은 아이에게 즐거운 경험이 될 수 있다.

첫 번째 활동은 책 한 권을 다 읽은 후 책에 나오는 주요 사건들을 조금 바꿔서 책의 내용을 다시 만들어 보는 활동이다. 예를 들어, 《Snow White》에서 백설공주가 사과를 먹지 않았더라면 어떻게 되었을지, 거울이 왕비에게 왕비님이 제일 예쁘다고 계속 말했더라면 어떻게 되었을지 등을 자유롭게 이야기해 보는 것이다. 아이가 영어로 글을 쓸 수 있다면 글로 표현해 보는 것도 좋고, 영어로 문장을 이야기해 보는 것도 좋다. 물론 영어로 말하기가 서툴다면 한국어로 말해 보는 것도 괜찮다. 그림 그리는 걸 좋아한다면 그 장면을 간단하게 그려 보는 것도 좋은 방법이다.

두 번째 활동은 인터뷰 놀이이다. 요즘 아이들은 카메라 앞에서 이야기하는 것을 어려워하지 않는 것 같다. 아이의 성향에 따라 조금씩 차이가 있겠지만, 예전보다는 카메라 앞에 서는 것을 두려워하지 않고 즐기는 아이들이 많아진 것 같다. 아이와 책을 읽은 후 카메라를 앞에 놓고 인터뷰 놀이를 해 보자. 미리 만들어 놓은 질문 리스트를 보며 아이에게 질문을 하면 아이가 하나씩 답변하는 모습을 촬영한다. 예를 들어, 엄마가 "오늘 소개해 주실 책의 제목이 뭔가요?"라고 물으면 아이가 책의 제목을 소개하는 것이다. 그리고 "책의 내용을 간단하게 소개해 주세요.", "책 속에 등장하는 캐릭터 중에 어떤 캐릭터가 가장 좋은가요?", "그 캐릭터가 지금 우리 집에 온다면 무엇을 함께해 보고 싶나요?" 등등 엄마가 아이에게 물어보고 아이가 대답하는 형식으로 진행한다.

세 번째 활동은 읽은 책의 한 장면이나 여러 장면을 만화로 만들어 보는 활동이다. 책을 읽은 후 마음에 드는 한 페이지를 뽑아 그 장면에 나오는 인물들을 그린 후 캐릭터들 옆에 말풍선을 그리고 그 안에 책에 나오는 내용을 적어 보는 것이다. 종이에 칸을 나눈 뒤 여러 컷을 그리거나 한 컷만 그려도 좋다. 말풍선 안에 글을 넣을 때에도 책의 내용을 그대로 베껴 쓰거나 각 캐릭터가 하는 말을 상상해서 적어도 좋다. 이렇게 동화책이나 이야기책을 코믹북의 형식으로 만들어 보면서 아이들은 책의 내용을 한 번 더 떠올려 볼 수 있고, 새로운 형식으로 책을 만들어 본다는 것에 색다른 흥미를 느낄 수 있다.

네 번째 활동은 미니북 만들기로, 내가 아이들과 많이 했던 활동이다. 읽은 책과 똑같은 내용으로 미니북을 만드는 것이 아니라, 책의 제목을 자유롭게 정하고 본인이 그림을 그리고 스토리를 적어 책을 만드는 것이다. A4 사이즈의 종이를 반으로 자른 뒤 반을 접는다. 종이를 책처럼 겹쳐 놓고 스카치테이프로 페이지의 가운데 부분을 붙여 책의 형태를 만든다. 책의 형태는 다른 방법으로 만들어도 상관없다. 아이들이 원할 경우 페이지를 늘리면 된다. 책의 형태가 완성되면 책의 제목을 적고, 안에 그림과 함께 간단한 글을 적어 넣는다. 아직 글을 쓰지 못하는 아이는 그림만 그려 책을 만들 수 있다. 아이들은 본인이 만든 책에 굉장한 자부심을 느낀다. 이런 활동을 자주 하다 보면 처음에는 책의 내용을 베껴 적거나 그림만 그리던 아이가 본인이 생각해 낸 문장으로 내용을 만들기도 한다.

우리 집 아이들은 책 만드는 것을 좋아한다. 어렸을 때는 그림을 그려 책을 만들었고, 조금 커서는 책을 베껴 적으며 좋아하는 책을 리디자인해 보기도 했다. 그리고 지금은 본인들이 구상한 내용으로 책을 만들기도 한다. 첫째 아이가 예전에 만들었던 책들을 둘째 아이가 읽으며 즐거워하기도 한다. 내가 독서를 하라고 하면 둘째 아이는 언니 책을 읽어도 되냐고 묻는다. 아이들에게는 본인들이 만든 책도 다른 책과 마찬가지로 읽을거리가 된다. 예전에 자기가 만들었던 책을 보며 뿌듯해하기도 하고, 틀린 글자가 있으면 창피해하기도 한다. 어려서부터 아이가 책을 만드는 것을 놀이처럼 할 수 있도록 지도해 주자. 책을 만드는 즐거움을 느낄 수 있도록 해

《닥터 수스》 책의 캐릭터 모습 따라 하기
(아이들이 직접 만든 미니북이 달린 모자)

주자. 그리고 본인이 글 쓰는 작가도 되어 보고, 편집하는 디자이너도 되어 보고, 삽화를 그리는 일러스트레이터도 되어 볼 수 있도록 해 보자. 책을 만들면서 쌓인 재미있는 경험은 분명 아이에게 책은 즐거운 것, 가까운 것으로 느끼게 해 줄 것이다.

다섯 번째 활동은 미니북 전시회 및 판매이다. 아이들이 만든 미니북이 많아지면 본인의 책을 판매할 수 있는 전시회를 열어주는 것도 재미있는 활동이다. 우리 집 아이들은 가끔씩 본인들이 만든 책을 바닥에 쭉 깔아 놓고 나에게 사고 싶은 책이 있는지 묻는다. 책의 가격은 본인들이 정하는데 내가 사기를 머뭇거리는 책은 폭풍 세일가로 판매하기도 한다. 본인들이 만든 작품을 좋아하며 구입해 주는 모습을 보면서 아이들은 즐거워하고 책을 만든 보람을 느끼는 것 같다. 이런 활동은 집 외에 다른 곳에서는 해 볼 수 없다. 집 안에서 아이들은 다른 아이들이 절대 해 볼 수 없는 책에 대한 특별한 경험을 하는 것이다.

엄마표 독후활동의 장점은 아이에게 생각할 수 있는 충분한 시간을 줄 수 있다는 것이다. 그룹으로 하는 수업은 시간이 정해져 있기 때문에 아이들이 늘 시간의 제약을 받아 충분히 생각하기 어려운 경우가 많다. 선생님도 많은 아이들을 봐줘야 하기 때문에 개개인의 생각에 집중해 주기 어려울 때가 많다. 하지만 집에서 책을 읽으면 아이에게 생각할 수 있는 시간을 충분히 줄 수 있고, 아이가 표현하고 싶은 만큼 표현하도록 기다려줄 수 있다. 이런 경험들이 반복되면서 아이는 깊이 있는 생각을 할 수 있게 되고, 본인의 생각을 잘 정리하여 표현할 수 있는 힘이 생긴다.

글쓰기의 시작은 어떻게 해야 하지?

영어책을 많이 읽으면 영어 글쓰기도 잘하게 될까? 영어독서를 많이 하면 단어도 많이 알게 되고 문장 구조도 익숙해져 글쓰기를 잘할 수 있는 준비가 되는 것은 확실하다. 하지만 영어책을 읽는 것만으로 영어 글쓰기를 잘하게 되는 것은 아니다. 글쓰기를 잘하려면 반드시 글을 많이 써 봐야 한다.

글쓰기를 어떻게 지도해야 하는지 어려워하는 엄마들이 많다. 어떤 것부터 쓰게 해야 하는지 막막하다면 책을 읽고 난 뒤 간단한 문장을 적어 보는 것으로 글쓰기를 시작하면 된다. 책을 읽고 난 후 책의 줄거리, 생각, 느낌 등을 기록한 글을 독서록이라고 하는데, 처음에는 독서록이라는 용어가 거창하게 느껴질 만큼 간단하게 시작해 보자. 글을 처음 써 보는 아이라면 글 쓰는 것을 부담스러워할 수 있으니 처음부터 너무 많은 것을 쓰도록 지도하기보다는 여유를 갖고 조금씩 내용을 늘려 나갈 수 있도록 지도하는 것이 좋다. 책의 제목과 작가를 써 보는 것부터 시작해도 괜찮다. 책의 제목과 작가를 적고, 그 옆에 그 책이 재미있었다면 웃는 얼굴, 재미없었다면 찌푸린 얼굴을 그려 책을 읽고 난 후의 느낌을 표현한다. 이 단계를 어렵지 않게 할 수 있다면 책 제목과 작가 이름을 적은 뒤 그 책에 대한 간단한 느낌을 문장으로 표현해 본다. 예를 들면,

I like this book.
I don't like this book.

책이 좋았는지, 싫었는지를 적도록 한다. 이 단계가 지나면 이 책이 좋은 이유 혹은 싫은 이유를 적는다.

I like this book because the story is fun.
I don't like this book because the story is boring.

이런 방법으로 한 가지 이유를 붙여서 문장을 완성해 보는 것이다. 아이가 책에 등장하는 캐릭터에 대해 글을 쓸 수 있도록 지도하는 것도 좋은 방법이다.

My favorite character is the girl.
My favorite character is the girl because she is so kind.

My least favorite character is the witch.

My least favorite character is the witch because she is bad.

이렇게 책을 읽은 후 자신이 느낀 점이나 책 내용에 대해 생각하는 것들을 짧게 적고, 그 이유를 적어 보는 방법으로 글쓰기를 시작할 수 있다.

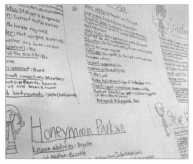

여러 책에 나오는 캐릭터의 특징을 조합하여 새로운 캐릭터와 이야기를 만들어 내는 첫째 아이의 특별한 놀이법

초등학교 1학년 때 학교 숙제로 책을 읽은 후 독서록을 작성하는 아이

책을 읽은 후 아이가 간단하게 자신의 생각을 글로 표현하는 연습을 할 수 있도록 해 보자.

아이가 필사를 한다고?

책에 나오는 구절이나 한 부분 혹은 책 전체를 베껴 적어 보는 활동을 필사라고 한다. 필사는 책에 나오는 글을 한 자, 한 자 베껴 적으면서 책의 내용을 되새기며 천천히 읽을 수 있다는 데에 큰 의미가 있다.

흔히 필사는 중·고등학생이나 어른들만 하는 활동이라고 생각할 수 있지만, 어느 정도 글자를 쓸 수 있는 아이들이라면 나이가 어려도 얼마든지 필사를 할 수 있다. 필사를 하는 이유는 여러 가지가 있다. 책을 읽다가 마음에 드는 문장이나 글을 따로 적어 간직하기 위해 할 수도 있고, 좋아하는 작가의 글을 베껴 적으면서 글쓰기 능력을 향상하려는 이유도 있을 것이다. 필사는 집중력을 향상시키는 데 도움이 될 뿐 아니라 책을 좀 더 깊이 있게 이해하는 데 도움이 된다.

그럼, 어린아이들이 필사를 통해 얻을 수 있는 것은 무엇일까? 어린아이들이 책 속의 문장을 베껴 적으면 문장의 구조를 잘 이해할 수 있고, 더 나아가서는 글을 쓰는 방법을 익히는 데에도 도움을 받을 수 있다. 그러나 아이들이 긴 분량을 필사하는 것은 효과적이지 않다. 글 베껴 적기를 아주 좋아하는 아이를 제외하고는 대부분의 아이들에게 책을 베껴 적는 일은 귀찮고 하기 싫을 수 있기 때문이다. 아이들이 하는 필사는 문장 베껴 적는 정도만 해도 충분하다.

아이가 영어책을 읽고 나면 책에서 마음에 드는 문장이나 기억에 남는 문장을 하나 고르라고 한다. 아이가 문장을 고르면 그 문장을 독서노트에 적어 보도록 한다. 길게 적을 필요는 없다. 좋아하는 문장 하나씩만 베껴 적어 보면 된다. 책에 나오는 좋은 문장들을 베껴 적다 보면 아이는 자기가 인식하지 못하는 사이 문장의 구조를 파악할 수 있게 된다. 그리고 글을 쓸 때 그 문장의 구조나 단어를 활용하여 글을 쓸 수 있게 된다. 글을 잘 쓰려면 많이 써 봐야 하지만, 처음부터 아이에게 무작정 글을 써 보라고 하면, 아이는 무엇을 어떻게 써야 하는지 알지 못한다. 그렇기 때문에 책을 읽으면서 좋은 문장들을 많이 써 보는 훈련이 필요하다. 간혹 영어 읽기의 경험이 풍부한 아이는 책의 문장을 베껴 적지 않아도 글을 쓸 때 본인이 좋아하는 작가의 문체나 글의 분위기를 닮은 글을 쓰는 경우가 있다. 좋아하는 작가의 문체나 글의 분위기를 닮은 글을 쓰고 싶다면 그 작가의 책에 나오는 좋은 문장들을 베껴 적어 보는 활동을 하면 많은 도움을 받을 수 있다.

D
하나둘씩 쏟아지는 아웃풋,
엄마표가 아이표가 되기까지

 몰입독서를 경험하다

설거지를 하며 거실에 있는 첫째 아이를 불렀는데 대답이 없다. 혹시 내 목소리가 작았나 싶어 다시 한번 크게 불러 봤지만 역시 대답이 없다.

'아니 이 녀석이 내 말을 듣고도 모르는 척하는 건가?'
'이제 좀 컸다고 엄마 말에 대답도 하기 싫은 거야?'

내가 부를 때 아이가 대답하지 않는 횟수가 점점 늘기 시작하면서 이런저런 생각이 들었다. 하루는 대답을 하지 않는 아이 옆에 다가가서 아이를 유심히 관찰해 보았다. 아이는 책을 읽고 있었고 내가 옆에 다가온 것도 전혀 모르는 눈치였다.

'내가 부르는 걸 정말로 못 들은 건가? 아니면 듣고도 모른척한 건가?' 한참 동안 아이를 지켜본 결과 아이는 내 말을 못 들었던 것이 분명했다. 아이는 믿기지 않을 정도로 몰입을 해서 책을 읽고 있었다. 나도 책을 좋아하긴 하지만 누군가 나를 부르는 것도 모른 채 책을 읽었던 경험은 없다.

아이의 몰입독서는 정말 놀라웠다. 평상시에 아이가 생활하는 모습을 본다면 이게 얼마나 놀라운 일인지 알 수 있다. 평소 첫째 아이는 진지함과는 거리가 멀고, 살짝 나사가 풀린 것 같은 모습으로 놀이를 한다. 목청 터져라 노래를 부르기도 하고 괴상한 말투로 이야기하는 등 완전히 자유로운 영혼이라고 할 수 있다. 걸어 다닐 때도 건들건들 몸을 흔들면서 다니고 종알종알 말하는 것도 좋아한다.

이런 자유분방한 아이가 독서를 할 때만큼은 세상 누구보다도 진지해진다. 그 나이의 아이에게서 볼 수 없는 고도의 집중력을 발휘하는 것이다. 아이가 점점 몰입독서를 하게 되면서 때때로 나의 질문에 대답을 안 하는 경우도 있고, 내가 부르는 것을 모르고 지나가는 경우도 점점 더 많아졌다.

어릴 때부터 양질의 독서를 경험한 아이들은 보다 높은 수준의 독서를 경험한다. 이것은 단순히 높은 레벨의 책을 읽는 것이 아니라 독서의 경험 자체가 한 단계 성숙해진다는 것이다. 아이는 책을 읽으면서 책 속의 세계와 완전히 하나가 된다. 그 안에 들어가 그 주인공들의 삶을 깊이 이해하고 그 책의 내용에 푹 빠져든다. 이런 경험을 통해 아이는 책 속의 다양한 이야기에 대해 보다 깊고 넓게 생각할 수 있는 힘이 생긴다. 몰입독서가 가능해지면 아이는 어떤 상황에서도 깊이 있는 독서시간을 갖게 된다. 주변이 조금 어수선해도 책에 집중할 수 있는 힘이 생기고, 짧은 시간 독서를 해도 질 좋은 독서를 할 수 있게 된다. 아이가 어떤 상황에 있더라도 집중해서 책을 읽는다는 것은 아이가 앞으로 살아갈 날들에 굉장한 자산이 되어줄 것이다.

아이들이 몰입독서를 하려면 반드시 지켜줘야 하는 것이 있다. 그것은 아이가 책을 읽을 땐 절대로 방해해서는 안 된다는 것이다. 자녀교육을 주제로 한 강연에서 자주 언급되는 내용이 아이가 무언가에 집중하고 있으면 그 흐름을 깨면 안 된다는 것이다.

나는 엄마표 영어독서를 시작한 후로 아이가 책을 읽을 때만큼은 방해하지 않으려 했고, 이걸 지키기 위해 신경을 썼다. 아이 스스로 집중해서 책을 읽을 때 절대 방해하지 않았다. 아이의 책 읽는 시간을 방해하지 않으면 집중해서 책에 빠져드는 시간은 점점 길어진다. 어떨 땐 아이가 정말 책 안으로 들어가는 것처럼 보이기도 했다. 나는 아무리 책을 읽어도 그렇게까지 몰입을 해 본 경험은 없었는데…. 아이의 모습은 정말 놀라웠다.

그리고 아이가 읽고 싶어 하는 책은 얼마든지 읽을 수 있도록 해 줘야 한다. 아이가 같은 장르의 책만 읽는다고 못 읽게 하거나, 아이의 취향대로 책을 고르지 못하게 하면 아이가 몰입독서를 경험하기 힘들어진다. 아이들은 자신이 좋아하는 것을 할 때 고도의 집중력을 발휘한다. 아이가 좋아하는 책을 만났을 때 그 책에 몰입하는 정도는 관심이나 흥미가 없는 책을 읽을 때와는 천지 차이이다. 아이가 책에 푹 빠지는 경험을 할 수 있도록 아이의 선택을 존중해 주자.

좋아하는 작가가 생기다

첫째 아이가 챕터북《Magic Tree House》에 재미를 느끼기 시작하면서 아이에게 놀라운 변화가 일어났다. 바로 책을 쓴 작가에 관심을 갖게 된 것이다. 그동안 읽었던 책들은 단행본이었기 때문에 한 작가의 책을 계속 읽어 본 경험이 없었다. 그런데 챕터북을 읽다 보니 그 시리즈를 읽는 동안 계속 같은 작가의 책을 읽게 되어, 아이의 관심은 자연스럽게 그 책의 작가인 메리 폽 어즈번(Mary Pope Osborne)으로 이어졌다.

《Magic Tree House》의 오디오북은 작가인 메리 폽 어즈번이 자신의 목소리로 직접 녹음했기 때문에 오디오북을 들을 때에도 아이는 작가에 대해 생각하게 되었다. 책의 뒷부분에 있는 작가에 대한 글도 여러 번 읽으며 자기도 메리 폽 어즈번 선생님처럼 재미있는 이야기를 책으로 쓰는 작가가 되고 싶다는 말을 자주 하였다. 그 당시 아이가 가장 만나고 싶은 유명인 중에도 메리 폽 어즈번 선생님이 꼭 들어갔다. 자신이 즐겨 읽는 책을 지은 작가에 대한 관심은 한 번으로 그치지 않았다.

아이가 《The Land Of Stories》 시리즈에 1년간 푹 빠져 있을 때였다. 아이는 그 책의 작가인 크리스 콜퍼(Chris Colfer)의 팬이 되어 작가의 이야기에 관심을 갖게 되었고, 가장 만나고 싶은 인물로 크리스 콜퍼를 꼽기도 했다. 그의 책 속에 소개된 어린 시절 이야기와 작가들을 위한 팁도 열심히 읽으며 크리스 콜퍼의 작품처럼 동화 주인공을 소재로 한 글쓰기를 한동안 즐겨 했다. 아이는 책을 사랑하게 되면서 그 책을 쓴 작가와도 사랑에 빠지는 것 같았다.

첫째 아이가 3학년이 되었을 때 그리스 로마 신화에 관심을 갖게 되면서 오랫동안 릭 라이어던(Rick Riordan)의 《Percy Jackson》 시리즈를 즐겨 읽었다. 아이가 크면서 책에 빠져드는 깊이도 점점 깊어졌다. 《Percy Jackson》 시리즈에 빠진 후 이 작가가 쓴 다른 책에도 관심을 갖게 되면서 작가가 지은 여러 권의 책을 읽었고, 작가의 개인적인 이야기에도 관심을 갖기 시작했다. 서점에서 우연히 릭 라이어던의 추천 도서를 발견하면 좋아하는 작가가 추천한 책이니 꼭 읽어 보고 싶다고 사 달라고도 했다.

이처럼 좋아하는 작가가 생기면서 책에 대한 아이의 관심 영역이 점점 넓어졌고 새로운 책에 대한 호기심이 커지는 것 같았다. 아이에게 좋아하는 작가가 생기면, 아이는 그 작가의 이야기에 관심을 갖고 작가가 살아온 인생에도 관심을 갖는다. 같은 작가의 글을 오랜 기간 읽으면 글을 쓸 때에도 작가의 문체를 닮은 글을 쓰고 작가가 사용한 표현이나 단어, 문장들을 자신의 글에 적용하게 된다.

아이에게 좋아하는 작가가 생길 수 있도록 도움을 주려면 아이와 책을 읽을 때 엄마가 작가에 대해 조금씩 이야기해 주는 것이 필요하다. 이건 그림 동화책을 읽을 때에도 마찬가지이다. 책의 제목과 함께 작가는 누구인지 한 번씩 읽어 보거나 같은 작가가 지은 작품이 여러 권 있을 때는 그 작가의 다른 책도 함께 읽어 보며 작가의 작품들을 비교해 보는 것도 좋은 활동이 될 수 있다.

학원에서도 궁금해하는 우리 아이 영어 공부 비법

아이가 영어학원을 그만둔 이후 수개월간 꾸준히 영어독서를 하고 있었는데 문득 아이의 실력이 얼마나 늘었는지 궁금해졌다. 책을 읽지 않던 때에 비해 얼마나 변화가 생겼는지, 아이가 학원에 들어간다면 어떤 반에 배정될 지 확인해 보고 싶었다. 나는 동네에 있는 대형 영어학원에서 아이의 레벨 테스트를 받아보기로 했다. 그동안 아이와 함께 책만 읽었기 때문에 아이의 실력이 향상되고 있는지 객관적으로 확인할 방법이 없었다. 학원의 테스트 결과만으로 아이의 실력을 제대로 평가할 수는 없겠지만, 레벨이 어느 정도인지 확인해 보고 싶어 레벨 테스트를 받았다. 아이가 레벨 테스트를 보고 나온 뒤 상담 교사에게 테스트 결과에 대한 상담을 받았다. 상담 교사는 아이가 현재 다른 영어학원에 다니고 있는지 물었고, 나는 예전에 영어학원을 다니다가 수개월 동안 쉬고 있다고 대답했다. 그러자 상담 교사는 놀라며 "그럼, 그동안 무슨 공부를 어떻게 했던 거죠?"하면서 아이의 레벨이 학년에 비해 상당히 높은 수준이고, 이런 경우 아이의 또래보다 수준이 높은 아이들과 함께 수업을 받아야 한다고 했다.

예전에 영어학원을 처음 가서 상담받았을 때와는 전혀 다른 분위기에 나는 조금 당황스러웠다. 상담 교사는 학원도 다니지 않는 아이가 어떤 공부를 어떻게 했길래 이런 수준이 되었는지 매우 궁금해했다. 그동안 아이와 한 것이라고는 집에서 열심히 영어책을 읽고 들은 것뿐이었는데 상담 교사의 반응이 신기할 따름이었다.

원어민에게도 인정받는 영어 실력

첫째 아이가 엄마표 영어독서를 1년 정도 했을 때 우리 가족은 말레이시아로 이주하게 되었다. 갑작스럽게 이주를 하게 되어 아이는 말레이시아 도착 후 2주 정도 뒤에 학교에 바로 다니게 되었다. 준비 없이 하게 된 유학이라 영어 보충수업을 들어야 할지도 모른다고 생각했는데, 학교에서 본 입학 테스트의 결과를 받아보니 다행히 영어 보충 수업을 듣지 않아도 되었다.

그동안 꾸준히 영어독서를 했지만, 그 외의 다른 영어 공부를 하지 않고 국제학교에 다니기 시작했기 때문에 아이가 학교수업을 잘 따라갈 수 있을까 하는 불안한 마음이 있었다. 하지만 아이는 생각했던 것보다 국제학교의 수업을 잘 따라갔다. 아이가 학교에 들어간 지 얼마 지나지 않아 학교에서 Map Test라는 시험을 보았다. Map Test는 NWEA(Northwest Evaluation Association)에서 개발하여 주관하는 시험으로 미국에 있는 대부분의 공립, 사립학교와 전 세계의 국제학교 학생들을 위한 학업성취도 측정평가이다. 많은 국제학교들이 이 시험을 정기적으로 보면서 아이가 학년에 맞는 학습 수준을 갖고 있는지를 확인하며 평가하는 기준으로 삼고 있다. 아이는 국제학교에 들어가 처음으로 봤던 Map Test의 리딩 과목에서 같은 학년 기준으로 상위 2%의 점수를 받았다. 상위 2%라니 정말 믿기지 않는 결과였다.

선생님은 학부모 상담에서 아이가 같은 학년의 아이들에 비해 상당히 높은 레벨의 읽기 능력을 갖추고 있다고 했다. 당시 아이의 반에는 국제학교에 오랜 기간 다니던 아이들도 있었고, 원어민 아이도 있었다. 그런데 이제 막 한국에서 온 아이가 그 아이들에 비해 높은 레벨의 읽기 능력을 갖고 있다는 것이다. 외국에 나가 영어 환경에서 지내 왔던 것도 아니고, 한국에서 영어독서만 했는데 이런 말을 들으니 정말 놀라울 뿐이었다. 이런 결과는 절대 우리 아이가 특별해서가 아니라 오랜 시간 영어독서와 듣기를 통해 실력을 쌓아 왔기 때문에 가능했던 것이다. 영어권 환경에 오래 있다고 해서 아이의 영어 실력이 저절로 올라가는 것은 아니다. 환경과 상관없이 본인이 영어를 읽고 듣는 것에 시간을 투자하지 않는다면 영어 실력은 절대 올라갈 수 없다. 영어를 원어민에 가까운 발음으로 말할 수 있다고 해서 그 아이의 영어 실력이 좋다고 할 수 없다. 진정한 영어 실력을 갖추려면 영어를 읽고, 듣고, 말하고, 쓰는 능력이 골고루 좋아야 한다. 이런 영어 실력을 갖추기 위해서 가장 기본이 되는 것이 바로 영어 읽기와 듣기이다. 영어를 읽고 듣는 시간이 축적되면 말하기와 쓰기도 쉬워진다. 그때부터는 원어민에게도 인정받는 영어 실력을 갖출 수 있게 된다.

더 이상 엄마표라고 말하기 부끄러워질 때

"엄마, 이 책 읽어봤어? 이건 꼭 읽어 봐야 해. 너무 재미있어."

첫째 아이는 자기가 좋아하는 책을 만나면 나에게 다가와 꼭 그 책에 대해 이야기한다. 엄마도 자기가 경험한 즐거움을 느끼기를 바라기 때문일 것이다. 언니의 이런 모습을 본 둘째 아이도 가끔 나에게 책을 추천해 준다. 자신들에 비해 엄마가 너무 책을 읽지 않는 것 같아 걱정이라도 되는 듯 아이들은 나에게 자주 책을 가져온다.

아이들과 영어책이 있는 곳들을 찾아다니며 많은 책을 함께 읽고, 아이들에게 어떻게 하면 책을 더 많이 읽힐 수 있을지를 고민하던 시간들이 새록새록 머리를 스쳐간다. 물론 지금도 아이들의 책 읽기에 관심을 갖고 있지만 예전만큼의 열정은 사라졌다. 이젠 내 열정으로 아이들을 끌어주는 시기는 조금 지나갔기 때문이다. 지금은 아이들이 지치지 않고 독서를 이어 나갈 수 있도록 관심을 갖고 옆에서 함께 걸어주면 된다. 아이들은 그동안 이렇게나 많이 성장했다. 이젠 엄마와 함께 책을 읽지 않아도 스스로 책을 즐길 줄 아는 아이들이 되었고, 때론 책을 읽지 않는 엄마에게 다가와 기꺼이 책을 읽어주는 아이들이 되었다. 그동안 독서에 대한 많은 경험을 한 첫째 아이가 요즘 추천해 주는 책들은 내가 읽기에 버겁게 느껴진다. 예전엔 아이가 책을 추천해 주면 금방 읽고 책에 대한 내 생각을 이야기해 주었는데, 이젠 아이와 같은 수준의 책을 빠른 시간 안에 읽는 건 불가능해졌다. 그만큼 아이가 읽는 책의 수준이 높아졌기 때문이다.

언제부턴가 아이는 엄마표가 아닌 스스로의 의지로 책을 읽기 시작했고, 그 후 벌어진 나와 아이의 영어독서 수준의 차이는 어마어마해졌다. 엄마표 영어독서를 하다 보면 처음엔 엄마가 아이를 끌어주는 관계로 시작하지만, 어느새 아이와 엄마가 나란히 걷게 되는 순간이 온다. 그 시기가 지나고 나면 아이가 엄마의 손을 잡고 끌어주는 단계로 변화하는 것 같다. 아이는 책과 함께 끊임없이 성장한다. 아이의 키와 몸집이 커질수록 아이가 갓난아기였던 시간이 꿈같이 느껴지는 것처럼, 아이의 영어 읽기 능력이 성장할수록 내가 아이를 무릎에 앉혀 놓고 한 글자, 한 글자 영어책을 읽어주었던 그 시간들이 꿈같이 느껴진다.

아이들은 절대 단기간에 아기의 몸에서 어린이의 몸으로 성장할 수 없다. 수년간 엄마의 보살핌을 받으며 조금씩 성장한다. 하루하루 아이를 볼 때는 아이가 잘 자라고 있는지 느낄 수 없지만, 얼마간의 시간이 흐른 뒤 예전 아이의 모습을 보면 아이가 성장하고 있는 것을 확실히 알 수 있다. 엄마표 영어독서를 하는 것도 갓난아기를 키우는 것과 같다. 아이는 엄마의 도움을 받으며 조금씩 책과 가까워진다. 처음엔 영어책을 매일 읽어주어도 아이에게 아무런 변화가 느껴지지 않지만 얼마간의 시간이 흐른 뒤 아이의 모습을 보면, 엄마의 도움으로 영어책을 읽었던 아이가 스스로 영어책을 읽게 되고, 글밥이 적은 동화책만 읽던 아이가 글자가 빽빽한 챕터북을 읽는 모습을 보게 된다.

엄마의 배 속에서 나온 아이가 나중엔 엄마만큼 혹은 엄마보다 더 큰 어른이 되듯이 엄마에게 도움을 받으며 영어를 더듬더듬 읽던 아이가 나중엔 엄마와는 비교도 되지 않는 영어 실력을 갖추게 된다.

분명히 처음엔 엄마표로 시작했는데…. 이상하게도 다른 사람들에게 엄마표 영어독서를 해 왔다고 말하기가 부끄러워지는 요즘이다.

아이들의 영어 실력은 계속 성장하고 있는데 나만 살짝, 아니 많이 뒤처지고 있는 느낌이랄까? 그동안 도대체 아이들에겐 어떤 일들이 일어난 걸까? 난 그동안 그저 묵묵히 아이들이 좋아하는 책을 찾을 수 있도록 돕고 그 책을 열심히 읽혀 왔을 뿐이다.

첫째 아이가 여덟 살이 되던 해 여름부터 시작했던 엄마표 영어독서, 처음 1년은 정말 극성스러울 정도로 영어책을 열심히 읽어주고 또 읽혔다. 덕분에 나의 영어 실력도 쑥쑥 커 나갔다. 내 평생 이렇게 많은 영어책을 읽어 볼 줄은 몰랐다. 아이에게 읽어준 영어 동화책, 리더스북, 챕터북만 해도 그 양이 어마어마하다. 물론 아이가 혼자 읽은 것에 비하면 새발에 피도 되지 않는 양이지만 말이다.

문제는 바로 거기에 있었다.

아이들이 수 많은 영어책을 읽을 때 나도 함께 읽었더라면 아이들이 경험한 마법같은 일들을 나도 경험할 수 있었을 텐데…. 어느 순간부터 점점 아이들이 영어책 읽기를 독립하더니 이제는 내가 공들여 읽게 하지 않아도 알아서 책을 즐길 줄 아는 아이들로 성장했다. 예전에는 아이들이 책을 읽다가 모르는 단어를 물어보면 웬만한 건 다 가르쳐 주었는데 요즘엔 아이들이 물어보는 단어의 뜻을 모르는 경우가 훨씬 많아졌다. 사전을 찾아봐야 대답해 줄 수 있을 정도로 아이들이 읽는 책의 단어 수준이 높아진 것이다.

엄마표 영어독서를 하고 있다고 당당하게 이야기하던 시간들을 돌아보면 언제까지 내가 이 아이들 끌어줘야 하는 건지 그 끝이 보이지 않았던 것 같다. 하지만 어느새 아이들은 나 없이도 책과 좋은 관계를 맺고 있었다.

엄마표를 아이표로 바꾸기 위해 엄마가 반드시 해야 할 일

엄마라면 누구나 내 아이가 자기주도적으로 공부하고 배움에 대해 열정적인 자세로 임하는 것을 꿈꿀 것이다. 하지만 아이를 키우다 보면 아이가 스스로 알아서 하는 경우보다 엄마나 학원 선생님이 시켜서 하는 경우가 대부분이고, 자기주도성을 가지고 무언가를 해 나가는 경우는 좀처럼 보기 어렵다. 아이들은 자기가 좋아하는 것을 할 때 자기주도성을 드러낸다. 그림 그리기를 좋아하는 아이는 그림을 그릴 때 눈빛이 반짝이고, 운동을 좋아하는 아이는 운동할 때 눈빛이 반짝인다. 누구나 남이 시켜서 억지로 하는 일이나 본인이 전혀 흥미를 느끼지 못하는 일, 혹은 누군가 내 의지보다 강한 의지로 나를 끌어주는 일에는 수동적인 자세가 된다. 아이와 함께 영어독서를 하는 경우에도 대부분 엄마가 아이를 끌어주고, 아이는 엄마가 이끌어주는 방향으로 끌려간다. 엄마가 이끄는 방향대로 잘 가는 아이들도 있지만, 어떤 아이들은 중간에 지쳐서 튕겨져 나가기도 한다.

어떻게 하면 아이가 자기주도성을 가지고 영어독서를 즐기는 상태로 성장할 수 있을까? 어떻게 하면 아이가 스스로 원해서 책을 읽고 책을 사랑하는 아이가 될 수 있을까?

아이가 자기주도적으로 영어책을 찾아 읽고 성장하려면 무엇보다도 엄마의 태도가 중요하다.

첫째, 아이가 자유로운 분위기 속에서 책을 읽을 수 있도록 해야 한다. 내 아이가 책을 좋아하는 아이로 성장하기 바란다면 엄마는 아이에게 책은 부담스러운 것, 싫은 것이라는 이미지를 심어주면 안 된다. 아이들이 책에 대해 긍정적인 경험을 하려면 가장 편안한 상태에서 책을 읽을 수 있어야 한다.

예전에 아이들과 자주 방문하던 도서관이 있었다. 그 도서관은 어린이들이 마음껏 책을 읽을 수 있도록 다양한 공간을 마련해 놓았는데, 아이들은 그 공간에서 눕거나 엎드리며 자유롭게 책을 읽을 수 있었다. 또 약간의 소음은 허락되는 곳이어서 부모가 아이들에게 책을 읽어주는 모습도 종종 볼 수 있었다. 하루는 아이들과 그 도서관의 어린이 코너에서 책을 읽고 있었는데, 어떤 아빠가 아이 둘에게 이야기하는 것을 듣게 되었다. 그 아빠는 아이들이 뒹굴뒹굴 구르며 책을 읽는 모습이 마음에 들지 않았던지 아이들에게 똑바로 앉아서 책을 읽지 않으면 다시는 이곳에 데리고 오지 않겠다고 했다. 그래도 아이들이 말을 듣지 않자 아빠는 아이들에게 계속 신경질적으로 말했다. 아이가 아빠에게 책을 읽어 달라고 가져오자 그 아빠는 "혼자 조용히 앉아서 읽어야지. 아빠한테 가져와서 읽어 달라고 하면 어떡하니?"하며 아이들에게 책을 읽어주지 않았다.

아이들이 책 읽는 것을 편하고 즐겁게 생각하려면 엄마, 아빠가 아이들의 책 읽는 시간을 조금 더 자유롭게 만들어 줄 필요가 있다. 책은 책상에 앉아서 정자세로만 읽어야 하는 것이 아니다. 자기 전에 침대에 누워서 읽을 수도 있고, 바닥에 쪼그리고 앉아서 읽을 수도 있다. 도서관에 가서도 엄마나 아빠는 아이에게 책을 읽으라고만 강요하면 안 된다. 아이들이 가져오는 책을 읽어주거나 엄마, 아빠가 재미있게 독서하는 모습을 보여주면서 아이와 함께 독서는 즐거운 것임을 경험할 수 있도록 해야 한다. 이런 경험들이 쌓이면 아이는 독서를 하기 위한 공간을 찾는 것이 아니라 언제, 어디에서든 독서를 즐길 수 있는 아이가 된다.

둘째, 아이의 의견을 존중해 준다. 아이가 읽고 싶어 하는 책은 어떤 경우에라도 읽도록 해야 한다. 아이의 리딩 레벨에 맞지 않는 책이라도 아이가 원한다면 자유롭게 읽을 수 있도록 해야 한다. 어떤 엄마들은 아이가 자기의 리딩 레벨에 못 미치는 책을 읽는다고 하면 못마땅하게 생각한다. 하지만 아이가 반드시 리딩 레벨에 맞는 책만 읽어야만 하는 이유는 없다. 어른인 나도 때로는 그림 동화책을 읽고 싶을 때가 있다. 아이의 의견을 무시하지 말자. 아이에게는 재미있는 책을 읽을 자유가 있다. 매번 레벨에 맞는 책만 고집한다면 아이는 책 읽기를 공부하는 것으로 생각할 수 있다. 아이가 읽고 싶어 하는 책이 안 좋은 영향을 끼치는 책이 아니라면 그 책을 읽을 수 있도록 지지해 줘야 한다. 엄마가 아이에게 읽히고 싶은 책이 있다면, 먼저 아이가 읽고 싶어 하는 책들을 충분히 읽게 한 뒤에 엄마가 그 책을 추천해 주면 된다.

셋째, 아이의 놀이시간을 충분히 확보해 준다. 적어도 영어독서를 통해 아이에게 영어를 익히도록 하려면 아이가 여유롭게 놀 수 있는 시간을 충분히 확보해 주는 것이 중요하다. 아이가 영어독서에 어느 정도 익숙해지고 어렵지 않게 영어독서를 할 수 있다면 상관없지만, 아이가 영어독서를 시작하는 단계라면 아이에게 영어독서는 아직 낯설고 힘들 수 있다. 그런데 영어독서를 하는 시간 전후로 아이에게 다른 학습을 많이 시킨다면, 아이는 영어독서를 하며 스트레스를 받을 수도 있다. 영어독서를 하기 전이나 후에 아이가 충분히 그리고 자유롭게 놀 수 있는 시간을 확보해 주면 아이는 영어독서에 조금 더 집중할 수 있는 에너지를 얻을 수 있다.

넷째, 어떤 경우라도 매일 영어독서의 규칙은 지켜야 한다. 영어독서를 어렵지 않게 하기 위해서는 영어독서를 습관으로 만들어야 한다. 영어독서가 습관이 되면 누가 하라고 강요하지 않아도 스스로 한다. 이렇게 영어독서를 습관으로 만들기 위해서 가장 먼저 해야 할 일은 매일매일 쉬지 않고 영어독서를 하는 것이다. 이런저런 이유로 영어독서를 하지 않으면 영어독서는 절대로 습관이 될 수 없다. 짧은 시간이라도 매일 쉬지 않고 아이가 영어독서를 할 수 있도록 도와주자.

다섯째, 아이의 리딩 레벨을 잘 파악해야 한다. 아이가 책을 읽는 것을 즐거워하게 하려면 먼저 아이가 즐겁게 읽을 수 있는 책을 찾아야 한다. 아이가 즐겁게 읽을 수 있는 책은 아이의 레벨에 비해 너무 높거나 낮지 않은 책들이다. 아이의 리딩 레벨을 잘 파악하지 못하고 아이에게 책을 읽히면 아이의 수준에 비해 너무 낮아 시시하게 느끼거나 아이의 수준에 비해 너무 높아 어렵고 지루하게 느낄 수 있다.

아직도 시작이 어렵다고?

엄마표 영어독서를 처음 시도해 보려는 엄마들은 그 첫발을 쉽게 내딛지 못한다. 오늘부터 아이와 함께 책을 읽으려고 마음먹었지만, 구체적으로 뭘 어떻게 시작해야 하는지 감이 오지 않기 때문이다. 도대체 아이에게 몇 시간이나 책을 읽어주어야 하는지, 어떤 책을 몇 권이나 읽어주어야 하는지, 아이가 싫다고 하는 책은 읽히지 않아도 되는 건지 등등…

엄마표 영어독서를 하고 있는 다른 엄마들에게 물어보고 싶은 게 많지만, 궁금한 것들을 모두 물어보기는 쉽지 않다. 수학공식처럼 따라 할 수 있는 기준이 있으면 좋지만 명확하게 정해져 있는 방법이 없기 때문에 더 어렵다. 나 또한 엄마표 영어독서의 시작이 막막했었기 때문에 엄마들의 이런 답답함을 충분히 이해하고 공감한다.

내가 내 아이와 했던 엄마표 영어독서의 방법이 어떤 아이와 엄마들에겐 정답이 아닐 수도 있지만, 첫 시작의 막막함을 덜어주기 위해 내가 했던 방법들을 조금 더 공유해 보도록 하겠다. 이 방법들은 모두 엄마표 영어독서를 시작하고 1년 동안의 것들임을 참고하기 바란다. 그리고 아이와 엄마의 성향에 따라 이 방법이 맞지 않다면 아이와 엄마에게 맞는 방법과 규칙을 만들어 가면 된다.

'하루에 아이들에게 영어책을 읽어준 시간은?'

엄마표 영어독서를 시작하면서 나는 첫째 아이에게 하루 최소 30분에서 최대 60분 이상의 시간 동안 책을 읽어주었다. 매일 같은 시간 동안 책을 읽어준 것이 아니었기 때문에 몇 시간을 읽어주었는지 정확히 알 수는 없지만 아이가 읽어 달라고 가져오는 책들은 모두 읽어주려고 노력했고, 아이가 읽어 달라고 하지 않을 때에는 내가 먼저 아이에게 다가가 읽어주기를 시도했다.

'아이에게 읽어주었던 책의 수준과 분량은?'

엄마표 영어독서 초기에 아이의 리딩 레벨이 AR 1점대 중 후반이었는데, 글밥이 한두 줄 정도인 그림책부터 10줄 이상 되는 동화책까지 최소 두세 권 정도 읽어주었고, 아이가 더 읽어 달라고 할 때에는 원하는 만큼 읽어주었다. 그리고 종종 챕터북도 읽어주었는데 한 챕터나 두 챕터 정도를 읽어주고 나머지는 아이가 읽도록 하거나 함께 읽는 방법을 선택했다.

'아이가 스스로 영어책을 읽은 시간은?'

아이가 책을 읽을 때마다 일일이 체크하지 않았기 때문에 정확한 시간은 알 수 없지만 하루 최소 30분에서 최대 90분 이상 동안 책을 읽었던 것 같다. 이 시간은 앱을 통한 독서나 오디오북을 들으며 하는 독서도 모두 포함된 것이다. 책을 읽은 최소 시간과 최대 시간의 차이가 큰 이유는 아이의 컨디션과 상황에 따라 책 읽는 시간이 달랐기 때문이다.

당시 첫째 아이는 초등학교 1학년이어서 오랜 시간 앉아서 책 읽는 것을 힘들어했다. 그래서 긴 시간 동안 몰아서 독서하기보다는 놀이를 하는 중간중간 책을 읽도록 했는데 짬을 내서 읽는 책의 양은 짧은 동화책이나 리더스북을 기준으로 보통 10~20권 정도 되었다. 그리고 아이가 원하는 경우 같은 책을 여러 번 읽도록 했고, 읽은 책의 권수에 포함시켰는데 아이가 무척이나 만족스러워했다.

'아이가 좋아하지 않는 책도 반복적으로 읽혔는지?'

나는 아이가 좋아하지 않는 책은 웬만해선 읽히지 않으려고 했다. 아이가 좋아하는 책을 읽을 수 있는 자유를 주어야 책과 친해질 수 있다는 생각에서였다. 아이가 어느 정도 책과 친해지고 독서를 어렵지 않게 하게 되었을 때는 좋아하지 않는 책이라도 한 번 읽어 보라고 권하거나 함께 읽어 보았다. 하지만 아이에게 도움이 될 것 같다는 이유로 혹은 학습에 도움이 된다는 이유로 반복해서 읽도록 강요한 적은 없다. 반복독서는 아이의 의지대로 본인이 원할 때만 하는 것이 내 원칙이다.

'내용을 이해하지 못한 책을 한 번만 읽혔는지?'

내용이 아이에게 어려워서 이해하지 못하는 책은 억지로 읽히려고 하지 않았다. 책을 읽다가 그만 읽고 싶은 책은 언제라도 그만 읽도록 했고 대신 다른 책을 선택해서 독서를 이어 가도록 했다.

'기타 독후활동은 없는지?'

아이들과 책 읽는 것에 더욱 집중했던 터라 다양한 독후활동을 생각해서 해 본 적은 없지만, 아이들 스스로 독서 후에 관련된 놀이를 하며 독후활동을 한 적은 종종 있다. 아이들이 좋아했던 활동은 책에 나오는 등장인물들을 그림으로 그려 종이인형으로 만든 뒤 인형놀이를 하는 것이었는데 아이들이 즐거워했다. 그리고 요즘에는 책을 읽을 때 주인공들의 이름을 다른 이름으로 바꾸어 읽는 것을 좋아하는

데, 만화에 나오는 캐릭터의 이름을 책 속 캐릭터의 이름에 대입하여 읽는다. 내가 볼 땐 왜 저런 놀이를 하는지 이해되지 않을 때도 있지만 아이들은 무척 즐거워한다. 아이들이 평소에 읽던 책보다 수준이 높거나 두꺼운 책에 도전했을 때 가끔 완독을 축하하는 파티를 열어 아이들에게 보상을 해주었다. 아이들은 완독의 기쁨과 뿌듯함을 느끼며 다른 어려운 책에도 도전해 보고 싶다는 동기부여를 받기도 했다.

'매일 책에 대한 기록을 모두 남기는지 아니면 선별해서 남기는지?'

첫째 아이가 한국에서 초등학교를 다닐 때 아이의 학교에서는 일주일에 두 권 이상 책을 읽고 독서록을 작성하도록 지도했다. 당시 아이는 읽은 책을 모두 기록으로 남기지는 않았고, 그날 읽은 책 중 독서록에 남기고 싶은 책을 한 권 정해서 작성했는데 하루에 한 권은 꼭 기록을 남겼다. 책을 읽을 때마다 독서록을 남기면 아이가 책을 여러 권 읽는 것을 싫어하게 될 수도 있어 읽은 책 중에서 아이가 원하는 몇 권만 선택해서 일주일에 2~3회 정도 작성하는 것이 좋을 것 같다.

'한글책 읽기가 영어책 읽는 데 어느 정도 도움이 되는지?'

한글책을 읽는 것이 영어책을 읽는 것에 특별히 도움이 된다고 생각하지 않는다. 어느 정도 읽기 레벨이 올라갔을 때에는 본문에 나오는 어휘 수준이 높아지고 문장도 복잡해지기 때문에 모국어를 읽고 이해하는 능력이 높은 아이가 외국어를 읽고 이해하기 더 쉬울 수 있지만, 영어독서를 처음 시작할 때는 한글독서가 크게 도움이 되지는 않는 것 같다.

내가 아이들에게 한글독서를 시켰던 이유는 모든 학습의 기본이 읽기라는 생각 때문이다. 아이들이 초등학교에 들어가면서부터 본격적으로 학습을 시작하는데 모든 학습은 읽기가 뒷받침되어야 더 깊이 있는 학습을 할 수 있다고 생각한다.

그리고 내가 특별히 무언가를 가르치지 않아도 책을 통해 아이가 스스로 배우게 되는 지혜와 깨달음이 중요하다고 생각하기 때문에 한글책을 신경 써서 읽혔다.

〈엄마표가 아이표가 되는 영어독서 성공법칙〉

❶ 아이가 어느 정도의 영어 읽기 레벨을 가지고 있는지 아이의 수준을 확인하자.

❷ 아이가 매일매일 최소 20분 이상 영어책을 읽을 수 있도록 돕는다.

❸ 엄마가 아이에게 하루 최소 20분 이상 책을 재미있게 읽어주자.

❹ 아이의 관심사를 잘 파악하여 관련된 책을 찾는다.

❺ 일주일에 한 번 이상 도서관으로 나들이를 간다. 아이가 책을 읽기 싫어할 때에는 도서관에서 놀다가 책을 몇 권 빌려오는 것만으로도 좋다.

❻ 한 달에 한두 번은 중고서점을 방문하여 영어책을 구경하고 구입한다. 저렴한 가격에 부담 없이 원서를 구입할 수 있다.

❼ 책 읽을 시간이 없다는 핑계는 이제 그만! 자투리 시간을 잘 활용하여 책을 읽힌다. 차에 오디오북을 준비하고 아이가 읽을 책도 준비해 놓는다.

❽ 외출할 때에는 작고 가벼운 책 두세 권을 가방에 꼭 챙겨가자. 외출 중 언제 황금 같은 자투리 시간이 생길지 모른다.

❾ 아이가 심심해할 때 스마트 기기보다는 종이와 펜, 그리고 책을 주자. 스마트 기기 사용은 늦게 시작하면 늦게 시작할수록 좋다.

❿ 책을 읽는 것만으로도 충분하다. 읽은 책마다 독서록을 작성하거나 독후활동을 하면 아이가 책 읽는 것에 부담을 느낄 수 있다.

⓫ 아이가 읽고 싶어 하는 책은 꼭 읽힌다. 하지만 만화책은 독서에 포함되지 않는다.

⓬ 집 안 곳곳에 책을 두어 아이가 책을 펼쳐 볼 수 있도록 유도한다.

⓭ 아이의 아웃풋을 자꾸 확인하지 말자. 꾸준함의 힘을 믿고 기다려주자.

⓮ 읽은 책의 내용을 통해 무언가 배우게 하려고 노력하지 말자. 책에서 무언가를 배우는 것보다 영어독서가 습관이 되는 것이 엄마표 영어독서의 가장 중요한 목적이다.

영알못 엄마도
쉽게 따라하는
애 플 쌤 의
엄 마 표
영 어 독 서

말레이시아 한달살기와
국제학교 이야기

국제학교를 위한 영어 공부법도 결국 영어독서가 답이었다.

말레이시아 한달살기

 많은 엄마들이 한달살기 장소로 말레이시아를 선택하는 이유

코로나가 발생하기 이전 어린 초등 자녀를 둔 엄마들 사이에서 '한달살기'라는 프로젝트가 한창 유행이었다. 한달살기는 새로운 환경 속에서 한 달간 살아 보는 것이다. 한달살기가 일반 여행과 다른 점은 특정한 지역에 한 달간 머물면서 그곳에서의 평범한 일상을 체험해 보는 것이다. 여러 호텔에 머물면서 이곳저곳을 관광하거나 리조트에서 휴식을 취하는 여행과는 다르게 선택한 장소에서 실제 살아 보는 경험을 한다는 것이 핵심이다.

말레이시아는 원래 한국인들에게 인기 있는 여행 국가가 아니었는데, 초등학생 아이와 함께하는 한달살기가 유행하면서 엄마들 사이에서 굉장히 인기 있는 한달살기 장소로 떠오르게 되었다. 많은 부모들이 한달살기의 장소로 말레이시아를 선택하는 이유는 여러 가지가 있다.

첫째, 말레이시아는 다른 동남아 지역에 비해 비교적 안전하고 깨끗한 환경을 갖고 있다. 나도 말레이시아에 처음 왔을 때 이 점이 굉장히 마음에 들었다. 다른 동남아 국가들로 여행을 가 보았지만, 그곳과는 다른 말레이시아만의 특별한 느낌이 있었다. 특히 말레이시아의 수도 쿠알라룸푸르 시내는 굉장히 세련되고 도시적인 느낌으로 많은 사람들로 하여금 말레이시아에 대한 매력에 더 깊이 빠져들도록 만든다. 특히 외국인들이 많이 거주하는 지역은 편의시설이 잘되어 있고 깨끗해서 아이들과 장기간 거주하는 데에 불편함이 없다.

둘째, 말레이시아에서는 말레이어가 공용어로 사용되고, 영어는 상용어로 사용되고 있어 일상생활에서 쉽게 영어로 소통할 수 있는 환경이 잘 갖추어져 있다. 아이들이 영어를 사용하며 다양한 체험활동을 해 볼 수 있고, 어학원을 통해 영어학습도 가능하기 때문에 자녀의 영어교육이 목적인 경우, 한달살기 장소로 적합하다.

셋째, 말레이시아는 영어뿐 아니라 중국어를 배우고 익히기에 좋은 환경이다. 말레이시아에는 중국계 말레이시아인들이 많이 살고 있기 때문에 중국어를 배우기 굉장히 좋은 환경이다. 자녀에게 중국어를 가르쳐주고 싶은 부모라면 이 부분도 상당히 매력적으로 다가오는 것 같다.

넷째, 다양한 문화가 공존한다. 말레이시아에는 여러 민족이 함께 살고 있기 때문에 다양한 문화를 경험해 볼 수 있다. 가장 흔하게 체험해 볼 수 있는 것은 음식이다. 말레이시아에서는 말레이시아 음식 외에도 태국, 인도, 중국 등 여러 국가의 음식들을 쉽게 먹어 볼 수 있다. 동네에서 열리는 야시장만 가도 저렴한 가격에 각국의 음식을 골고루 먹어 볼 수 있다.

다섯째, 영어를 사용할 수 있는 다른 나라에 비해 물가가 저렴하다. 말레이시아의 물가가 다른 동남아 지역에 비해서 저렴한 수준은 아니지만, 영어를 사용하는 다른 나라들에 비해서는 비교적 저렴한 비용으로 한달살기를 할 수 있다.

또한, 말레이시아에는 100여 개나 되는 국제학교가 있어 조기 유학에 관심 있는 엄마들에게 인기가 많다. 실제로 엄마들이 아이들과 함께 국제학교를 둘러보기 위해 한달살기를 계획하는 경우도 종종 있고, 한달살기를 하러 왔다가 국제학교에 보내기로 결정하는 경우도 많다.

말레이시아 한달살기, 아이의 영어는 얼마나 늘까?

아이를 동반한 한달살기는 두 가지 부류로 나눌 수 있다. 첫 번째는 아이와 해외에서 자유롭게 시간을 보내면서 국내에서는 하기 힘든 다양한 경험을 해 보는 경우이다. 두 번째는 해외에 머무는 한 달 동안 오전시간에 아이를 어학원에 보내 영어를 배우도록 하고, 오후시간과 주말을 활용해 다양한 경험을 하는 경우이다.

초등학생 아이들을 데리고 한달살기를 가는 경우엔 부모들이 아이의 영어교육에 관심이 많아 전자보다는 후자 쪽을 많이 선호하는 것 같다. 아이와 함께 한 달 동안 놀기만 하는 것보다는 어학원에 다니면서 친구도 사귀고 영어 공부도 하며 알찬 시간을 보내기를 바라는 마음에서일 것이다.

그런데 한 달 동안 해외에서 살면서 아이를 어학원에 보내는 것이 아이의 영어 실력 향상에 정말 도움이 될까? 한 달 동안 아이는 어떤 것들을 배울 수 있을까?

많은 엄마들이 우리나라에서 한 달 동안 영어학원을 보내는 것보다 외국에서 어학원에 보내는 것이 더 효과적이라고 생각한다. 그리고 한 달간의 해외 연수를 마치고 돌아오면 영어 실력이 엄청나게 향상되어 있을 거라 기대하기도 한다. 아무래도 해외에 있는 어학원이다 보니 외국인 선생님께 수업을 듣고, 영어를 사용하는 외국 아이들과도 어울려 지낼 수 있어 영어가 빨리 늘지 않을까 기대하는 것 같다. 하지만 해외에서 한달살기를 하는 아이들이 다니는 어학원들은 보통 방학 때 한달살기를 오는 친구들을 위한 프로그램을 진행하는 경우가 많아, 영어를 사용하는 현지인이나 국제학교에 다니는 아이들과 함께 수업을 듣는 경우는 드물다. 그리고 현지에서 거주 중인 국제학교 학생들과 같이 수업을 듣는다고 해도 그 아이들의 영어 실력이 좋다는 보장은 없다. 그 아이들도 부족한 것을 보충하러 학원에 오는 경우가 많기 때문에 현지에 살고 있는 친구들과의 소통을 통해 영어 실력 키우기를 희망하는 것은 사실상 불가능하다.

또한 언어는 단기간에 급속도로 실력이 향상되는 것이 아니기 때문에 한 달이라는 짧은 기간 동안 학원에서 수업을 듣는다고 갑자기 실력이 눈에 띄게 향상되기는 어렵다.

한달살기를 위해 말레이시아에 도착하면 보통 하루, 이틀쯤은 숙소 주변을 돌아보며 시간을 보낸다. 그리고 예약해 놓았던 학원의 스케줄에 맞춰 아이와 함께 학원에 간다. 아이는 간단한 레벨 테스트를 받고, 엄마들은 학원을 둘러보며 결과를 기다린다. 아이의 영어 테스트 레벨에 따라 반이 배정되고, 아이들은 한 달간 그 반에서 수업을 듣는다.

나는 학원에 큰 기대를 하고 한달살기를 계획한 것은 아니다. 한 달 동안 학원을 다닌다고 해서 아이의 영어 실력이 급속도로 향상되지 않으리라는 것을 이미 잘 알고 있었다. 그럼에도 내가 아이를 어학원에 보내기로 결정한 이유는 두 가지이다.

그중 하나는 한 달이라는 긴 시간 동안 하루 종일 나와 붙어 지내는 것보다 하루에 몇 시간 정도는 다른 친구들을 만나 함께 영어를 사용하며 공부하는 시간을 보내는 것이 아이에게 좋은 경험이 될 수 있을 거라 생각했기 때문이다. 다른 하나는 아이가 외국인 선생님에게 영어를 배우고 싶고, 선생님과 영어로 대화를 나누어 보고 싶다고 했기 때문이다. 그동안 집에서 엄마표로 영어독서를 하면서 외국인과 영어로 대화하고 싶다는 생각이 조금 쌓였던 것 같다.

나의 경우처럼 영어에 대한 큰 기대 없이 한달살기를 하는 엄마들도 있지만, 아이의 영어 실력이 많이 좋아질 거라는 큰 기대를 가지고 한달살기와 어학원을 선택하는 엄마들도 많은 것 같다.

말레이시아의 경우 학원마다 학원비에 차이가 있지만, 아이가 학원에 가서 수업을 듣는 시간이 긴데도 불구하고 한국의 대형 학원의 가격보다 저렴한 편이다. 그 때문에 엄마들 입장에서는 아이의 방학을 활용해서 한 번쯤 보내고 싶다는 생각을 하게 된다. 말레이시아 어학원들은 보통 아침부터 오후까지 영어수업을 하는데 중간에 학원에서 점심을 먹은 후 오후수업을 듣는다. 이렇게 오랜 시간 영어로 수업을 들으면 아이가 영어를 잘하게 될 것 같지만 한 달 동안의 학원수업만으로 아이의 영어 실력이 눈에 띄게 향상되기를 기대하기는 어렵다.

그렇다면 한달살기를 하며 어학원 수업을 듣는 것이 아무 소용이 없는 것일까? 내 솔직한 대답은 "그렇지만은 않다."이다. 한 달 동안 어학원을 다니면서 기대할 수 있는 효과는 분명히 있다. 첫 번째는 아이가 영어에 자신감을 갖게 될 수 있다는 점이고, 두 번째는 영어 공부에 대한 동기부여를 받을 수 있다는 점이다. 아이들이 한 달간 어학원을 다니면 외국인 선생님과 대화를 나누고, 친구들과 다양한 활동을 함께하면서 영어를 사용하게 된다.

영어로 말해 본 경험이 적은 아이들의 경우 이런 활동을 하면서 점점 영어에 대한 자신감을 얻을 수 있다. 그리고 친구들과 소통하면서 영어가 서툴러 답답함을 느낀다면, 영어 공부를 왜 해야 하는지에 대한 동기부여를 받을 수도 있다. 더 이상 아무런 목적이나 목표 없이 영어를 배우는 것이 아니라, 영어를 잘하게 되어 다른 사람에게 자신의 생각을 잘 표현하고 싶고, 좋아하는 친구들과 더 많이 소통하고 싶다는 목적을 갖게 할 수도 있다.

이렇게 한달살기를 하면서 아이를 어학원에 보내면 얻게 되는 여러 가지 좋은 점들이 분명히 있다. 하지만 아이가 강하게 거부한다면 어학원에 보내지 않는 것이 좋다. 아이에게 영어에 대한 즐거운 경험을 줄 수 없다면 그 어떤 좋은 프로그램도 아무 소용이 없기 때문이다.

아이를 어학원에 보내기 전에 준비해야 할 것

아이들이 한 달간 어학원에 다닌다고 아이의 영어 실력이 눈에 띄게 향상되는 것은 아니다. 하지만 학원에 대한 기대치가 낮다고 해도 한 달간 아이의 학원비로 들어가는 금액이 아깝게 느껴지는 건 싫을 것이다. 이왕 돈을 내고 학원에 보낸다면 최소한 돈이 아깝다는 생각은 들지 않도록 아이와 함께 준비해야 하는 것이 있다.

그것은 바로 기본적인 영어 읽기 능력과 영어 쓰기 능력이다. 기본적인 영어 읽기 능력과 영어 쓰기 능력이 갖춰져 있지 않은 상태에서 어학원을 보내면 아이도 엄마도 어학원에 만족을 느끼기 어렵다.

아이와 어학원에 처음 방문하면 레벨 테스트를 통해 아이가 공부할 반을 배정받는다. 이때 기본적인 읽기 능력을 갖추지 않은 아이는 레벨 테스트를 볼 때 문제를 읽고 답을 할 수 없어 또래보다 낮은 레벨의 반에 들어가서 수업을 듣게 될 수 있다. 물론 영어는 자신의 레벨에 맞는 반에 들어가는 것이 맞고, 혹시 또래 친구들에 비해 낮은 레벨의 반에 들어가도 부끄러워하거나 속상할 일은 아니다. 하지만 어린 동생들이 많은 반에 들어가서 수업을 듣게 되면 기대에 미치지 못하는 수준의 수업을 들을 수도 있다. 돈과 시간을 들여 해외에 나와 어학원에 보냈는데 나이에 맞지 않는 수준의 수업을 들어야 한다면 아이도 엄마도 만족스럽지 못할 것이다. 큰 기대 없이 경험 삼아 보내는 어학원이라도 이왕이면 학년에 맞는 반에서 경험해 보는 것이 더 좋을 것이다.

이런 상황을 피하려면 적어도 아이가 글을 읽고 쓰는 활동을 할 수 있도록 준비하고 가는 것이 좋은데, 그 준비를 할 수 있는 가장 좋은 방법이 바로 영어책을 읽는 것이다. 아이와 함께 하루에 30분 정도씩 꾸준히 영어독서를 하면 많은 도움이 될 것이다. 종이책을 읽으면서 라즈키즈와 같은 앱을 활용해 오디오북을 듣고 책을 읽은 후 북 퀴즈를 풀어 보는 것도 도움이 될 수 있다.

아이들과 한달살기를 하게 되면서 어학원에 처음 방문한 날, 첫째 아이가 레벨 테스트를 봤다. 그때 함께 시험을 봤던 같은 또래의 아이들이 모두 다른 레벨에 배정을 받았는데, 그중 한 아이가 본인의 학년보다 낮은 학년의 아이들이 많은 반에 배정되었다. 아이의 엄마는 반 배정 결과에 상당히 속상해했고, 한 단계 높은 반으로 배정해 달라고 학원 측에 부탁했다. 원장님의 설명을 들어 보니 기본적인 읽기와 쓰기가 가능해야 일정 레벨 이상의 반에 배정되고, 읽고 쓰는 것이 어려운 경우 나이에 관계없이 가장 기초반에 배정되는 것이다. 학원마다 레벨 테스트를 보는 방식도 다르고 반을 배정하는 기준도 다르지만, 기본적으로 최소한의 읽기를 할 수 있어야 문제를 이해하고 풀 수 있다는 것에는 다름이 없다. 그렇기 때문에 아이가 초등학생 이상이라면 아무 준비도 하지 않고 가는 것보다는 책 읽기를 통해 최소한의 읽기 능력 정도는 갖추고 가는 것이 좋을 것 같다.

본인의 학년보다 높은 학년의 반에서 공부한다고 더 좋은 것도 아니고, 자신의 나이보다 어린아이들과 수업을 듣는다고 속상할 일도 아니다. 하지만 적어도 아이나 엄마가 그것 때문에 신경이 쓰인다면 그냥 손 놓고 있는 것보다 미리 지혜롭게 대비하는 것이 바람직하다고 생각한다.

아이들이 한달살기를 떠나기 전에 영어독서와 영어 듣기를 꾸준히 하면 조금씩 영어에 재미가 붙어 영어에 대한 자신감이 생길 것이다. 얼른 어학원에 가서 외국인 선생님과 만나서 대화하고 싶은 마음에 설렘을 느낄 수도 있다.

해외 한달살기, 120% 활용하여 영어 실력 키우기

해외 한달살기를 하는 동안 어떻게 지내야 아이의 영어 실력이 조금이라도 더 오를 수 있을까?

한 달 동안 해외에서 지내면서 아이의 영어 실력을 조금 더 높이고 싶다면 어학원 이외의 시간을 좀 더 지혜롭게 활용해야 한다. 실제로 영어교육에 관심이 많은 엄마들은 어학원 수업 외에도 다양한 활동을 통해 아이들에게 영어를 접할 수 있는 기회를 제공하기 위해 노력한다. 먼저 말레이시아에서 한달살기를 하는 엄마들이 선호하는 활동을 몇 가지 소개해 보도록 하겠다.

첫 번째 활동은 외국인 튜터와의 영어 그룹수업이다. 말레이시아에서는 원어민 과외를 구하기가 쉽지 않지만, 영어를 사용하는 현지인 선생님을 구하는 것은 어렵지 않다. 그래서 아이들에게 외국인과 말할 수 있는 기회를 조금 더 제공해 주고 싶은 엄마들은 집에서 선생님과 자유롭게 놀면서 영어로 대화할 수 있는 개인 과외나 그룹 과외를 선택하기도 한다.

두 번째 활동은 수영 과외이다. 말레이시아는 더운 나라이기 때문에 콘도마다 대부분 수영장이 잘 갖춰져 있다. 그래서 아이들이 한국보다 쉽게 수영을 배우거나 접할 수 있다. 많은 한국 엄마들은 영어를 사용하는 수영 선생님을 선택하여 아이들이 수영을 배우면서 선생님과 영어로 대화를 나눌 수 있도록 한다. 나도 첫째 아이에게 한 달간 수영 과외를 받도록 했는데, 아이가 무척 즐거워했다.

세 번째 활동은 영어로 하는 다양한 체험학습이다. 말레이시아에 있는 키자니아(KidZania, 체험과 놀이를 통해 생생하게 직업을 체험할 수 있는 어린이 직업 체험 테마파크), 과학관, 요리학원 등은 영어로 체험할 수 있는 곳이다. 아이들은 재미있는 체험학습을 하면서 자연스럽게 영어를 사용하게 된다. 이런 장소는 주로 어학원 수업이 없는 휴일이나 주말을 활용해서 방문한다. 다양한 활동을 통해서 영어를 경험하는 것도 아이에게 즐거운 추억으로 남는다.

해외에서 한달살기를 하면서 다양한 체험을 할 수 있지만 가장 기본은 역시 책 읽기이다. 외국에 나갔다고 해서 영어독서를 쉴 이유는 없다. 오히려 영어권 국가의 경우 영어 도서를 구하기 쉬운 환경이기 때문에 자주 서점에 들러 아이들과 책을 읽는 시간을 가져 보는 것도 의미가 있다.

한달살기 중 늘 노트와 펜
그리고 책을 가지고 다니는 아이들

나는 한달살기를 하는 동안 매일 아침 아이들이 일어나기 전 간단한 아침 식사를 준비하고 아이들이 학원에서 먹을 간식을 챙겨 놓았다. 그리고 아이들이 일어나면 씻은 후 책을 한 권씩 들고 식탁에 앉도록 했다. 이 습관은 말레이시아에 와서 시작된 습관이 아니라 한국에서 매일 아침 반복되던 우리 집의 아침 풍경이었다. 아침에 일어나면 아침독서를 했던 아이들이었기 때문에 말레이시아에 와서도 변함없이 아침독서를 했다.

아이들을 각각 학원과 유치원에 보내고 나면 나는 오전시간을 활용해 내가 하고 싶은 것들을 할 수 있었다. 아이들을 낳은 후 늘 아이들과 함께였던 생활에서 조금 벗어나 생각을 정리할 수 있었고, 이곳저곳을 자유롭게 돌아다녀 볼 수도 있었다. 혼자 커피도 마시고, 영화도 보고, 그림도 그리면서 비교적 여유 있는 아침시간을 보냈다. 이렇게 혼자만의 시간을 잘 보내고 나면 아이들과 보낼 오후시간과 주말이 더 즐거워진다. 그리고 나는 아이들이 학원과 유치원을 마치면 아이들과 함께 쿠알라룸푸르 시내로 나가 대형 몰에 들러 서점에 가곤 했다. 한국에서부터 아이들과 하던 매일 영어독서는 말레이시아에서도 쉬지 않고 계속해 나갔다. 말레이시아에는 대형 몰마다 각각 다른 브랜드의 서점이 입점해 있었는데 서점마다 개성이 있고 판매하는 책들도 달라 구경하는 재미가 쏠쏠했다.

서점에 가면 어린이 도서 코너로 가서 아이들과 한참 동안 책을 구경했다. 아이들은 자유롭게 돌아다니며 책을 구경하다가 마음에 드는 책이 있으면 꺼내 읽어 보기도 하고, 그림을 보기도 했다. 어떤 서점에는 어린이 도서 코너 옆에 아이들이 자유롭게 책을 읽을 수 있는

서점 바닥에 앉아 책을 읽는 아이들

공간이 마련되어 있어서 편하게 책을 볼 수 있었다. 그런 공간이 없는 서점에서는 바닥에 앉아 자유롭게 책을 읽기도 했다. 한참 동안 책을

구경하다가 마음에 드는 책은 한두 권 정도 구입했다. 서점 구경이 끝나면 아이들과 카페나 레스토랑에 가서 식사를 했는데, 이때 아이들은 구입했던 책을 자연스럽게 꺼내 읽었다.

말레이시아에서는 우리나라에서처럼 도서관을 자주 방문하지 못했지만, 쿠알라룸푸르 시내에 있는 어린이 도서관과 숙소에서 멀지 않은 곳에 있는 커뮤니티 도서관을 몇 차례 방문했다. 외국의 도서관은 어떤지 아이들과 방문해 보는 것도 의미 있는 일이라 생각되었다.

쿠알라룸푸르 시내에 있는 어린이 도서관은 이슬람 예술 박물관 안에 위치한 작은 도서관이다. 도서관 안에는 아이들이 읽을 만한 영어 책이 꽤 있었다. 규모는 크지 않았지만 아이들은 책 구경하는 것을 즐거워했다. 그곳

한달살기 중 방문한 말레이시아의 어린이 도서관

에서 자유롭게 책도 읽고, 도서관 선생님이 읽어주는 동화도 들었다. 그리고 도서관에서 준비한 공예 체험을 하며 외국인 선생님들과 영어로 소통도 할 수 있었다.

숙소 근처에 있던 도서관은 동네 주민들을 위한 커뮤니티 도서관이었는데, 아이들이 학원에 있을 때 내가 먼저 답사를 해서 아이들이 읽

을 만한 영어책이 있는지 살펴보았다. 아담한 규모의 도서관이었는데 안쪽에 어린이 도서 코너가 따로 있었다. 책은 많지 않았지만 아이들이 읽을 만한 다양한 영어 동화책이 있어서 아이들을 데리고 와도 좋겠다고 생각되어 아이들 학원이 끝나면 종종 도서관에 데려와 시간을 보냈다. 그곳에는 아이들이 자유롭게 앉아 책을 읽을 수 있도록 테이블과 의자도 준비되어 있었는데, 가방에 종이와 펜을 준비해 가서 책을 보며 그림도 그릴 수 있도록 했다.

그야말로 책으로 시작해서 책으로 끝나는 삶이었다. 이것이 가능하려면 한국에서부터 매일 독서가 어느 정도 몸에 익숙해져 있어야 한다. 우리가 해외 한달살기를 떠났을 때는 첫째 아이가 한국에서 영어 독서를 시작한 지 5~6개월 정도 됐을 때였기 때문에 이미 책 읽기 습관이 형성되어 있었다. 만약 책 읽기 습관이 형성되지 않은 채로 해외 한달살기에 왔다면 너무 조급하게 책을 읽히기보다는 우선 아이에게 다양한 책을 경험해 볼 수 있는 기회를 제공하면 좋을 것 같다.

나는 해외에서도 아이들과 외출을 할 땐 항상 가방에 작고 얇은 책을 몇 권씩 꼭 챙겨 다녔다. 가방 속에 챙겨가는 얇은 책의 위력은 대단하다. 언제 어디서든 시간이 생기면 책을 꺼내 읽을 수 있다. 아이들은 에너지가 떨어지면 이내 앉아서 하는 활동을 하고 싶어 하는데, 아이들이 에너지가 떨어졌을 때 엄마들은 아이들이 조용히 앉아 있을 수 있도록 무언가를 보여준다. 그때 가방 안에 휴대폰만 있다면 아이들에게 유튜브나 넷플릭스 같은 영상을 보여주게 되지만, 가방 안에 작은 책이 있다면 어떨까? 아이들은 가만히 앉아 책을 보게 된다. 아이가 글 읽기를 귀찮아하거나 힘들어한다면 그림만이라도 보도록 한다. 아이는 그림을 보

하교 후 서점 가기(요즘 모습)

면서 이야기를 상상하기도 하고, 책의 내용을 궁금해하기도 한다. 우선 심심할 때 책을 볼 수 있다는 경험을 아이에게 주는 것이 필요하다. 심심할 때 게임이나 영상을 시청하는 것 외에 책을 보는 활동도 할 수 있다는 것을 아이에게 가르쳐 주는 것이다. 이것이 내가 작고 얇은 책을 휴대하는 이유이다. 작고 얇은 책은 한 권이 아니라 여러 권도 가지고 다닐 수 있다. 열 권 정도도

가방 속에 챙겨 다니던 얇은 책들

무겁지 않게 느껴질 수 있다. 아이들이 가방을 메고 간다면 아이들 가방 속에도 두세 권씩 넣어 갈 수 있다. 돌아다니다가 힘이 들거나 배가 고플 때, 카페나 식당 혹은 그냥 벤치에 앉아서 책을 꺼내 보면 된다. 해외에서의 자투리 시간에도 독서를 끼워 넣어 보자.

B
말레이시아 국제학교와
영어 이야기

 국제학교에 보내기 전, 영어 공부는 어떻게 해야 할까?

아이를 해외에 있는 국제학교에 보내려고 계획 중인 엄마라면 아이
가 경험하게 될 학교생활에 대해 막연한 걱정과 두려움이 있을 것이
다. 아이가 학교에 가서 적응을 잘할 수 있을지, 수업시간에 선생님
말씀을 못 알아듣지는 않을지, 말을 잘 못해 친구를 못 사귀는 건 아
닌지 등등 걱정되는 부분이 한두 가지가 아니다.

이런 걱정이 시작되면서 학교 가기 전 아이에게 영어 공부를 시켜
야겠다고 생각하지만, 구체적으로 어떻게 준비해야 하는지 막막하게
느껴질 수 있다. 나도 그랬다. 아이를 갑작스럽게 국제학교에 보내게
되어 제대로 준비하지 못한 채 학교에 보내게 되었다. 그동안 집에서

영어책을 읽히기는 했지만 막상 외국인 학교에 가야 한다고 생각하니 영어 말하기 학원이라도 보내야 하는 건 아닌지 고민도 했었다.

국제학교에 다니는 아이들은 영어 수준이 굉장히 높을 것만 같고, 그 아이들 사이에서 우리 아이들만 소외되어 힘들어하지는 않을까 걱정되기도 했다. 하지만 학교에 다니기까지 얼마 남지 않은 상태였기 때문에 준비할 시간도 없었고, 주변에 물어볼 사람도 없어 그저 답답한 마음뿐이었다. 시간이 지나 아이들이 학교생활을 시작하게 되었는데 막상 학교에 다니는 모습을 보니 걱정했던 것보다는 적응을 잘하는 것 같아 안심이 되었다.

특히 첫째 아이는 국제학교 수업을 어려움 없이 따라갔고 외국 친구들과도 금방 잘 어울렸다. 둘째 아이는 나이가 어리고, 영어도 잘 모르는 상태에서 외국에 나왔기 때문에 학교에서 울지만 않으면 된다고 생각했는데 처음 얼마간의 적응기간을 거친 후로 시간이 갈수록 학교생활을 즐거워하였다.

나는 우리 집 아이들이 학교생활에 잘 적응하며 지내는 모습을 보면서 다른 아이들도 우리 아이들처럼 학교생활을 하는 줄 알았다. 하지만 해외에서 국제학교에 다니는 친구들 중 적지 않은 아이들이 영어 때문에 힘들어한다는 것을 알게 되었다.

해외에 있는 다수의 국제학교에는 학교 정규수업 이외에 별도로 영어학습 프로그램이 준비되어 있다. 영어학습 프로그램은 영어가 부족하여 정규수업을 듣기 힘든 아이들의 영어 실력을 높여 정규수업을 들을 수 있도록 돕는 역할을 한다. 우리 집 아이들이 다니고 있는 국제학교에서도 ELL(English Language Learning)이라는 과정이 준비되어 있는데, 입학하기 전 입학 테스트 결과에 따라 학교수업을 잘 이해할 수 없다고 판단되는 학생들에게 이 과정을 듣도록 한다. 이 과정을 들으려면 학교 등록금 외에 별도의 수업료를 납부해야 하는데 그 금액이 만만치 않다.

보통 ELL 수업을 듣는 시간은 방과 후가 아니라 수업시간 중인 경우가 많다. 주요 과목을 제외한 다른 과목 시간에 ELL을 듣기 때문에 정규수업 중 듣지 못하는 과목이 생기게 된다. 이렇게 한두 번씩 수업을 빠지게 되면 그 과목에서 배우는 내용들은 제대로 알 수가 없다. 그리고 학비와 별도로 금액을 지불하고 수업을 듣는데 수업시간을 빠지고 듣게 되니 이건 손해가 이만저만이 아니다.

우리 집 아이들은 모두 ELL 과정 없이 바로 정규수업을 들을 수 있었는데 그 때문에 얼마나 많은 시간과 돈을 아낄 수 있었는지 뒤늦게 알게 되었다.

국제학교를 몇 년 보내 보니, 아이들이 국제학교를 준비하는 과정에서 가장 중요한 영어 공부법이 영어독서라는 것을 깨달았다. 지금까지 이 책을 통해 계속 강조했던 한 가지, 영어독서! 국제학교를 위한 영어 공부법도 결국 영어독서가 답이었다.

아이를 국제학교에 보내기 전 일반적으로는 아이의 스피킹 실력을 높여야 한다고 생각하기 쉽다. 나도 아이들을 학교에 보내기 전에 아이들의 스피킹 준비를 못했던 것이 마음에 걸렸다. 하지만 막상 아이들을 국제학교에 보내고 나니 국제학교를 보내기 전에 영어 스피킹 준비보다 우선되어야 하는 것은 영어독서라는 것을 알았다.

'영어를 사용하는 학교에 다닐 때 스피킹 준비보다 독서가 우선이라고?' 의아하게 생각할 수 있겠지만 이게 현실이다. 국제학교를 준비하는 아이가 스피킹보다 영어독서를 준비해야 하는 중요한 이유는 국제학교에서 행해지는 모든 수업의 기본이 바로 'Reading'이기 때문이다.

어떤 엄마들은 국제학교에 가서 영어를 배운다고 생각한다. 물론 영어와 관련된 다양한 내용을 공부하지만, 기본적으로 국제학교는 영어를 배우러 가는 곳이 아니라 영어로 수업을 듣는 곳이다. 그렇기 때문에 영어로 된 글을 읽고 이해하는 능력 없이는 학교에서 하는 공부를 제대로 해낼 수 없다. 학년이 높아져 숙제를 하는 경우에도 이를 혼자 해결하지 못해 끙끙거리는 경우가 많다. 스피킹은 외국 아이들과 어울려 생활하다 보면 시간이 지날수록 조금씩 잘할 수 있게 되지만, 읽기의 경우는 학교생활만 한다고 해서 절대 저절로 실력이 늘지 않는다. 물론 학교에서 책 읽기를 강조하거나 읽기와 관련된 수업을 하기 때문에 조금씩 성장은 할 수 있겠지만, 반드시 본인 스스로 읽기에 시간을 투자하고 노력을 해야 나아질 수 있다.

국제학교에서는 모든 과목을 영어로 배운다. 수학도 영어로 배우고, 과학도 영어로 배우고, 사회도 영어로 배운다. 영어로 수업을 듣고 공부하려면 스피킹만 잘해서는 안 된다. 오히려 스피킹은 조금 부족하더라도 읽기 능력을 키워야 한다. 모든 공부의 기본은 책 읽기이기 때문에 아이가 영어독서를 하지 않으면 절대로 학교수업을 잘 따라갈 수 없다. 기본이 안 되어 있으면 언젠가는 막히는 부분이 생기기 때문에 국제학교 입학 전에 무조건 책 읽기 습관을 잘 잡아 놓는 것이 필요하다. 신기한 것은 책 읽기를 하면 스피킹 실력도 더 빨리 향상된다. 다양한 책을 읽었기 때문에 책 속에서 수많은 대화를 읽고, 그 수많은 대화들을 통해 말하는 방법을 배울 수 있다. 그동안 집에서 책만 읽다 보니 기회가 없어서 말을 못했던 것뿐이지 말할 기회만 주어진다면 그간 쌓여 있던 간접경험들이 빛을 발하는 것을 체험할 수 있다.

첫째 아이의 경우 국제학교로 전학 가기 1년 전부터 엄마표 영어독서를 하고 있었고, 이를 통해 영어로 공부를 할 수 있는 기본 실력이 쌓였다. 그리고 학교에서 외국인들을 만나 영어를 사용하다 보니 경험이 부족해 잘하지 못했던 스피킹 실력도 빠르게 향상되었다.

국제학교 입학이나 전학을 준비한다면 아이의 리딩 레벨에 맞는 책을 선택하여 다양하게 읽혀서 아이의 리딩 레벨을 높여 가야 한다. 아이가 배정받을 학년에 맞는 리딩 레벨을 갖출 수 있도록 매일 꾸준히 독서를 하는 것이 중요하다. 영어독서를 꾸준히 하면 겉으로는 티가 나지 않아도 기본기가 탄탄한 영어 실력을 갖추게 된다.

코로나로 인해 아이들이 집에서 온라인으로 수업을 받게 되면서 국제학교 수업이 어떻게 진행되는지를 엿볼 수 있었다. 얼핏 보면 똑같이 수업을 듣는 것처럼 보여도 아이들마다 수업을 이해하고 자기 것으로 만드는 데에 큰 차이를 보인다. 같은 숙제를 하더라도 어떤 아이는 그 숙제의 포인트를 제대로 파악하여 본인도 선생님도 만족스러운 결과물을 만들어 내지만, 어떤 아이는 그 숙제의 포인트를 제대로 이해하지 못한 채 엉뚱하거나 엉성한 결과물을 만들어 내기도 한다. 이처럼 수업시간에 이루어지는 모든 활동은 읽기가 기본이 된다. 지문을 읽고 이해하는 능력이 없으면 수업 내용을 제대로 이해하기 어렵고, 과제를 읽고 이해하는 능력이 없으면 그 과제를 제대로 해낼 수 없다. 아이들의 학년이 높아지면 높아질수록 리딩 레벨도 학년에 맞게 높아져야 한다. 학년이 높아질수록 수업 중에 읽어 내야 할 지문도 많아지고, 수준도 높아지기 때문이다. 한국 아이들도 읽기를 못하면 다른 과목도 덩달아 못하게 되듯이 국제학교에서도 마찬가지로 읽기 능력이 모든 과목에 영향을 미친다.

국제학교에 다니면 모두 영어를 잘하게 될까?

국제학교에서 공부하면 누구나 다 영어를 잘하게 될까? 국제학교마다 학생을 뽑는 기준이 다르고 선생님과 학교의 분위기, 다니는 학생들의 국적과 국제학교가 위치해 있는 나라 등이 모두 다르기 때문에 모든 국제학교의 상황이 같다고 보기는 어렵다. 이 책에서는 아이들과 내가 살고 있는 말레이시아의 국제학교를 중심으로, 우리 아이들이 다니고 있는 학교와 주변 지인들이 보내고 있는 국제학교의 상황을 예로 들어 보도록 하겠다.

우리 집 아이들은 말레이시아에 위치해 있는 미국계 국제학교에 재학 중이다. 아이들과 함께 말레이시아로 한달살기를 하러 왔을 때 이곳에서 학교를 다니는 아이들은 모두 영어를 굉장히 잘할 거라 생각했다. 학교수업이 모두 영어로 진행되고, 친구들도 모두 다른 국적을 가지고 있기 때문에 어쩔 수 없이 서로 영어를 사용하게 되어 영어를 잘할 수밖에 없다고 생각했던 것이다. 하지만 막상 아이를 학교에 보내 보니 국제학교에 다닌다고 모두 영어를 잘하게 되는 것은 아니었다. 물론 영어를 많이 사용하다 보니 친구들끼리 대화를 하거나 학교에서 수업을 듣는 등 기본적인 영어는 많이 늘지만, 엄마들이 바라는 영어를 잘한다는 것의 의미가 단순히 생활 영어를 잘한다는 것은 아닐 것이다.

엄마들이 생각하는 영어를 잘
한다는 것은 첫째, 영어로 자신
의 생각을 잘 전달할 수 있어야
한다. 둘째, 자기 학년에 맞는
읽기 능력을 가지고 있어야 한
다. 셋째, 학습에 필요한 기본적
인 글쓰기 실력을 가지고 있어

말레이시아 한달살기 중 아이가 쓴 일기
(영어독서를 꾸준히 한 결과, 가능해진 영어 글쓰기)

야 한다. 넷째, 학년과 나이에 맞는 어휘력을 가지고 있어야 한다.

국제학교에 다니는 것만으로 이 조건을 모두 만족시킬 정도의 영어
실력을 갖기는 어렵다. 위의 조건에 맞는 영어 실력을 갖추려면 학교
에서 생활하는 시간 이외의 시간을 잘 활용해서 부족한 부분들을 채
워 나가려고 노력해야 한다. 본인의 노력 없이는 결코 훌륭한 영어 실
력을 갖출 수 없다.

말레이시아에서 국제학교를 다니면 원어민의 발음을 배울 수 없고
말레이시아식 영어 발음을 배우게 될까 봐 걱정하는 부모님들이 많
다. 영어 발음의 경우 원어민과 같은 발음을 구사하기란 쉽지 않다.
말레이시아에서는 학교에 따라 원어민 선생님의 비율이 모두 다른데
원어민 선생님의 비율이 0%인 학교도 있다. 학교에 원어민 선생님이
없다면 원어민의 발음을 들을 수 있는 기회가 없기 때문에 아이들은
자주 듣는 발음을 따라하기 쉽다.

그리고 원어민 선생님이 많은 학교에서 수업을 듣는다고 해도 국제

학교의 특성상 여러 국적의 아이들이 다니기 때문에 친구들끼리 서로의 발음에 영향을 미치기도 한다. 아이들의 국적마다 영어 발음에 차이가 있고, 언어를 활용하는 습관이나 스타일도 모두 다르기 때문에 자주 만나거나 친한 친구의 발음을 닮는 아이들도 있다.

원어민에 가까운 발음을 배우기 위해서는 원어민 선생님의 수업을 듣는 방법도 있지만, 그럴 수 없다면 집에서 오디오와 비디오를 통해 원어민의 발음을 자주 들을 수 있도록 해 주는 게 도움이 된다.

국제학교에서도 통하는 영어독서

국제학교에서는 분기별로 MAP TEST를 진행한다. 이것은 전 세계 국제학교에 재학 중인 학생들이 보는 시험으로, 초등학교부터 고등학교까지의 전 학년을 대상으로 한다. 이 시험의 재미있는 점은 학년이 같다고 모두 같은 시험 문제를 푸는 것이 아니라는 것이다. 아이들이 시험 문제를 풀어 가면서 난이도가 조정되어 문제를 계속 맞히면 점점 더 높은 단계의 시험 문제를 풀도록 구성되어 있다. 또한, 시험 범위가 따로 없기 때문에 아이의 평소 실력을 확인할 수 있으며, 리포트 카드에서는 자신이 속한 학년에서 자신의 점수가 상위 몇 %에 속하는지를 알 수 있다.

이 시험은 시험 범위가 정해져 있는 것이 아니기 때문에 아이들이 시험을 준비하면서 공부하기가 어렵다. 아이들이 어느 정도의 학습 수준을 갖고 있는지를 평가하는 것이기 때문에 따로 준비한다고 해서 단기간에 성과를 내기란 쉽지 않다.

그럼, MAP TEST의 리딩시험에서 평가하는 아이의 평소 실력은 어디에서 나오는 걸까? 아이의 평소 실력은 바로 영어 읽기 능력이다. 영어독서를 꾸준히 해 왔던 아이들은 평소 실력이 갖춰진 아이들이다. 즉, 평소 실력은 따로 시험을 위해 준비하거나 문제 푸는 요령을 배우는 것이 아니라 꾸준한 독서를 통해 만들어지는 것이다.

국제학교에서는 아이들마다 리딩 레벨이 너무 다르기 때문에 리딩 레벨별로 그룹을 나누어 리딩수업을 하기도 한다. 같은 학년이라도 어떤 아이는 그 학년 이상의 리딩 레벨을 가지고 있고, 어떤 아이는 그 학년 이하의 리딩 레벨을 가지고 있다. 그렇기 때문에 보통 때는 같은 책으로 수업하지만, 리딩시간엔 서로 다른 책을 읽게 한다. 학년에 맞는 수업을 제대로 이해할 수 있으려면 본인 나이에 맞는 적절한 리딩 레벨을 갖고 있어야 한다.

따라서 국제학교를 다닐 때에도 영어독서는 꼭 해야 한다. 영어독서는 본인이 시간과 노력을 투자해야 하는 것이지 그 누구도 대신해 줄 수 없다. 아무리 좋은 학원을 다녀도, 아무리 좋은 선생님을 만나도 본인이 읽지 않으면 아무 소용이 없다.

국제학교 수업에서 가장 기본은 아이의 읽기 능력이기 때문에 학교에서도 아이들 독서에 신경을 쓴다. 한국 초등학교에서도 도서관 수업을 통해 아이들에게 책을 접할 수 있는 기회를 주고, 아이들이 책을 대여해 갈 수 있도록 한다. 마찬가지로 국제학교에서도 도서관 수업을 한다. 도서관 선생님이 책을 읽어주고, 학교 도서관에서 책도 빌려갈 수 있다. 도서관 수업을 잘 활용하려면 아이가 평소 책에 관심이 있어야 한다. 도서관에 간다고 해서 모든 아이들이 자신이 읽을 만한 책을 빌려 오는 것은 아니기 때문이다. 평소 책에 관심을 갖고 책을 읽는 아이들은 도서관에서 자신이 읽을 만한 책을 선택하는 것이 어렵지 않지만, 평소 책에 관심이 없고 책을 전혀 읽어 보지 않은 아이들은 도서관에서 본인이 읽을 만한 책을 쉽게 선택하지 못한다. 그래서 본인의 레벨에 전혀 맞지 않는 어려운 책을 골라 오거나 코믹북만 빌려 오기도 한다. 이는 학교의 도서관을 제대로 활용하지 못하는 것이다.

도서관에 좋은 책이 많아도 아이가 그 책을 읽지 않으면 아무 소용이 없다. 평소 아이들에게 책을 접할 수 있는 시간을 많이 제공하고, 책을 읽어볼 수 있는 기회를 많이 만들어 주어야 한다. 책과 독서에 대한 좋은 경험은 학교에서 절대로 대신해 줄 수 없다. 올바른 독서 교육은 집에서부터 시작되는 것이다.

영어책 읽는 아이 (AR 4점대 책 읽기)

엄마표 영어독서를 시작하려는 엄마들에게
꼭 들려주고 싶은 말

요즘은 과거의 그 어느 때보다도 엄마표 영어독서를 하기 쉬운 시대이다. 엄마가 영어독서에 조금만 관심을 가지고 있다면 지금 당장이라도 아이와 함께 영어독서를 시작할 수 있다. 그만큼 주변엔 훌륭한 자료와 정보들이 가득하고 아이들이 재미있게 읽을 만한 책이 많다. 하지만 주변에 아무리 좋은 책이 많고 훌륭한 자료가 넘쳐나도 그것을 읽지 않고 활용하지 않는다면 무슨 소용이 있을까? 아이와 함께 영어독서를 하기로 결심했다면 이제는 더 이상 미루지 말고 실행에 옮겨 보자.

엄마표 영어독서의 핵심은 아이에게 영어책을 읽도록 하는 것이다. 아이가 매일 영어독서를 통해 영어와 조금씩 가까워질 수 있도록 하면 된다. 엄마표로 영어독서를 시작하면 엄마표 영어교육과 관련된 많은 이야기를 접하게 된다. 이 얘기를 들어 보면 이 말이 맞는 것 같고, 저 얘기를 들어 보면 저 말이 맞는 것 같아 어떤 말을 따라야 하는지 혼란스러울 때가 많다. 엄마표 영어독서의 방법은 집집마다 모두 다를 수 있다. 아이가 다르고 엄마가 다른데 어떻게 모두 같은 방법으로 영어독서를 할 수 있겠는가? 그렇기 때문에 엄마표 영어독서를 할 때 잊지 말아야 할 핵심적인 내용은 엄마와 아이에게 맞는 방법을 찾아 실행하려고 노력해야 한다는 것이다.

영어독서에는 꼭 정해진 길로 가라는 법은 없다. 훌륭한 방법이라도, 많은 아이들이 성공한 방법이라도 내 아이에게는 맞지 않을 수 있다. 아이의 마음에 부담이 되지 않는 선에서 아이에게 많은 책을 읽히면 된다. 방법은 얼마든지 달라도 된다.

엄마표 영어독서를 할 때 많은 엄마들은 다른 집 아이와 내 아이를 비교하며 불안해하곤 한다. 다른 집 아이가 내 아이보다 더 높은 레벨의 책을 읽는다고 하면 내 아이도 그 레벨의 책을 얼른 읽어야 할 것 같은 생각이 드는 것이다. 하지만 다른 아이와 내 아이의 레벨을 비교하는 것은 옳지 않다. 내 아이의 레벨은 내 아이의 과거 레벨과 비교해야 한다. 과거에 비해 얼마만큼 성장했는지, 예전에 비해 얼마만큼 더 노력하고 있는지가 중요하다. 다른 아이가 얼마만큼의 노력을 하고 시간을 투자하고 있는지 우리는 알 수 없다. 그 아이는 그 아이의 과거와 비교해서 성장하면 되는 것이고, 내 아이는 내 아이의 과거와 비교해서 성장하면 되는 것이다. 그러니 내 아이를 다른 아이와 비교해서 주눅 들게 하지 말자. 어제보다 조금 더 성장한 아이를 응원해 주자.

엄마표 영어독서는 단거리 달리기가 아니다. 장거리 달리기처럼 자신에게 맞는 속도를 적절하게 유지하며 달려야 완주할 수 있다. 처음에 빨리 달려 나간다고 해서 반드시 완주에 성공하는 것도 아니고, 처음에 꼴찌로 달린다고 해서 완주에 실패하는 것도 아니기 때문에 아이들마다 자신의 속도에 맞게 달리면 된다. 다른 아이와 내 아이의 속도는 다르기 때문에 다른 아이들이 달려가는 속도에 우리 아이를 맞출 필요가 전혀 없다. 엄마는 아이가 중간에 지쳐서 포기하지 않도록 곁에서 격려하고 함께해 주기만 하면 된다. 내 아이에게만 집중하고 매일매일 꾸준히 독서를해 보자. 때가 되면 아웃풋은 기대하던 것 이상으로 나온다.

아이와 영어독서를 진행하면서 엄마들은 때때로 외로움을 느낀다. 끝이 보이지 않는 이 길을 언제까지 걸어가야 하는지 답답한 마음이 들기 때문이다. 주변에서 어떤 엄마들은 아이를 학원에 보내 아이의 레벨이 올라갔다고 하고, 어떤 엄마들은 원어민 과외를 통해 아이의 회화 실력이 늘었다고 한다. 다른 아이들의 이야기를 듣고 있자니 내 아이만 뒤쳐지고 있는 건 아닌지 걱정이 되기도 한다. 내 아이도 이제 책 읽기를 그만하고 학원에 보내야 하는지 고민도 된다. 매일 영어책을 읽어주고는 있지만 아이에게 구체적으로 나타나는 변화가 없기 때문에 잘하고 있는 건지 답답할 때가 많다. 그럴 땐 같은 방식으로 아이들을 교육했던 선배 엄마들의 이야기를 찾아보는 것이 도움이 된다. 나도 가끔씩 이 길이 맞는지 확인해 보고 싶다는 생각을 한다. 내가 제대로 하고 있는 것인지, 나 때문에 내 아이가 잘못된 방향으로 영어를 접하고 있는 것은 아닌지 불안할 때가 종종 있었다. 아이와 매일 책을 읽기는 하지만 아이의 실력이 향상되고 있는지, 아이에게 도움이 되고는 있는지 답을 알 수 없어 답답한 적이 많았다. 그럴 때면 나는 나와 같이 책을 통해 아이를 키워 낸 엄마들의 이야기를 듣거나 읽으면서 답답함을 이겨 나갔다. 그 엄마들의 이야기를 들어보면, 그 엄마들에게도 나와 같은 답답한 시간들이 있었고 그걸 잘 견뎌 냈을 때 달콤한 성과가 나타났던 것을 알 수 있었다. 내가 겪고 있는 이 답답함과 외로움은 나만 겪는 일이 아니라는 것을 알게 되니 그것만으로도 힘이 되었다. 아이를 책으로 교육한 부모 밑에서 자란 아이들은 어떤 것들을 이루며 살아가고 있는지 그 아이들의 뒷이야기를 알아보는 것도 많은 도움이 되었다. 이 어려운 시기를 지혜롭게 잘 견디면, 내 아이에게도 분명 눈부신 성과가 나타날 거라는 믿음을 갖게 된다.

엄마표 영어독서를 성공적으로 하기 위해서 필요한 것은 엄마의 영어 실력이 아니다. 아이에 대한 믿음을 잃지 않고, 아이와 함께 매일 꾸준히 노력하며 시간을 견딜 수 있는 힘이 필요하다.

좋은 책을 만드는 길
독자님과 함께하겠습니다.

영알못 엄마도 쉽게 따라하는
애플쌤의 엄마표 영어독서

초판발행 2023년 06월 15일(인쇄 2023년 05월 11일)

발행인 박영일 │ 책임편집 이해욱 │ 저자 노유림

편집진행 윤진영 · 최 영 │ 표지 · 편집디자인 권은경 · 길전홍선

발행처 시대인 │ 공급처 (주)시대고시기획 │ 출판등록 제10-1521호
주소 서울시 마포구 큰우물로 75 [도화동 538 성지 B/D] 9F
전화 1600-3600 │ 팩스 02-701-8823 │ 홈페이지 www.sdedu.co.kr

ISBN 979-11-383-5260-4(13740) │ 정가 17,000원